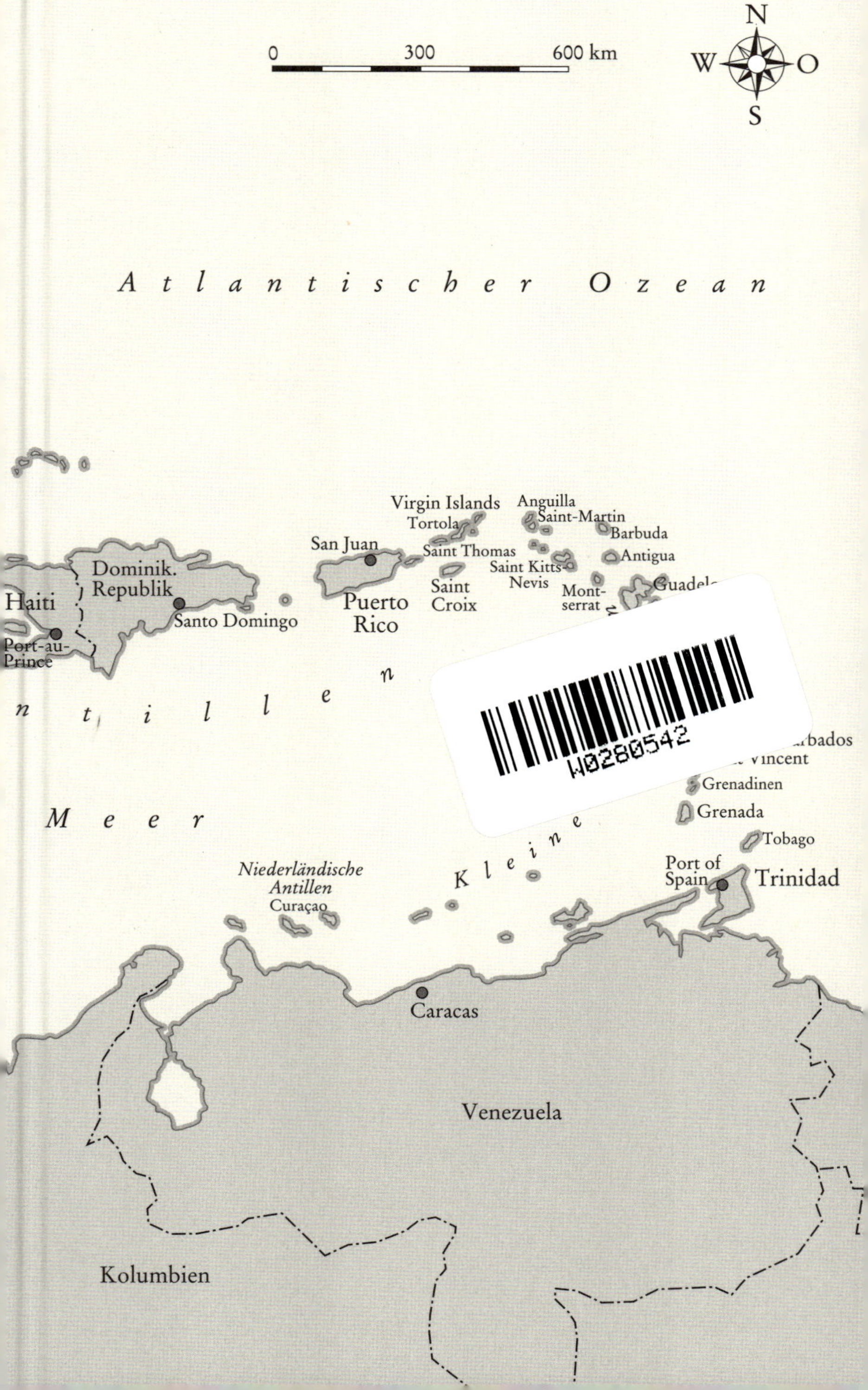
0
300
600 km
N
W
O
S
A t l a n t i s c h e r O z e a n
Virgin Islands
Anguilla
Saint-Martin
Tortola
Barbuda
San Juan
Saint Thomas
Antigua
Saint Kitts-
Nevis
Dominik.
Republik
Haiti
Saint
Croix
Mont-
serrat
Puerto
Rico
Santo Domingo
Port-au-
Prince
n t i l l e n
Grenadinen
M e e r
Grenada
Tobago
Niederländische
Antillen
Curaçao
K l e i n e
Port of
Spain
Trinidad
Caracas
Venezuela
Kolumbien

Lara Juliette Sanders

Einfach davongeflogen

Lara Juliette Sanders

Einfach davongeflogen

hansanord

IMPRESSUM

1. Auflage 2010

ISBN: 978-3-940873-03-3

Covergestaltung und Gesamtbearbeitung: Judith Wittmann
Druck: GGP Media GmbH, Pößneck
Fotos: siehe Bildnachweise auf der letzten Seite
Unter Mitarbeit von: Shirley Seul
Printed in Germany

Namen die mit *gekennzeichnet sind,
wurden von der Autorin geändert.

Für Fragen und Anregungen:
info@hansanord-verlag.de

Fordern Sie unser Verlagsprogramm an:
verlagsprogramm@hansanord-verlag.de

hansanord – ein Imprint des IMAGINE Verlag
Johann-Biersack-Str. 9 · D-82340 Feldafing
Tel. +49 (0) 8157/59 69 48
info@hansanord-verlag.de
www.hansanord-verlag.de

hansanord

FÜR

meinen Sohn Luca, der mit
seiner Geburt meinem Leben
eine neue Bedeutung schenkte.
Schnuck le Roi, der immer an
mich glaubte. Pipi und Mumie.

Dieses Buch ist außerdem
Menschen gewidmet, die den
Mut haben, alles aufzugeben,
um ihre Träume zu verwirklichen
um sich selbst zu finden.

1. Kapitel

So etwas Verrücktes hatte ich noch nie gemacht. Mein Herz raste, als ich auf die Tafel »Departure« in der Halle des Flughafens München starrte. Zehn. Den zehnten Flug würde ich nehmen. Egal wohin. Meine Augen hakten die Ziele ab. Los Angeles, das würde mir gefallen, und Vietnam auch, Las Palmas klang nach Erholung, die ich mir so sehr wünschte. »Bitte nicht Moskau!«, schoss es mir durch den Kopf. Dann doch lieber London, aber das lag auf Platz sechs. Sieben, acht, neun, zehn: Fort-de-France. »Nie gehört!«

Die freundliche Frau am *Air-France*-Schalter lächelte mich strahlend an, als sie mir die gute Nachricht verkündete: »Sie haben Glück! Es gibt noch zwei Plätze in dieser Maschine!

Wollen Sie nur bis av Fort-de-France, also Martinique, oder buchen Sie weiter bis Dominica? «

»Wo liegt das, Dominica? «

»In der Karibik. Wie Martinique. Nur ein Stück weiter«, strahlte sie mich an.

Ein Stück weiter. Das klang gut. Warum nicht?

»Bis Dominica«, sagte ich.

Die Frau lächelte. Wahrscheinlich war dieses Strahlen ein Accessoire ihrer Uniform. Ich lächelte zurück. Mein Kiefer fühlte sich verspannt an. Karibik also. Hätte schlimmer kommen können. Palmen, Meer, weit weg, wunderbar.

»Haben Sie Gepäck? «, wurde ich kurz darauf beim Einchecken gefragt.

»Noch nicht«, erwiderte ich und ging durch die Passkontrolle mit meiner Handtasche und meinem Laptop. Ich hatte noch genug Zeit bis zum Abflug und eine Menge zu tun. Eine Reisetasche kaufen und das Nötigste. Waschzeug, ein paar Klamotten. Was man eben so braucht auf der Flucht ....

Der Tag hatte wie alle Tage in den letzten zwei Jahren begonnen. Und doch hatte ich beim Aufwachen schon so ein Gefühl gehabt. Ein unbestimmbares Gefühl. Jetzt, am Flughafen, konnte ich es benennen, doch vor ein paar Stunden im Bett, da war es namenlos, fühlte sich an wie der Nebel, der den Herbst als dicke wattige Wand auspolsterte und in Tränen an den Fensterscheiben hinunterlief. Tränen spürte ich sogar, als ich morgens das Fenster im Wohnzimmer öffnete. Und ich wusste: Später würde mein Mann Sven* mir einen frisch gepressten Orangensaft auf die Küchenanrichte stellen. Dazu würde er mir ein Weizenbrötchen mit viel zu viel Butter und viel zu viel süßer Marmelade reichen. Ich hatte aufgehört ihm zu erklären, dass ich süße Marmelade hasse und keine Weizenprodukte essen will.

Die Katze der Nachbarn, die uns damals in Köln besuchte, wurde immer dicker, ihr Bauch schleifte schon fast am Boden. Voller Marmeladenbrote. Sven kombinierte nicht. Er bestrich weiter. In München und in Köln. Großzügig und unerbittlich. Viel Butter. Viel Marmelade. Normalerweise nur am Wochenende. Doch jetzt, wo er mich eine Weile in meiner Münchner Wohnung besuchte, täglich. Butter. Marmelade. Süß. Sehr süß. Zu süß. Alles für mich. Für mich? Wen sah er eigentlich vor sich? Und ich selbst? Wie konnte es mir passieren, dass ich zu einer berechenbaren, konstant funktionierenden Maschine geworden war? Lebendig begraben. Und das mit frischen einunddreißig. Oder war ich undankbar? Andere Frauen hatten weder solche beruflichen Perspektiven wie ich, noch einen Mann, der sie verwöhnte und es akzeptierte, dass sie wegen ihrer Karriere in einer anderen Stadt arbeiteten als er. Andere Frauen hatten auch kein Bankkonto, das Shoppen ohne allzu schlechtem Gewissen gestattete. Leider hatte ich keine Zeit, davon zu profitieren. Ich arbeitete immer. Nein, ich war undankbar. Es ging mir gut. Aber ich war doch nicht glücklich! Oder war das schon wieder zu viel verlangt, glücklich zu sein? Hätte ich getauscht, wenn ich eine andere hätte sein können? Eine ohne Mann, ohne Weizenbrötchen? Ohne goldene Kreditkarte – und dafür glücklich? Und wer sagte, dass man wählen musste? Ich wollte alles. Und auf einmal. Jetzt. Denn ich hatte lang darauf gewartet.

Am Flughafen war alles sehr teuer. Es war verrückt, hier einzukaufen, wo selbst die Kosmetiktücher mit Designerlogo geschmückt waren. Das hat man davon, wenn man seine Flucht nicht plant, wenn sie einen überrascht. Glücklicherweise mußte ich mir darüber aber keine Gedanken machen – ich lebte sehr sparsam weil ich bisher einfach keine Zeit gehabt hatte, mein Geld auszugeben. Aber das war jetzt anders. Zwischen Tür und Angel, zwischen Einchecken und Boarding kaufte ich ein: Bikini, Handtuch, Kleid, Jacke, Sandalen, Bücher. Das Nötigste für die Karibik, damit ich nach meiner Ankunft nicht gleich losrennen müßte. Ich wollte überhaupt nichts tun müssen. Nur Ruhe. Ein schönes Zimmer. Blick aufs Meer. Gesundes Essen. Niemanden sehen müssen. Keine Studiokameras. Keine endlosen Meetings. Keine Teleprompter. Kein Scheinwerferlicht. Keine hektischen Kollegen. Einfach nur Ruhe. Diese Ruhe wollte ich mir jetzt schon sichern. Dazu gehörten nicht nur die Klamotten, dazu gehörten auch einige Anrufe bei Freundinnen und Freunden und vor allem bei meinen Eltern und Sven. Ich wollte alles, was ich jetzt schon am liebsten als meine Vergangenheit bezeichnet hätte, hier erledigen. Auf deutschem Boden. Dann endlich könnte ich frei sein, um mich zu finden. Einfach Lara sein, was auch immer das bedeutete.

»Mami, schau mal, die Frau da, die weint!«, hörte ich eine Kinderstimme.

»Ja, ja«, erwiderte eine ungeduldige Mutter und zog ein sich sträubendes Mädchen mit langem braunem Haar, das zu zwei wippenden Zöpfen zusammengebunden war, weiter. Das Mädchen blieb stehen und drehte sich nach mir um. Ich fühlte mich ertappt, denn ich hatte die Kontrolle verloren. Das Mädchen winkte plötzlich. Ich lächelte, winkte zurück und wählte Svens Nummer – meine Nummer. Unsere Nummer. Keiner hob ab. Der Anrufbeantworter sprang auch nicht an. Ich rief Svens Handy an. Ausgeschaltet. Wahrscheinlich war der Akku leer. Typisch. Also zuerst ein paar Freunde und Freundinnen, aber ich erwischte niemanden. Überall Anrufbeantworter und Mailboxen. Das Schlimmste ließ sich nicht mehr hinauszögern: der Anruf bei meinen Eltern. Während ich wählte, wurde mir heiß. Sie würden es nicht verstehen. Verstand ich selbst es denn? Ich wünschte mir innig, ich könnte auch bei ihnen auf den Anrufbeantworter sprechen. Ein Gespräch mit meiner Mutter würde mir keine Kraft geben, es würde mich schwächen.

»Du läßt einen Scherbenhaufen zurück«, hörte ich die Stimme meiner Mutter. Sie sprach in meinem Kopf. Und dort antwortete ich auch, legte meine Beichte ab: »Ich habe gekündigt. Es hat mich überkommen. Ich saß in der Straßenbahn wie immer. Ich hasse diese Fahrt auf Schienen. Und noch viel mehr hasse ich es, im Stau zu stehen. Keine Möglichkeit auszubrechen. Jeden Tag die gleiche Strecke. Diese fünfunddreißig Minuten aus der Stadtmitte Münchens auf das Bavaria Filmgelände in Grünwald. Und der Regen heute. Der Nebel.«

Meine Mutter würde vielleicht sagen, dass viele Menschen bei solchem Wetter zu Kurzschlusshandlungen neigten.

»Nein! Das ist keine Kurzschlusshandlung«, würde ich erwidern.

»Ich bin schon lange unzufrieden. Seit vielen Monaten. Ich halte das nicht mehr aus. Jeden Tag dasselbe. Ich will nicht mehr die Ideen von anderen Leuten verwirklichen. Ich will nicht mehr allen anderen alles recht machen. Ich will keine Schienen mehr. Um neun die Redaktionskonferenz. Martina*, Lena* und der schöne Kai*, mein persönlicher Assistent. Immer gut gelaunt und immer einen flotten Spruch auf den Lippen. Sendungen und Sendeabläufe besprechen, Studiogäste im Team vorstellen, MAZ-Einspieler, Recherche für die nächsten Tage, stundenlange Telefoninterviews mit möglichen Studiogästen. Und die roten Lichter an den Studiokameras gehen an. Wir sind auf Sendung! Und an und aus und an und ich bin wie ein rotes Licht. An und aus. Auf Knopfdruck. Wir sind auf Sendung. Wie am Fließband. Und dann die Partys. Die Einladungen. Das Gequatsche. Alles so wichtig. Und so hohl.«

»Ich verstehe nicht, was an deinem Leben so schrecklich sein soll! «, würde meine Mutter sich empören. »Du hast es geschafft«, würde sie mich erinnern.

»Was habe ich geschafft? «, würde ich fragen.

Das würde bei meinen Eltern nicht gelten. Sie würden mich an meine Erfolge erinnern. Die Promi-Veranstaltungen, über die man am nächsten Tag in den Klatschspalten der Zeitungen lesen konnte, Filmfestivals, Premierenfeiern ...ja, dieses Kind war brav. Eine Traumkarriere! Und das war ja erst der Anfang. Im Regionalfernsehen hatte es begonnen. Dann ging es zum Radio und zurück zum Fernsehen. Und nun stand meine erste eigene Sendung als Moderatorin an. Der Chef meiner Produktionsfirma hatte sie mir in Aussicht gestellt. Was für ein Glück.

»Und das willst du mit Füßen treten?«

»Wenn es doch kein Glück für mich ist!«

»Andere würden sich die Finger danach lecken! Mit dreiundzwanzig warst du schon beim Fernsehen. Obwohl du noch so jung warst. Eine große Karriere steht dir bevor, das weißt du doch! «, würde meine Mutter tönen.

»Aber das möchte ich jetzt nicht mehr!«

»Wer kann schon tun, was er möchte«, würde meine Mutter vielleicht sagen und ihre Stimme würde ein wenig bitter klingen. Noch nicht so bitter, dass andere es bemerken könnten. Doch ich, ich würde es genau hören. Und ich würde erklären. Um die Bitterkeit zu besiegen, denn ich konnte es noch immer nicht begreifen, dass diese Bitterkeit nicht zu besiegen war. Meine Eltern lebten in einer anderen Welt, die mit meiner nichts zu tun hatte. Ja, ich hatte die ersten Erfolge und verdiente gut und bekam Anerkennung. Und anscheinend war ich ganz attraktiv – zumindest sagten das die meisten.

Aber ich lebte in einem goldenen Käfig. Und ich haßte es. Ich war doch ein kreativer Mensch! Gewesen? Ich wollte nicht funktionieren. Ich wollte kreativ sein dürfen. Ach, was heißt hier wollen. Ich war auf der Flucht, weil es um mein Leben ging. Mein Leben! Endlich mein eigenes Leben. Nicht mehr das meiner Eltern, für die ein gutes Leben ein sicheres Leben war. Ich hatte lange genug ihr Leben geführt. Wohin hatte mich das gebracht? Ich war die Maschine, die in München Geld ranschaffte, und Sven lebte seine Kreativität als Musiker in Köln aus, fütterte die Maschine am Wochenende mit Marmelade und Butter und Weizen, damit sie gut geschmiert weiterlief.

Eines Tages hätte ich mich in einen fetten faulen Hamster verwandelt, der nur noch in seinem Rad gelaufen wäre und vergessen, dass es noch etwas anderes gibt, dass der Käfig eine Tür hat, die sogar offen steht. Hinter dieser Tür wartete das Flugzeug in die Karibik. Das Telefon im Haus meiner Eltern klingelte. Ich sah den Apparat vor mir.

Dann sprang der Anrufbeantworter an: »Macht euch keine Sorgen. Ich muss eine Weile weg. Es geht mir gut. Ich melde mich wieder. «

Ungefähr so lautete meine Nachricht. Der erste Fels fiel von meinen Schultern. Und nun zu Sven. Er ging noch immer nicht ans Telefon, machte vielleicht Fingerübungen. Dazu steckte er es immer aus. Wenn er Fingerübungen machte, war er gnadenlos, unberührbar und eisern. Wie in einer anderen Welt.

Wie erotisch hatte ich das zu Beginn unserer Beziehung gefunden! Dieser Wille, diese Virtuosität, diese Beharrlichkeit – leider auch im Urlaub. Sven konnte keinen Tag auf seine Fingerübungen verzichten. Auf unserer Hochzeitsreise nahm sein Übungsklavier die Hälfte des Rucksacks ein, so dass ich den ganzen schweren Rest zu schleppen hatte. Das war ich ja gewöhnt. Ich konnte so lang und so viel schleppen, bis mein Rücken fast zerbrach. Und Sven hatte ein schönes Leben, konnte tun und lassen, was er wollte, brauchte sich um nichts Irdisches zu kümmern, denn das Geld, das schaffte ich ja ran. Aber ich wollte nicht mehr die liebe tolle Lara sein. Ja, vielleicht war ich verrückt. Komplett verrückt. Aber durfte man das nicht auch mal sein im Leben? Musste denn immer alles nach Plan verlaufen? Nach welchem Plan? Hatte ich mein eigenes Leben gelebt oder die Pläne anderer verwirklicht? Die meiner Eltern, die meiner Freunde und Freundinnen, die des Senders, die von Sven? Was würde geschehen, wenn ich damit aufhörte?

Ich war auf dem besten Weg, und ich hatte Angst davor. Und ich freute mich darauf. Und mir war schlecht. Noch konnte ich zurück... nein, ich würde nicht zurückgehen. Ich war nie zurückgegangen, ich war immer vorwärtsgestürmt. Bislang war dieses Vorwärts stetig nach oben gegangen. Und jetzt? Würde ich jetzt auf der anderen Seite des Berges wieder nach unten rutschen?

»Nicht daran denken«, dachte ich. Einfach weg. Und dann weitersehen.

»Aber man kann doch nicht einfach weg«, hörte ich eine Stimme in meinem Inneren.

»Und ob!«, entgegnete ich dieser Stimme mit mehr Mut, als ich tatsächlich spürte. Ehrlich gesagt hatte ich nur sehr wenig Mut. Doch bluffen, das konnte ich! War ich wirklich gut, wie sie alle sagten? Oder war ich nur gut in meinem Job, weil die anderen das von mir erwartet hatten? Hatte ich nicht immer die Erwartungen der anderen erfüllt? Ich war das brave Mädchen, die gute Tochter, die eifrige Studentin, die begabte Musicaltänzerin, die intelligente Interviewpartnerin, die erotische Bluessängerin in der Frauenband, die auch Schlagzeug spielen konnte, die perfekte Köchin mit den kulinarischen Überraschungen und immer die Süße, Liebe, Nette. Damit sollte jetzt Schluß sein. Ich wollte endlich nur ich selbst sein.

In der Straßenbahn hatte ich meine Kündigung auf ein Stück Papier geschrieben. Ein kleiner Junge mit silbrig glänzender Zahnspange hatte es mir gegeben. An die Produktionsfirma hatte ich geschrieben: *Ich kündige! Sofort!* Leute, die auf meinen Job warteten, gab es genug. Ich ließ somit niemanden im Stich. Ich hatte beim Schreiben so fest aufgedrückt, dass das Ausrufezeichen hinter dem *Sofort* ein Loch in das Papier gefetzt hatte. Ich schaute eine Weile darauf, dann knüllte ich mein unformelles Kündigungsschreiben zusammen und griff zum Handy. Der kleine Junge schaute mir neugierig zu. Ich warf die Papierkugel in seine Richtung, er grinste und fing sie auf.

Mein Chef meldete sich am Telefon. Ich sagte, was ich zu sagen hatte, ließ ihn nicht zu Wort kommen und legte auf. Wunderte mich über mich selbst. Hatte Herzklopfen. Das kannst du doch nicht tun! Doch! Ich kann! Die neue Lara kann alles. Ich war ab sofort weg.

Auch Sven hatte seine Chance gehabt. Aber er hatte mir nie zugehört. Nicht wirklich. Wenn ich mit ihm redete, machte er nebenbei Fingerübungen.

»Ich höre dir zu«, sagte er. Aber er hörte nur das Klappern seiner Tasten, und ich hörte es auch. Laut. Zu laut. Sonst nichts. »Alles ist doch perfekt«, sagte Sven.

Aber nichts war perfekt. Sven hatte mich nicht verstanden. Sven sperrte sich in sein Zimmer ein und übte und Sonntagmorgens schmierte er mir noch mehr Butter auf die Brötchen. Sven wollte nichts verändern. Sven wollte nicht mit mir ausgehen. Er wollte keine neuen Leute kennenlernen, die ich ihm so gern vorgestellt hätte. Nicht einmal die Musiker, die ich auf Gala-Veranstaltungen traf. Warum auch?

»Es ist doch alles wunderbar, Lara.«

»Ja, für dich schon«, dachte ich manchmal und dann schämte ich mich. Es war doch wunderbar, wie er seine Kreativität ausleben konnte. Ich freute mich für ihn. Ich sah seinen guten Willen. Vielleicht verlangte ich einfach zu viel? Vielleicht sollte ich still sein und geduldig. Aber wo blieb ich? Hatte ich nicht viel zu lange mitgespielt? Mitgehangen, mitgefangen. Ich wollte Sven eine SMS schicken, da piepste mein Handy und das Display erlosch. Der Akku war voll, eigentlich müßte es funktionieren. Ich schaltete ein und aus – nichts. Keine Verbindung. Gab es ein Leben ohne Handy? War das möglich? Wieso passierte das ausgerechnet jetzt? War das ein Zeichen? Eine Bestätigung dafür, dass ich das Richtige tat?

Mein Flug wurde aufgerufen.

»Können Sie mir bitte kurz Ihr Handy leihen?«, fragte ich einen Mann neben mir, der sich auf den Weg zu einer Warteschlange machte.

»Mein Handy? Wollen Sie vielleicht auch noch mein Portemonnaie?«, klang er ein wenig genervt.

»Ihr Handy reicht«, antwortete ich freundlich. »Meines hat nämlich gerade den Geist aufgegeben.«

Er reichte mir sein Handy.

Ich nahm es und tippte an Sven: *Ich steige jetzt in ein Flugzeug nach Weitweg und melde mich wieder, wenn ich angekommen bin, bitte mach dir keine Sorgen. Ich liebe dich.*

Ich löschte die letzten drei Wörter und schrieb: *Es tut mir leid.* Dann wollte ich auch sie wieder löschen, um vielleicht doch *Ich liebe dich* zu schreiben. Aber der Mann streckte die Hand nach seinem Handy aus. Er wollte wohl nicht zu spät kommen.

Als ich im Flugzeug saß und die Passagiere gebeten wurden, ihre Handys auszuschalten, vermisste ich meines. Ich hatte es auf einem der Plastikstühle in der Wartehalle liegen lassen. Zuerst geriet ich in Panik, dann erschien es mir wie ein wunderbares Omen. Nun war ich wirklich frei.

Die Maschine war kaum in der Luft, da schlief ich schon. Ich hatte das Gefühl, ich hätte seit Jahren nicht geschlafen. Jetzt erst merkte ich, wie müde ich war. Und endlich durfte ich meinen Motor abschalten …

Ich träumte von Sven. Wie wir uns kennengelernt hatten vor sechs Jahren bei diesem unsäglich langweiligen Reggaekonzert. Später saßen wir im Auto und redeten, bis die Sonne aufging und die ersten Vögel zwitscherten. Ich hatte das Gefühl, wir würden uns schon seit Jahren kennen, und dieses Gefühl hielt an. Die folgenden Monate waren die schönsten meines Lebens. Die Tage vergingen wie im Flug. Wir schwebten förmlich, machten zusammen Musik, ich bewunderte ihn auf der Bühne mit seiner Band. Nie mehr würde ich das Konzert in der Münchner Muffathalle vergessen, nach dem seine Band einen CD-Vertrag angeboten bekam. Wir gingen nächtelang spazieren und führten phantastische Gespräche. Und er zeigte mir eine Zärtlichkeit, die ich nie zuvor erfahren hatte. Auch beruflich ging es bei mir bergauf. Es war eine so glückliche Zeit – wir standen unter einem guten Stern!

Bis ich das verlockende Angebot annahm, nach Köln zu ziehen.

Sven war gleich dabei: Köln war für ihn DIE Stadt der Musiker. Ich freute mich auf die Aussicht, im größten Sender der ARD einen Job anzufangen und auf die Möglichkeit eine Live Sendung zu moderieren. Doch dann kam alles anders. Der Job verschlang nicht nur meine Zeit. Er verschlang auch unsere Zeit. Zu Beginn empfing Sven mich zu Hause jeden Abend mit einem Essen. Es machte ihm nichts aus, wenn ich erst gegen zehn Uhr nach Hause kam. Das rührte mich sehr. Doch Svens Kondition reichte nur für ein paar Wochen; dann kochte er kaum noch, wurde muffig und einsilbig, vergaß sogar, wann ich heimkam, und nahm immer weniger Anteil an meinem Leben. Er litt darunter, keine geeignete Band in Köln zu finden, und vielleicht machte er insgeheim mich dafür verantwortlich – denn wegen mir hatte er ja seine alte Band verlassen, die nun große Erfolge feierte. Aber er unternahm auch nichts gegen seinen Frust, vergrub sich immer mehr, übte täglich immer länger, wollte die Wohnung gar nicht mehr verlassen.

Das deprimierte mich so sehr, dass ich das Angebot einer Produktionsfirma aus München annahm. Vorher allerdings war ich krank. Sehr krank. Ich konnte einfach nicht mehr. Ich hatte eine Glasschüssel in den Händen getragen, hatte sie auf den Tisch stellen wollen, da war sie mir aus den Händen gefallen und zersplittert, tausend Stücke. Schmerzen wie Messerstiche in den Händen. Lara wie aus Glas. Fast ein Jahr krank. Und es hat gedauert bis sie rausgefunden haben, was mir fehlte.

Die Frau am Ticket-Schalter hatte gesagt, es gäbe noch zwei Plätze in diesem Flugzeug. Ob der zweite Platz noch immer frei war? Ich drehte mich suchend im Passagierraum um, konnte jedoch keine Lücke entdecken und rammte dem dicken Mann neben mir versehentlich meinen Ellenbogen in die Seite. Ich entschuldigte mich. Er entschuldigte sich auch. Er machte einen sehr sympathischen Eindruck, auch wenn ich seine kleinen Augen hinter den dicken Brillengläsern kaum sehen konnte, so schmierig waren sie.

»Oin langäs Fliegän rrreisän«, sagte er in holprigem Deutsch. »Ja«, nickte ich. Und dann wollte ich es wissen. Wohin genau flog ich eigentlich?

»To Dominica«, wechselte mein Sitznachbar ins Englische. Er erzählte mir, dass er Russe sei und vom Baikalsee stamme. »Und wie ist es dort? «, fragte ich, noch immer voller Hoffnung, Dominica möge etwas mit der erholsamen Dominikanischen Republik gemein haben, auch wenn es zu den kleinen Antillen gehörte und zwischen Martinique und Guadeloupe lag.

Erster Blickkontakt mit meiner Zukunft:All das wartet darauf, von mir entdeckt zu werden.

Der Russe blieb beim Englischen, es war besser als sein Deutsch. Dennoch klang seine Sprache wie eine stumpfe Axt, als er begeistert von Dominica erzählte: »Wunderbar! Die Insel ist praktisch nicht erschlossen.« Er zählte all die herrlichen Dinge auf, die es dort gab: kaum Touristen, elf Vulkane, zirca dreihundert Flüsse, tolle Erdbeben, keine weißen Karibiksandstrände, einige überaus gefährliche Schlangenarten …

»Alles okay, Madam?«

Ich nickte. Jetzt wusste ich Bescheid. Ich flog in die Hölle. Schlangen! Vulkane! Erdbeben!

»Oh, kein Problem«, tröstete mich der Russe. »Sehr hübsch.«

Ich versuchte ein gequältes Lächeln, das nicht besser wurde, als ich erfuhr, dass ich bis zur Insel Dominica noch zweimal umsteigen musste. Vielleicht hätte ich doch nur bis Martinique buchen sollen?

»Groooßäs Einsamkeyt«, versuchte sich der Russe noch mal im Deutschen und lachte.

»Super«, sagte ich. Ich wollte mir nichts anmerken lassen, doch ich war am Boden oder besser gesagt in der Luft zerstört. Ich hätte viel darum gegeben, wenn ich mich auf die Insel genauso hätte freuen können wie der Russe.

»Und schließlich der beeindruckende Boiling Lake«, fuhr mein Nachbar fort, grinste breit und zeigte mir, dass seine Zähne in einem ähnlichen Zustand waren wie seine Brillengläser. Zwischen den weit auseinanderliegenden Zähnen prangten rote und grüne Salatreste.

Ich hatte auch noch das Essen verschlafen. Wie konnte ich stundenlang schlafen, ohne meine Umgebung wahrzunehmen? Und dabei noch das Essen zu versäumen, wo ich doch so hungrig war! Ich mußte wirklich weit über meine Grenzen gegangen sein.

»Manche Leute nennen den Boiling Lake ein stinkendes Schwefelloch«, empörte sich der Russe. »Das sind Ignoranten. Er brodelt vor sich hin und wirft einzigartige Blasen. Man sollte allerdings nicht reinfallen. Dann ist man tot. Sofort. Will sagen: Die Temperatur ist so hoch, dass man dort Eier kochen könnte.«

Ich nickte noch mal. Vielleicht wäre das das Beste für mich. Ein kleiner Trip an den Boiling Lake – und dann hätten sich all meine Probleme in heiße Luft aufgelöst. Blubb.

Mein Sitznachbar war nicht mehr zu bremsen. Er war Umweltforscher. Als ich gestand, noch niemals etwas von Dominica gehört zu haben, beschloss er, meine Wissenslücke umfassend zu schließen. Als typischer Naturwissenschaftler hatte er wenig Erfahrung in menschlicher Kommunikation, was bedeutete, dass es ihm gar nicht auffiel, dass ich nach einer Viertelstunde abschaltete. Ich war mit meiner eigenen Heimat beschäftigt, an die ich nicht denken wollte. Das gelang mir natürlich nicht. Ich hatte Sehnsucht. Große Sehnsucht. Nach Sven.

Mein Sitznachbar ließ sich inzwischen von seiner eigenen Begeisterung anstecken. Mich tröstete sie immerhin ein wenig: Ganz so schlimm konnte es auf Dominica nicht sein, wenn sich ein sechzigjähriger sehbehinderter Forscher dafür erwärmen konnte – oder? Und immerhin erfuhr ich einige weitere charmante Details. Auf Dominica, einer Bananenrepublik, herrscht das Recht des Stärkeren: das pure Chaos. Insgesamt gibt es nur sechsundachtzigtausend Einwohner, obwohl die Insel verhältnismäßig groß ist. Und natürlich war Dominica ein Paradies. Für Schlangenforscher, Bergsteiger und … Russen mit Salat zwischen den Zähnen.

Nach einem Flug, der niemals zu enden schien, landeten wir auf Martinique. Von hier aus ging es weiter nach St. Lucia. Irgendwie war mir alles egal. Obwohl ich lange geschlafen hatte, fühlte ich mich erschöpft und bleiern. An Bord dieses Flugzeuges befanden sich vor allem Umweltforscher. Der Flug war ziemlich unruhig; eigentlich war es der turbulenteste, den ich jemals erlebt hatte, und ich war viel geflogen.

Das alles kam mir vor wie eine gerechte Strafe. Man lief nicht einfach weg. Nie zuvor hatte ich so etwas getan. Ich war immer korrekt und perfekt gewesen, und nun war ich geflohen. Sven wusste nicht, wo ich war, das wurde mir mit jeder Minute klarer. Es war nicht fair, was ich getan hatte. Wir hatten bisher immer alles gemeinsam beschlossen.

Was war da nur in mich gefahren? Ich kannte mich nicht wieder. Oder war das schon die neue Lara? Ich wusste nicht, ob sie mir gefiel. Bisher hatte ich doch immer so großen Wert darauf gelegt, meine Entscheidungen mit anderen

Menschen abzustimmen. Es war mir stets sehr wichtig gewesen, dass sich alle wohl fühlten. Und nun – nun war ich egoistisch und rücksichtslos! Und ich büßte. Die Zwischenlandung auf St. Lucia war alles andere als heimelig, denn die Maschine hatte einen solchen Linksdrall, dass der Pilot scheinbar in letzter Minute nur knapp den Abgrenzungszaun verfehlte.

Kaum hatte ich mich vom Schreck erholt, ging es gleich weiter: die dritte und letzte Etappe nach Dominica bewältigte ich in einem Mini-Flugzeug, in dem gerade mal zwölf Leute Platz fanden. Der Pilot sah aus wie ein Pirat und der Motor qualmte. Es gab nur einen schmuddeligen grauen Vorhang zwischen Cockpit und Passagieren, der halb offen stand. Im Cockpit flog einiges durch die Luft. Eine Zigarettenschachtel. Papiere. Schrauben!!! Die Turbulenzen waren oktoberfestreif; die Leute um mich herum schrien wie in der Achterbahn, und ich schrie mit, ohne es zu wollen. Ich mußte schreien.

»Also doch kein Blubb im Boiling Lake«, dachte ich, »stattdessen Absturz in den Dschungel.«

Eines Tages würde man meine von der Sonne gebleichten Knochen finden. Sven. Meine Eltern. Meine Freunde und Freundinnen. Weit weg. Und ich hier. In der Hölle. Über der Hölle. Aber auf dem direkten Weg nach unten. Unten hieß Canefield, ein Miniflughafen. Der Pirat landete nicht, er enterte die Piste. Als ich endlich mit weichen Knien ausstieg, schlug mich die Hitze k.o. – als ob mich ein feuchter Lappen mitten ins Gesicht träfe. Es war fünfzehn Uhr und alles flimmerte gleißend. Kein Lüftchen regte sich. Die Turbulenzen, die gab es nur weiter oben.

Ich trug noch immer meine Herbstklamotten, die ich morgens aus dem Schrank genommen hatte.

War das noch derselbe Tag? Sven hatte extra ein paar Tage in München eingeplant. Nur für uns beide. Und ich. Ich war geflohen. Einfach weggeflogen.

Ein paar Männer mit Dreadlocks luden das Gepäck aus und schlurften provozierend langsam zu einem Gebäude, das wohl der Flughafen sein sollte. Ich wurde überall angestarrt wie eine Erscheinung. Wahrscheinlich leuchtete mein blondes Haar wie ein Heiligenschein.

Mein russischer Nachbar verabschiedete sich von mir. »Schönen Aufenthalt«, wünschte er mir.

»Danke! Und wohin gehen Sie jetzt?«

»Zum Umwelttreffen.«

»Ah ja. Gibt es hier ein Hotel? «

»Ich glaube, sogar sieben oder acht«, sagte er stolz und ging einfach weiter.

Wissenschaftler, dachte ich.

Da drehte er sich um. »Gehen Sie in das Hotel auf dem Hügel«, rief er. »Dort ist es schön. Das Hotel hinter Roseau ist vielleicht das Beste für Sie.«

»Und wie heißt es?«

Er zuckte mit den Achseln und weg war er.

Das Beste für mich. Es rührte mich, dass er an mein Bestes dachte. Ich spürte, wie dünnhäutig ich war. Meine Mauer hatte Risse bekommen. Das tat weh und das war gut so. Und nun würde ich weitersehen. Zuerst einmal brauchte ich aber Schlaf. Und viel Ruhe. Ich wollte ankommen. Auf dieser Insel und bei mir selbst.

Ich war mitten in einem Hexenkessel gelandet, das war mir schnell klar. Mein Taxi bahnte sich einen Weg durch die hupenden Automassen, verbeulte Blechhaufen, die in Deutschland nur noch in der Schrottpresse Verwendung gefunden hätten. Und Menschen, Menschen, Massen von

Anfangs fühlt sich mein Selbstbewusstsein an wie der Scott's Head, der südlichste Punkt auf Dominica – es hängt an einem seidenen Faden.

Menschen, zum Teil wie Vieh in Lastwagen gequetscht, unterwegs mit Rädern, Mopeds, Sammeltaxis, Minivans, Pick-ups.

Ihre weißen Zähne blinkten aus den dunklen Gesichtern wie Perlen im Schwarzlicht. Keine Hausecke ohne junge Rastatypen, meistens Kippen in den Händen, dazwischen dicke Mamis wie aus einem Afrika-Bildband in langen bunten Gewändern, manche mit einem farbenprächtigen Turban auf dem Kopf und langem, baumelndem Ohrschmuck. Alte Frauen, die lautstark ihr Obst anpriesen, ihre bunten Tücher leuchteten wie Blumenfelder. Und so roch sie auch, die üppige Fülle der Karibik. Fruchtig, süß und würzig, nach Kaffeebohnen und einer Brise Meer. Im Vorbeifahren sah ich Bettler, Menschen ohne Arme oder Beine, dazwischen jede Menge Tiere, Hunde, Katzen, Ziegen, Kühe. Es war ohrenbetäubend laut: Auspuffknattern, Geschrei, Gehupe, und überall Calypso-Musik, dröhnend und groovend – und aus allen Ecken schallte es »okay«. Okay hier, okay dort, als gäbe es nur dieses eine Wort, aber es war das falsche Wort, denn okay war hier nichts, überhaupt nichts. Ich kam mir vor wie in Indien, und nach Indien hätte ich bestimmt nicht gewollt, ich suchte Stille, kein Chaos, okay!?

Wie um Hilfe bittend schaute ich gen Himmel, und tatsächlich, ein bißchen Trost fand ich dort, denn die wunderschöne grüne Bergkette und die Wolkenkissen, die sich sanft um die Hügel schmiegten, waren wie Balsam für meine Augen und meine Seele. Ein zumindest optisches Versprechen von Ruhe – und wer sagte denn, dass ich mich ins Getümmel auf der Hauptverkehrsstraße stürzen mußte. Ich konnte mich zurückziehen in die Berge, zu den Vulkanen – Dominica war wunderbar, das hatte ich vorhin erst gelernt, und ich wollte daran glauben, um jeden Preis.

Als ich mein Hotel sah, versöhnte ich mich mit vielem. Es lag am Ortsrand von Roseau, der Hauptstadt der Insel, auf einem Hügel. Viele kleine Bungalows aus Bambus und Stein bildeten die Hotelanlage und fügten sich wunderbar in die Natur ein. Und das Beste: ein türkisfarbenes Meer lag direkt vor mir, wie aus dem Reisekatalog, mit felsigen Buchten. Ein Ziel, eine kleine Heimat: Urlaub.

Auf einmal fühlte ich mich so, wie ich es mir gewünscht hatte. Zuversichtlich und ein bißchen wie neu. Und ich war ziemlich durcheinander durch die Strapazen des langen Flugs – ich hatte fast einen ganzen Tag in der Luft verbracht – und durch alles, was hinter mir lag. Dennoch wusste ich: Hier würde ich mich gut erholen! Hier würde ich Klarheit finden. Ich konnte für mich sein – und war doch nicht allein. In Gedanken schickte ich dem russischen Wissenschaftler einen Gruß. Und natürlich Sven. Sollte ich ihn vielleicht anrufen? Jetzt? Sollte ich?

Und was wäre dann? Ich würde seine Stimme hören und Sehnsucht bekommen, und ich würde nicht den Geschmack von Weizenbrötchen mit zu viel Butter im Mund haben, sondern das Gefühl unserer ersten Tage und Nächte. Und ich würde Sven verraten, wo ich mich befand, oder sofort zurück nach Deutschland fliegen – und dann? Dann wäre mein Ausbruch gar keiner gewesen. Eine Weile, das war mir klar, mußte ich schon durchhalten. Für mich. Für mein Leben. Um in den Spiegel schauen zu können und zu wissen: Ich habe es zumindest versucht. Und wenn ich zurück wollte, würde ich eben wieder zurückgehen.

Aber jetzt war es Zeit, etwas anderes auszuprobieren, denn ich hatte mich selbst verloren. Sollte sich herausstellen, dass die verlorene Lara doch die echte Lara war, würde ich das akzeptieren, versuchen, die Scherben, die ich hinterlassen hatte, zu kitten, und mich nicht mehr beschweren, sondern brav so weitermachen wie bisher. Aber einen Versuch gab ich mir. Nein – ich verlangte ihn von mir.

Ich bezog einen kleinen Bungalow mit herrlichem Blick auf die Bergkette und zwei Vulkane und duschte dann sehr, sehr lange, als wäre ich zu Fuß gereist und müsste nun den Staub des Marsches über die Kontinente hinweg abspülen. Eigentlich hatte ich danach die Stadt erkunden wollen, doch ich schlief einfach ein. Meine innere Uhr tickte noch nicht tropisch, sie tickte deutsch, und in Deutschland war es Zeit zum Schlafen.

Ich erwachte mitten in der Nacht, und es dauerte eine Weile, bis ich mich orientiert hatte. Plötzlich kam mir alles total verrückt vor. Was hatte ich getan? Ich lag in einem fremden Bett in einem Bungalow irgendwo am anderen Ende der Welt, wo die Nacht Augen und Ohren hatte und tropische Lieder sang. Schweißgebadet hüllte ich mich eng in das Laken, das wie eine zweite Haut an mir klebte. Bei jedem Geräusch wurde mir heißer. Wahrscheinlich war mein Gesicht knallrot, ein Lampion. Waren das da draußen Vogelstimmen? Huschte da ein kleiner schwarzer Schatten unter den Bettvorleger? Eine Kakerlake? Und was raschelte da eigentlich? Wie war das mit den Würgeschlangen wie der Boa Constrictor, von denen der russische Wissenschaftler erzählt hatte? Sechs Meter Länge, oder waren es sieben? Ich sollte sie töten, hatte er mir augenzwinkernd geraten, und verkaufen, für ihre Haut gäbe es eine Menge Geld; viele Einheimische lebten von der Schlangenjagd.

»Das wäre doch etwas«, dachte ich mit einer kräftigen Portion Galgenhumor, »ich schule um zur Würgeschlangenjägerin. Wollte ich das nicht immer schon werden?«

Ich war wach und müde zugleich. Und erstaunlich fit. Vielleicht sollte ich meinen kleinen Koffer auspacken? Die Schatten und beängstigenden Geräusche zwangen mich, im Bett zu bleiben. Sicher ist sicher. Ich überprüfte das Moskitonetz nochmals sorgfältig auf Maschendichte. Nach einer Weile wagte ich es, den Arm aus dem Netz zu strecken, öffnete die Schublade des Nachttisches und ertastete ein Buch. Die Bibel? Nein, es war ein Buch über die Insel. Und Prospekte, die ich neugierig durchblätterte. Auf Dominica gab es, wie ich schon wusste, mehrere, teils aktive Vulkane und über dreihundert Flüsse. Diese Insel mit kalten Höhlen und heißen Schwefelquellen und einem Riff, das angeblich schöner als das Great Barrier Reef ist, hat dreiundsiebzigtausend Einwohner und eine phantastische

Natur – ein Paradies für Ökotouristen und Menschen, die das ursprüngliche Leben lieben. Und außerdem ist Dominica die Heimat von zirca dreitausendfünfhundert Caribbean Indianern, den letzten ihres Stammes. Ich legte den Prospekt beiseite und griff nach dem Buch. Da hatte ich doch irgendetwas von Indianern gelesen …

Zwei Stunden später wusste ich, warum ich ausgerechnet hier, auf dieser Insel der zerklüfteten Bergketten und heißen Schwefelquellen, gelandet war. Und fast schämte ich mich ein bißchen für die schwachen Momente, die mich in den letzten Stunden überkommen hatten. Ich fühlte mich wie die alte Lara – vital, zuversichtlich, strotzend vor Tatendrang – und gleichzeitig ganz neu. Ich fühlte etwas, was ich schon lange nicht mehr erlebt und fast schon vergessen hatte. Eine große Freude, wie ein kleines Kind vor seinem Geburtstag. Und das war ich auch; ich war keine Maschine mehr. Ich hatte mich an mich selbst erinnert, an die Lara, die Winnetou liebte und am liebsten eine Indianerin gewesen wäre. Die Lara, die davon geträumt hatte, einmal im Leben echte Indianer kennenzulernen.

Und die Lara, die davon geträumt hatte, Filme zu drehen.

Seit meiner Kindheit träumte ich davon, Filme zu machen. Schon als 8jährige inszenierte ich Hörspiele mit meiner damals besten Freundin Jenny*, die die Hauptrollen in meinen Stücken spielte und tatsächlich Schauspielerin geworden ist. Da ich noch nicht richtig schreiben konnte, malte ich die Szenen. Mit 10 Jahren fing ich an, richtige Drehbücher zu schreiben und zu inszenieren. Die Stücke bekamen meine Eltern, Cousinen und mein Onkel zu Weihnachten auf Kassette geschenkt – mit dem Drehbuch.

Mein Onkel Helmut* fragte mich einmal: »Warum hast du auf der Kassette dauernd so jämmerlich gepfiffen?«

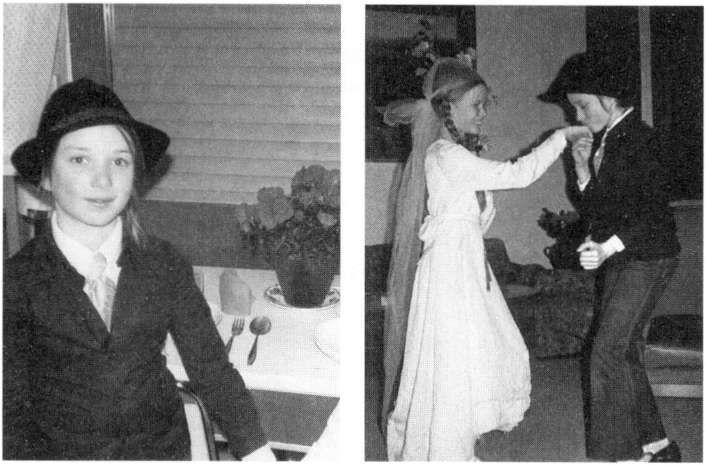

Schon mit zehn Jahren schreibe und inszeniere ich Theaterstücke: Die Hochzeit der Prinzessin.

Er hatte nicht begriffen, dass ich einen Orkan imitiert hatte. Meine Ideen wurden häufig belächelt. Und wenn ich sagte, dass ich Regisseurin werden und irgendwann meine Filme selbst produzieren würde, nickten die Erwachsenen.

»Werde du erst mal groß, dann siehst du schon, wo's langgeht«, konnte ich in ihrem Nicken lesen.

Hätte es damals schon DV-Kameras gegeben, hätte ich Kurzfilme gedreht. Meiner Phantasie waren keine Grenzen gesetzt. Ich sprühte vor Kreativität. Mit neun Jahren inszenierte ich einen Werbespot für Uniglanz, ein Putzmittel, neu, komponierte die Musik dazu und führte ihn mit einer Tanzeinlage auf. Leider begriffen meine Eltern nicht, dass ich das ernst meinte. Sie kringelten sich vor Lachen, anstatt den Spot an die Firma zu schicken, die einen Wettbewerb für den besten Werbespot ausgeschrieben hatte. Der erste Preis war eine Reise in die Karibik.

Im Sommerurlaub mit meinen Eltern auf der Insel Elba entsteht mein erstes richtiges Drehbuch.

»Besser spät als nie«, dachte ich mir nun. Es war wie ein Wunder, dieses Mädchen, das ich so lange Zeit vergessen hatte, nun in diesem Hotelzimmer in Dominica wiederzuentdecken. Mich selbst. Damals ließ ich mich nicht entmutigen und schrieb zwischen meinem zehnten und fünfzehnten Lebensjahr ungefähr sechs Drehbücher, jedes Buch hatte ungefähr fünfundzwanzig handgeschriebene Seiten.

»Ich werde es euch zeigen«, dachte ich, »wenn ich einmal groß bin, werde ich Regie führen. Filme machen.«

Nur meine Oma verstand mich. Sie war Schauspielerin, eine der ersten weiblichen Studentinnen der Theaterwissenschaften in München nach dem Zweiten Weltkrieg. Meine Oma war nicht sehr groß, doch das merkte man nicht bei ihrer Präsenz, Ausstrahlungskraft und Durchsetzungsfähigkeit. Meine Oma war für mich immer ein großes Vorbild gewesen. Sie war witzig, charmant, autoritär und natürlich aufsehenerregend emanzipiert. Sie fand es toll, dass ich nicht in Discos herumhing, sondern in einer Theatergruppe mitmachte und für mein Abitur eine Facharbeit über Waldbrände in Südfrankreich verfasste. Dazu war ich extra mit dem Zug nach Frankreich gefahren, hatte eine Reportage über die Feuerwehrmänner geschrieben und mit meinem Kassettenrekorder Interviews aufgenommen. Eine kleine Kamera gab es damals noch nicht. Hätte ich eine gehabt, wäre damals wahrscheinlich mein erster Dokumentarfilm entstanden.

Nun gut, ich hatte eben Zeit gebraucht. Meine Zeit. Und nun war ich hier. Mitten in meinem neuen Leben. In meinem neuen alten Leben. Plötzlich schien es, als sei meine Oma bei mir in diesem Bungalow irgendwo im Dschungel. War das ein Traum? So etwas war mir noch nie passiert.

Hallo meine Große, mache das, was dein Herz dir sagt, und höre stets auf deine innere Stimme. Du kannst nicht glücklich werden, wenn du die Ziele anderer lebst. Erfülle deine Träume und dann findest Du zu Dir. Und glaube immer daran, dass du alles schaffst, wenn du es wirklich willst. Laß dich von niemandem beeinflussen und bleibe dir treu, dann wird alles gut, hörst du. Und ich bin bei dir. Wo immer du auch bist.

Wie gebannt starrte ich an die Wand. Da war nichts. Und doch hatte sich alles verändert. Auf einmal kam es mir vor, als hätte ich nie geahnte Kräfte. Diese Lebenslust! Diese Energie! Das kannte ich gar nicht mehr von mir. Ich spürte Vitalität und Power, ein einziges Sprudeln, als ob eine prächtige Blume ihre Kelche und Blätter in mir ausbreitete.

Meine Oma hatte mir neue Zuversicht geschenkt. Und Kraft sowieso. Sie war in mir, ich war ein Teil von ihr. Ich würde es meiner Oma gleichtun und meine Träume verwirklichen – das heißt, ich würde es zumindest versuchen. Mit Mut, Zuversicht und Selbstbewußtsein.

»Okay! «, rief ich dem karibischen Nachthimmel entgegen und sah erst jetzt, wie beeindruckend er war, so klar und voller Sterne und Sternbilder. Er sollte mein Zeuge sein. Mein großes Ziel, Regisseurin zu werden, hatte mich immer begleitet, war jedoch in den letzten Jahren durch meine journalistische Arbeit beim Radio und beim Fernsehen in den Hintergrund gerückt.

In den zurückliegenden Wochen hatte ich immer öfter an meinen großen Traum gedacht. Vielleicht wegen dieser einen Mittagspause. Nicht oft nahm ich mir die Zeit, zusammen mit den anderen in eines der Studiocafés zu gehen. Am liebsten aß ich allein. Dabei lauschte ich einmal zuerst genervt, dann entsetzt dem Gespräch von zwei etwa vierzigjährigen Redakteuren, die sich darüber aufregten, wie gut es die Freiberufler draußen hätten, die nicht für Sender arbeiten müßten und wie frustrierend es sei, fünfzig Drehbücher in der Woche auf den Tisch zu bekommen. Das klang alles so abgebrüht und genervt und nach Routinejob.

Am selben Abend flog ich nach Köln, wo ich eine ehemalige Kollegin im WDR treffen wollte. Leider kam ich zu spät, sie war schon weg. Und ich … ich blieb im Fahrstuhl stecken.... Erst nach zwanzig Minuten reagierte jemand auf meinen Alarm. Niemals zuvor waren mir zwanzig Minuten so lang vorgekommen ich dachte, ich müßte sterben. Lebendig begraben. Was wäre, wenn ich jetzt sterben würde? Wäre mein Leben ein gelungenes gewesen? Hatte ich alles verwirklicht, was mir wichtig war? Oder lebte ich ein fremdbestimmtes Leben? Zwanzig lange Minuten, für die ich im Nachhinein sehr dankbar war.

Als ich endlich »befreit« wurde, fühlte ich mich irgendwie anders.

Vom nächsten Tag an dachte ich wieder mehr über meine eigene Kreativität nach – und ich spürte sie auch. Ich fragte Sven, ob wir zusammen komponieren könnten, ob wir uns eine kleine Kamera kaufen sollten, und in der Straßenbahn überlegte ich häufig, welchen Film ich drehen würde, wenn ich die Möglichkeit dazu hätte. Mir war so viel eingefallen, dass mir die Ideen wie Sand durch die Finger rannen.

Und jetzt, in diesem Bungalow mit diesem Buch in der Hand, da formte sich der Sand zu einer uralten Versteinerung. Es war kein Zufall, dass ich hier gelandet war. Hier knüpfte ich an meine Kindheit an. Diese Indianer würden Thema meines ersten Filmes sein. Ich war hier, weil ich eine Aufgabe zu erfüllen hatte.

Vor Aufregung zitterte ich am ganzen Körper. Alle Zweifel, alle Unsicherheiten waren wie weggeblasen. Ich war genau am rechten Ort; ich würde recherchieren, ein Drehbuch schreiben und dann einen Dokumentarfilm drehen. Ich konnte es kaum erwarten, dass der neue Tag begann und las die Passagen über die Caribbean Indianern immer wieder. Nur noch wenige Tausend der Indianer lebten. Auf Dominica gab es ein Reservat für diese Ureinwohner, die von der Regierung bis an das letzte Ende der Insel zurückgedrängt worden waren. Dort hatte man ihnen ein Stück Land zugeteilt. Karg, felsig, zerklüftet, sehr windig und eigentlich unbewohnbar.

Freiwillig würde sich dort wohl kaum jemand niederlassen. Die Indianer, so hieß es, würden Peruanern ähneln, mit länglichen Gesichtern, knolligen Nasen und wulstigen Lippen; ihr Körperbau sei klein und untersetzt. Viele von ihnen lebten als Kanubauer, Fischer oder von ihren Kokosplantagen – mehr schlecht als recht und manchmal in großem Elend.

»Man muß eine Stiftung gründen«, schoss es mir durch den Kopf. » Ich muß recherchieren, was es an Publikationen und vielleicht sogar Filmen über sie gibt.

Ich muss …«

Und so schlief ich irgendwann wieder ein. Draußen dämmerte es bereits.

2. Kapitel

Am nächsten Tag wachte ich voller Tatendrang auf. Nach einem sehr guten Frühstück mit Litschis, Papayas, Mangos, Bananen, Ananas und ohne Weißbrot machte ich mich mit dem Laptop auf den Weg. Ich beschloß, zuerst Einheimische zu befragen. Meine Fragen stießen auf wenig Begeisterung. »Die Indianer sind faul, dumm und dick«, hörte ich mehrfach. Irgendjemand erzählte mir von einem Ethnologen, der seit vielen Jahren bei den Caribbean Indianern lebte. Diesen Mann musste ich finden!

Ich hatte schon die ersten Kameraeinstellungen im Kopf, während ich durch Roseau streifte, am Hafen entlangging und mich einfach treiben ließ … Ich war tief in meine Gedanken versunken, in meinen Film und fühlte mich wunderbar, so gut wie schon lange nicht mehr. Alles, was ich tat, kam mir ganz selbstverständlich vor, und ich hatte nicht das Gefühl, ständig gegen Mauern zu laufen, so wie es in den letzten Wochen in Deutschland oft gewesen war. Alles, was ich machte, geschah mit einer Leichtigkeit, als würde ich vorbestimmten Wegen folgen. Es flutschte geradezu, und ich genoss es, endlich wieder im Einklang mit mir selbst zu sein. Und wenn manchmal Zweifel auftauchten, ob das, was ich hier trieb, wohl das Richtige sei, zwang ich mich, sie wegzuschieben. Das gelang mir ziemlich gut, denn meine Aufmerksamkeit war gefesselt von all den aufregenden Eindrücken um mich herum.

Ich bekam alle Informationen, die ich erfragte; wie bei einem Puzzle setzte ich die Teilchen zusammen. Dass es so einfach war, bestätigte mich darin, genau am richtigen Ort zu sein. Ich war meiner inneren Stimme gefolgt: Das

Schicksal hatte mir den zehnten Flug beschert. Ich hätte auch fünf Minuten früher oder später auf die Tafel am Flughafen schauen können – wer weiß, wo ich dann gelandet wäre. Alles war richtig, ich gehörte hierher, hier wartete mein erster Film auf mich.

Und wenn es in den folgenden Tagen einmal stockte, ich nicht weiterwusste, dann tauchten plötzlich wie aus dem Nichts ein kleiner Junge oder eine alte Frau auf und halfen mir weiter, erklärten mir, was ich wissen musste. Zum Beispiel, wo ich den Ethnologen finden würde, dass es eine Bibliothek im Rainbow Forest gab, in der ich Dutzende von Büchern über die Caribbean Indianer erhalten würde – und so ging es weiter.

Alles lief wie geschmiert. Zwischendurch fielen mir meine Eltern und Sven ein, doch ich wollte jetzt nicht an sie denken, sondern endlich einmal nur an mich und meine eigenen Vorstellungen vom Leben. Ich war mir klar darüber, dass ich meinen Eltern und vor allem Sven Unrecht tat. Doch ich wußte auch, dass mich jeder Kontakt mit der Heimat schwächen würde. Bevor ich es wagte, zu Hause anzurufen, musste ich mich sicherer fühlen, musste die Saat, die ich hier mit jedem Atemzug platzte, gekeimt sein.

Trotz der Zeitverschiebung von immerhin sechs Stunden spürte ich keine Müdigkeit, denn schließlich war ich nicht hier, um mich zu erholen oder zu schlafen. Ich war hier, um meine Träume zu verwirklichen. Und diesen Plan hatte ich wohl nicht als Einzige; schon bald erschien mir die Insel wie ein Treffpunkt von Menschen, die ihre Ideen in die Tat umsetzen wollten.

Ich traf sie im Corner House, einem Café am Hafen. In diesem wunderschönen Haus im Kolonialstil, das von der Australierin Betty* geleitet wurde, gab es nicht nur kulinarische Köstlichkeiten, sondern auch eine Menge kreativer Köpfe. Hier verkehrten die jungen Rucksacktouristen, die abseits des Massentourismus auf Entdeckungsreise gingen, hier traf ich Wissenschaftler aus der ganzen Welt - aber leider nicht »meinen« Russen - und einige Künstler, die sich gern von Betty verwöhnen ließen. Überall fächerten Deckenventilatoren den Gästen Frischluft zu, und mit jedem Luftzug wurde der Geruch von Bettys Köstlichkeiten bis in den letzten Winkel verteilt. Ich genoß die leckeren Kreationen mit Schwertfisch, kunterbuntes Seafood, kreolische Hühnergerichte, meistens mit Tomatensauce, deftige Linsensuppen, Kochbananengemüse und schaute auf das blautürkise Meer, auf dem Schiffe und Fischerboote kreuzten und sogar einmal in der Woche Kreuzfahrtschiffe ankerten, auf denen bequem ein Linien Flugzeug hätte landen können.

Ich führte interessante Gespräche, bestellte die traditionelle Calaloo Soup, eine Art Gemüsesuppe, und löffelte sie mit höchstem Behagen.

Nie mehr Weizenbrötchen! Nie mehr Ente mit Wirsing!

Betty servierte mir frisch gepressten Mangosaft, während ich am Computer saß und weiter im Internet recherchierte.

Meine Oma und ich. Sie ist mein Vorbild und mein erster Fan.

Mein heißgeliebter Laptop war gleich am zweiten Tag ins Wasser gefallen.

Im Corner House gönnte ich mir auch so manche Verschnaufpause von dem anstrengenden Spießrutenlauf durch die Stadt. Im Corner House war ich nicht die einzige Frau mit blauen Augen, aber in der Stadt wurde ich behandelt, als sei ich eine Exotin. So erging es allen blonden und blauäugigen Frauen, egal wie alt sie waren, egal, woher sie kamen. Die Jungs standen auf blond, und das war ziemlich deutlich – sie fraßen uns förmlich auf mit ihren feurig-braunen Augen. Hübsch waren sie allesamt, knackig, braungebrannt, verführerisch gebaut. Aber ich war nicht wegen solcher Abenteuer hergekommen, und die Jungs gingen mir zunehmend auf die Nerven. Am ersten Tag war ich vollkommen schockiert.

»You want to fuck?«, wurde ich gefragt.

»What?« Entgeistert starrte ich den Rastafari an, der aussah wie ein kalifornischer Surfer mit Mokkageschmack.

»You want to fuck, okay?«, wiederholte er.

Darauf fiel mir nichts mehr ein; das wäre aber besser gewesen, denn es dauerte keine fünf Minuten, bis mir diese Frage erneut gestellt wurde: »Fucking okay?«

So langsam die Menschen auf dieser Insel sonst waren, so schnell waren sie in dieser Angelegenheit. Und sie kamen nah heran, grapschten gleich mal, um zu prüfen, ob die Ware wirklich so vielversprechend war.

Was ich unter angemessener körperlicher Distanz verstand, galt hier nicht. Hier wurde auf die Pelle gerückt. Und schon wieder hauchte mir jemand mit seinem Zigarettenatem, in dem auch eine Spur Marihuana oder andere Drogen gemischt waren, sein eindeutiges Angebot ins Ohr.

Drogen waren strengstens verboten auf Dominica, und es gab Drogendelikte, die mit lebenslanger Haft geahndet wurden. Doch wenn dies wirklich in die Tat umgesetzt würde, gäbe es auf der Insel wohl kaum mehr Männer. Die Polizei rettete die jungen Männer, indem sie sich gnädig herabließ, bestechlich zu sein.

Die Frauen, die mir begegneten, waren häufig sehr sexy angezogen und trugen ihre üppigen Brüste und prallen Pos wie tropische Früchte durch die Stadt.

Ein einziges Mal noch versuchte ich, einen dieser Männer zu erziehen: »Was würdest du sagen, wenn ich dich das so einfach fragen würde, ohne dich zu kennen: You want to fuck?«

»Okay«, grinste er.

Sofort gab ich meine Strategie auf und verließ mich auf meine Beine. Da sich die meisten Einheimischen wie lahme Enten bewegten – im Dauerrauschzustand des Reggaerhythmus–konnten sie gar nicht so schnell schauen, wie ich in meinem normalen Gehtempo um die nächste Ecke war. Im Corner House ließ ich mir von Betty erklären, wo sich die Bibliothek befand. Ich hatte nun zwar schon eine Menge über die Caribbean Indianer gesammelt, doch in der Bibliothek erwarteten mich wahre Schätze an Informationen.

Am vierten Tag meines Aufenthalts machte ich mich frühmorgens auf den Weg. Ich kam am Post Office vorbei und beschloss spontan, meine Eltern anzurufen. Lange genug hatte ich es aufgeschoben. Der Tag war jung, ich hatte etwas Großartiges vor, meine Stimmung war glänzend – dies war der richtige Moment.

Außerdem wollte ich einen Brief an Sven aufgeben. Ich hoffte, ihn mit meiner plötzlichen Flucht nicht zu sehr verletzt zu haben, und wünschte mir sehnlich, er möge mich verstehen und erkennen, warum ich nicht anders handeln konnte. Ich bat ihn um Geduld und versprach, mich wieder zu melden. Und ich schrieb ihm die Wahrheit: Dass ich ihn liebte.

Das Post Office, das nur von außen als solches erkennbar war, bestand aus mehreren tausend Postfächern, einem Computer, einem Ventilator und zwei übellaunigen Angestellten. Man sah ihnen an, dass sie ihre Arbeit ohne Liebe verrichteten, und ihre unförmigen Figuren waren ein Beleg ihres geringen Bewegungsdrangs. In der Eingangstür wurde ich von einem großen unfreundlichen Weißen fast überrannt.

Er trat mir auf die Füße, entschuldigte sich nicht, rannte weiter. Wie ein Storch kam er mir vor mit seinem staksigen Gang. Die Postangestellten grinsten und winkten dem Weißen, der das gar nicht bemerkte, freundlich nach. Ich hatte nicht gewusst, dass die beiden lächeln konnten. Den Weißen hatte ich schon einige Male gesehen. Er schien überall gleichzeitig zu sein. Ein merkwürdiger Kauz.

Diesmal erwischte ich nicht den Anrufbeantworter meiner Eltern, sondern meine Mutter persönlich, was mich wunderte, denn das Telefon im Post Office hing an drei Drähten – grün, blau, rot – und sah aus wie Telefone in Schwarzweißfilmen aus dem letzten Jahrtausend. Die Stimme meiner Mutter sprang sofort aus dem roten Draht. Die anderen beiden brauchte sie nicht. Die benutzte ich: den grünen zur Besänftigung, den blauen zur Beharrlichkeit. Meine Mutter blieb auf Rot. Das Telefonat war lang und unerfreulich, meine Mutter spielte die Klaviatur ihrer Gefühle mehrfach rauf und runter: »Ich habe mir solche Sorgen gemacht. Warum hast du dich nicht früher gemeldet? Wo bist du denn genau? Das kannst du uns doch nicht antun, einfach zu verschwinden! Was ist denn mit dir los? So kenne ich dich gar nicht. Das hat Sven nicht verdient! Und wir auch nicht! Wir sind deine Eltern!«

Die vielen Reisen mit meinen Eltern wecken in mir schon früh die Neugierde auf die große weite Welt.

Ich bezahlte eine horrende Telefonrechnung und fühlte mich einerseits schlecht, andererseits gut, denn ich hatte meiner Mutter gesagt, dass ich mich erst mal nicht melden würde – und ich hatte ihr nicht verraten, wo ich mich aufhielt. Das erschien mir als sicherer, denn sonst tauchten meine Eltern noch auf, um ihre verlorene Tochter nach Hause zu holen! Ihr einziges Kind, für das sie nur das Beste wollen. Und das Kind wollte das Beste geben, mußte das Beste geben, zumindest hatte ich oft den Eindruck. Vielleicht tat ich meinen Eltern ja Unrecht, aber ich hatte immer das Gefühl, ich müsste ihre Erwartungen mehr als erfüllen. Kannte ich ihre Erwartungen überhaupt? Vielleicht hätte es genügt, einfach ich selbst zu sein, doch wie ein übereifriger Hund hatte ich Bälle und Stöckchen apportiert, hatte Klavier und Cello gespielt, im Tennis- und im Segelverein geglänzt – und meine Eltern waren stolz auf mich. Wenn sie stolz auf mich waren, war ich glücklich, denn das war alles, was ich wollte. Dass ich mich zwischendurch irgendwo verloren hatte, war mir nicht bewusst gewesen, und meinen Eltern bestimmt auch nicht. Sie freuten sich über meine guten Noten; das war für mich ein Ansporn. Ich machte mir damals keine Gedanken darüber, ob mein Ehrgeiz der meiner Eltern war.

Ehe ich einen Bus Richtung Bibliothek enterte – man stellt sich auf die Straße und winkt einfach – wollte ich mir zur Belohnung ein paar Früchte auf dem Markt holen. Ich war darauf angewiesen, sie käuflich zu erwerben – viele Einheimische griffen einfach links und rechts in den Busch und pflückten und hackten, weshalb sie alle mit Macheten herumliefen. Panische Angst überfiel mich allein bei der Vorstellung, eine Waffe an meinem Körper zu tragen. Macheten waren für mich Riesensäbel und scharf waren sie obendrein, auch wenn sie es einem ermöglichten, sehr preiswert auf Dominica zu leben. Es gab Bananenplantagen, Papaya- und Mangobäume, Nuss- und Teeplantagen, Zitronen und Zitronengrasfelder – das alles konnte man einfach so am Straßenrand ernten. Kokosnusspalmen und Kakao, Avocados und Orangen. Und wie es schmeckte! Nie zuvor hatte ich solch vollmundige, saftige, aromatische Früchte gekostet. Eine Ananas in Deutschland gekauft, schmeckte wie ein Stück Papier, das in einer zuckrigen Dosensauce eingeweicht wurde. Aber hier war das anders!

»Ein Paradies!«, das dachte ich viele Male am Tag und gelegentlich fiel mir unmittelbar danach Deutschland ein, wo nun die graue Zeit begonnen hatte und es Abfalleimer, Straßenbahnhäuschen, Litfasssäulen und Hundehaufen am Gehsteig gab.

Ein Paradies – was war das eigentlich? Viele meiner Freundinnen hatten mein Leben als paradiesisch bezeichnet. Wenn ich manchmal andeutete, dass ich gar nicht so glücklich war, schüttelten alle verständnislos den Kopf oder dachten, ich würde kokettieren. Doch ich machte keine Witze. Es war mir ernst. Und ich schämte mich dafür, denn mir war bewusst, dass ich sehr viel Glück gehabt hatte. Mit meiner beruflichen Laufbahn, mit meinem Mann – einfach mit allem. Ich hielt mich für undankbar, denn manchmal war diese Kluft zwischen dem, was ich fühlen sollte, und dem, was tatsächlich in mir war, so groß, dass es mich fast zerriss. So wie damals in der Zeit vor meiner Krankheit.

Hier auf dieser zauberhaften Insel kam es mir plötzlich so vor, als würde mein Inneres heilen, als schlösse sich diese Kluft, Tausende von Kilometern von dem Ort entfernt, wo sie entstanden war. Ich war weit gereist, um zu mir selbst zu finden. Zwar wusste ich nicht, wie genau das geschehen sollte, doch immer wieder hatte ich eine leise Ahnung, dass es geschah – wie eine unsichtbare Heilung. Einfach Lara sein – Lara pur.

Als ich Mangos und Ananas auf dem Markt von Roseau kaufte, sah ich den merkwürdigen Weißen schon wieder. Er saß auf einem alten Karton inmitten von Obst und aß eine Papaya. Der klebrige Saft rann ihm bis zu den Ellenbogen, wo sich sogleich Fliegen niederließen, was ihn nicht daran hinderte, seine Ellenbogen abzulecken.

Entlang der Straße standen Leute und warteten, denn die Bushaltestelle war sozusagen überall. Man musste nur wissen, wo der Bus entlangfuhr, zumindest ungefähr. Man sagte mir, dass in zehn Minuten vielleicht ein Bus kommen und er vielleicht an der Bibliothek halten würde. Der Bus kam tatsächlich. Nach vierzig Minuten. Er hatte sich als Lieferwagen verkleidet; es gab nur eine Laderampe, die ich mit drei Dutzend Hühnern und zwei Dutzend Menschen teilte. Dafür war die Fahrt billig: Egal, ob man einen oder hundert Kilometer fuhr, der Fahrpreis betrug einen Dollar. Im Preis inbegriffen war die Fähigkeit des Chauffeurs, Gedanken zu lesen, denn er wusste genau, wo seine Fahrgäste aussteigen wollten, und hielt sogar vor der Bibliothek. Natürlich wollte er von mir mehr als einen Dollar. Er wollte eine Handvoll Dollar, aber inzwischen wusste ich zu handeln und das Ganze mit einem »Okay« enden zu lassen. Ich hatte hier schon manches sehr teuer bezahlt.

Das Bibliotheksgebäude, sah aus wie eine englische Cafeteria im Kolonialstil, und Ventilatoren sorgten für das entsprechende Flair. Leider war die Bibliothek selbst ein Trauerspiel. Nichts in diesem Raum weckte die Lust auf Lesen, und die Angestellten behandelten mich abweisend. Es war deutlich zu spüren, dass sie keinen Elan hatten, mir behilflich zu sein. Sie waren muffig und langsam und schlecht gelaunt. Wenn sie etwas mit Begeisterung taten, dann bohrten sie in der Nase, und dabei durfte man sie nicht stören, schließlich waren sie so intensiv beschäftigt, dass eine Frage sie gänzlich überfordert hätte. Also wartete ich, daran war ich schon gewöhnt. Alles dauerte Ewigkeiten. Ich kam aus einem Highspeed-Leben und war im Land des Schneckentempos gelandet. Leider waren die Schnecken nicht nur langsam, sondern auch unfreundlich. Von wegen karibische Happiness! Die Laune mancher Leute erinnerte mich an nieselndes Novemberwetter. Ich beschwerte mich nicht, und war auch etwas eingeschüchtert von den Macheten, die alle bei sich trugen.

Ich fühlte mich dort nicht wohl und beschloss, so viel wie möglich zu kopieren. Der Kopierer passte vortrefflich zu den Angestellten: Er war langsam, was er ausspuckte, erinnerte an feuchtes Umweltklopapier, und er stank. Ich trug es mit Fassung, und als ich abends wieder im Hotel ankam, hatte ich das Gefühl, hart für meine Beute gearbeitet zu haben. So hart, dass ich mich abends mit einem Besuch an der Bar belohnte. Ein kanadischer Geschäftsmann sprach mich an. Seine Begeisterung für die Insel gefiel mir. Jim schwärmte von der Natur und der Lage der Insel; er wolle hier unbedingt investieren, und zwar nicht kleckern, sondern klotzen. Ich spürte meinen Herzschlag im ganzen Körper. War Jim mein nächstes Puzzleteil? Das konnte wohl kein Zufall sein, dass mir der Geldgeber für meinen Film praktisch auf dem Silbertablett serviert wurde?

Über Geld hatte ich an diesem Tag lange nachgedacht – die Rückfahrt nach Roseau hatte Ewigkeiten gedauert, zuerst war der Bus nicht gekommen und dann hatte er zweimal hintereinander eine Reifenpanne gehabt.

Was würde ein Film wohl kosten? Ich ging von hunderttausend Euro aus.

Bei diesem Etat musste ich auf die Unterstützung vieler Freunde und Bekannter hoffen, sonst würde der Film noch mehr kosten. Da gab es zum Beispiel Rainer*, einen exzellenten Regisseur und Kameramann, der auch ein guter Freund war. Er hatte mir mehrfach versprochen, dass er dabei sei. »Wenn du ein Thema hast, Lara, sag Bescheid. Du kannst mich bezahlen, sobald du den Film verkauft hast.«

Und dann gab es Macel, den Toningenieur. Und Sabrina, die Cutterin – es gab viele, die mir ihre Hilfe zugesagt hatten. Doch hatten sie das ernst gemeint? Und selbst wenn sie ihr Versprechen einlösen würden, wie sah es mit ihren anderen Verpflichtungen aus?

Ich brauchte Geld. Viel Geld. Mehr als ich hatte. Im Geiste hatte ich meine Ersparnisse bereits investiert und die Antiquitäten meiner Oma verkauft. Natürlich nur mit Genehmigung; meine Oma hatte genickt. Manchmal schnell. Manchmal nachdenklich. Und manchmal war ihr das Nicken ziemlich schwergefallen. Mir auch. Aber es musste sein. Die Stimme meines Herzens verlangte es, und diese Stimme hatte die hundertprozentige Unterstützung meiner Oma.

»Ich will mein Geld wirklich gut anlegen«, vertraute Jim mir an. »Keine windigen Projekte. Ich investiere nur im großen Stil. Das muss alles Hand und Fuß haben. Es muss was dabei herauskommen.«

»Das ist wunderbar!«, rief ich und sah einen Verbündeten in ihm. Ich würde eine Foundation für die Caribbean Indianer gründen, und Jim würde weitere Investoren auftreiben. Not gab es hier genug.

Jim wollte einen Flughafen bauen. Für Hilfsgüter, dachte ich.

»Für Touristen«, sagte Jim.

»Diese komischen Indianer hier sind praktisch«, grinste er und warf sich ein paar Erdnüsse in den Mund, »die ziehen die Touristen an wie Fliegen. Ein alter Traum der zivilisierten Menschheit. Ein paar Wilde sehen. Gut, dass wir die haben. Die Schiffe kommen ja auch, um diese Idioten zu besichtigen. Prima, dass die Regierung sie in ein Sperrgebiet verfrachtet hat. Ich meine, wenn du dir vorstellst, die rennen frei am Strand herum, also da möchte ich sie nicht haben. Schön in ihrem Reservat, alles an seinem Platz, da können sie ihre primitiven Tänzchen und Bräuche aufführen, das ist einfach perfekt hier … Hey, wohin gehst du, Lara?«

Ich konnte ihm nicht antworten. Genau das hatte die Regierung der Insel auch einmal geplant und in kleinem Rahmen begonnen: die Caribbean Indianer als Touristenmagnet. Sie sollten bloß nicht stören, und man sollte mit Shuttlebussen ins Hinterland reisen, um dort ein bißchen Ethnostimmung zu konsumieren.

In meinem Bungalow trank ich zwei große Gläser Wasser. Ich war wütend und aufgewühlt, und an Schlaf war nicht zu denken.

Obwohl ich einen anstrengenden Tag hinter mir hatte, wollte ich raus. Gehen. Mich bewegen.

Ich wollte Menschen sehen, andere Menschen als Jim. Jeder Fucking-Okay-Typ war mir lieber als dieser geldgeile Mann aus Toronto. Ich schlenderte durch die engen Straßen voller Baustellen und Löcher, die meisten waren nicht beleuchtet, doch an vielen Häusern baumelten bunte Glühbirnen. Ich genoss die Farben, all die türkisen und rosafarbenen Häuser. Orte voller Lebensfreude.

Es schien, als würde die Stadt erst aufwachen, wenn die Hitze nachließ.

Irgendwann fiel mir auf, dass auf den Straßen keine Frauen unterwegs waren. Ich sah nur Männer. In Cafés, auf Treppenstufen. Viele davon hatten eine Rumflasche oder einen Joint in der Hand. Nach einer Viertelstunde wurde es mir doch ein wenig unheimlich.

Aber irgendwie faszinierte mich diese Abendstimmung. Sie hatte etwas Geheimnisvolles. Überall ertönte Musik, Raga und Reggae, und es hupte pausenlos. Von einer Wolke aus Zitronengras und Koriander ließ ich mich ins Hotel zurückbegleiten.

Am nächsten Tag war die Stimmung in der Stadt anders als sonst, und das lag nicht nur an mir. Es dauerte eine Weile, bis ich dahinterkam; die Musik war leiser, die Menschen wirkten irgendwie ernst; alle schienen Hausputz zu machen, liefen mit Kartons hin und her, schoben Mülltonnen in die Häuser – ob das mit dem morgigen Sonntag zu tun hatte? War es hier üblich, dass die Mülltonnen Samstagabend ins Haus gebracht wurden? Fremde Länder, fremde Sitten.

Aber die Fenster und Türen zu vernageln, nur weil morgen Sonntag war? Das hielt ich dann doch für übertrieben.

»Reine Vorsichtsmaßnahmen«, erklärte mir die junge Frau an der Rezeption. »Wir erwarten einen Hurrikan. In ungefähr zwei Stunden.«

»Um Gottes Willen!«, entfuhr es mir.

»Machen Sie sich keine Sorgen«, lächelte sie. »Das ist um diese Jahreszeit zwar nicht normal. Doch der Sturm dauert bestimmrt nicht lange und dann ist alles wieder wie vorher. Kein Grund zur Panik, wir haben alles im Griff.«

Den letzten Satz hätte sie sich lieber sparen sollen, denn bisher hatte immer Unheil gedroht, wenn mir jemand versicherte, alles im Griff zu haben. Auch der Busfahrer hatte mir das bei der ersten Reifenpanne versichert, und die zweite Panne passierte in einer uneinsehbaren Haarnadelkurve.

Ich wollte der jungen Frau mit dem liebenswerten Lächeln gerne glauben und überprüfte noch mal den Horizont. Nichts zu sehen. Ich ging in meinen Bungalow und setzte mich dann auf die Terrasse, um an meinem Drehbuch weiterzuarbeiten. Das Meer lag ruhig und blau vor mir; wahrscheinlich war das mit dem Hurrikan ein Fehlalarm, typisch. Woher sollte jetzt ein Sturm kommen, so aalglatt wie in diesem Moment war das Meer noch nie gewesen. Nicht mal der Hauch eines Lüftchens regte sich, es sah alles aus wie immer. Keine Wolke war am Himmel zu sehen, und die Luft roch nach tropischer Hitze. Ich konnte keine Prise feuchter Gewitterstimmung wahrnehmen. Wahrscheinlich hatten sie hier keine Frühwarnsysteme und verließen sich auf vage Ahnungen. In Deutschland wäre eine solche Warnung »bombensicher«, sogar die Schadensausmaße würden vorher genau kalkuliert werden. Alles korrekt und sicher, so wie es in Deutschland üblich ist.

Zehn Minuten später wirbelten meine Papiere durch die Luft und wurden von einem gewaltigen Windstoß den Hügel hinabgepeitscht.

»Halt!«, rief ich, als müssten sie mir gehorchen, und rannte hinterher. Zum Glück konnte ich einen Teil der bereits beschriebenen Blätter, die an einer Wand klebten, gerade noch retten. Meine restlichen Notizen fetzten wie knatternde Papierdrachen durch die Luft.

»Madam!«, rief mich ein Boy des Hotels.

Ich reagierte nicht. Ich starrte auf das Meer. Es war doch eben noch ruhig und glatt gewesen! Etwas Schwarzes, Bedrohliches ballte sich dort zusammen. Blätter, diesmal von Bäumen, wirbelten durch die Luft, ein gewaltiges Rauschen setzte ein. Der Hotelboy gestikulierte, ich solle ins Haus gehen – und erst nun sah ich, dass mein Bungalow der einzige war, dessen Fenster und Türen noch nicht verbarrikadiert waren.

Plötzlich schüttete es wie aus Eimern; ein tropischer Regenguss, wie ich bislang noch keinen erlebt hatte. Ich rettete mich ins Bungalow,von außen verschloss der Boy Fenster und Türen, die Krawatte seiner Uniform stand senkrecht im Wind und seine Hosenbeine flatterten wie Wimpel. Ich kam mir vor wie ein Kaninchen, das in eine Kiste eingesperrt wurde. Zum Glück hatte ich noch die kleinen Fenster an der Seite. Doch als der Hurrikan näher kam, wollte ich nichts sehen. Ich sprang ins Bett, zog mir die dünne Decke über die Ohren und zitterte.

So etwas hatte ich noch nie erlebt. Es blitzte und donnerte und polterte und krachte und jaulte. Und ich war ganz allein unter meinem Laken. Die Fensterläden schlugen. Das ganze Haus ächzte. Ob es dem Inferno standhalten würde? Ich spürte den Sturm durch die Ritzen des Hauses dringen, spürte ihn unter meiner Bettdecke, die ich immer en-

Der Hurrikan kommt mit voller Wucht: ein zerstörtes Fischerhaus.

ger um mich wand, doch sie half mir nicht, ich zitterte am ganzen Körper wie Espenlaub und hatte Angst wie noch nie in meinem Leben. Der Regen prasselte auf das Dach; wie lange noch würde das Haus standhalten?

Sven, Sven, warum habe ich dich verlassen? Du hast dich doch immer um mich gekümmert. Warum bin ich einfach weggelaufen? Wie eine Bombe explodierten meine Gefühle. Die nackte Angst packte mich und ließ mir die Tränen in die Augen schießen, so groß, dass sie den Regentropfen draußen Konkurrenz machten. Ich warf die Bettdecke auf den Boden und robbte zu meiner Handtasche. Es blitzte und krachte. Das Licht, das ich nach der Vernagelung angeknipst hatte, ging aus. Ich tastete nach meinem Portemonnaie.

Sven! Ein einziges Foto hatte ich bei mir. Ich griff nach dem Telefon auf dem Nachttisch, riss es unter die Decke, die Leitung war tot, tot, tot. Wie ich sicherlich auch bald. Sven, warum nur war ich fortgelaufen? Was wollte ich hier?

Am Ende der Welt. Ohne dich. Es war doch alles wunderbar zwischen uns! Ich hatte einen tollen Job. Alles lief bestens. Wie konnte ich nur so blöd sein, das alles aufzugeben für ein Hirngespinst?

Und Sven verletzen. Diesen wundervollen Mann, der es immer nur gut mit mir gemeint hatte. Der es akzeptierte, dass seine Frau in einer anderen Stadt arbeitete als er. Der mich dreimal auf dem Handy anrief, wenn ich mit dem Auto zu ihm nach Köln unterwegs war: Wann kommst du endlich?

Der mich jedes Wochenende verwöhnt hatte. Die Weizenbrötchen waren doch nur ein Ausdruck seiner Liebe!

Wir waren ein gutesTeam! Ich hätte viel verständnisvoller sein müssen! Ich hätte begreifen müssen, dass es nicht leicht für Sven war ohne Band. Ich hätte ihn unterstützen sollen, anstatt immer darauf zu warten, dass er mich unterstützt. Ich hätte verdammt noch mal sehen müssen, dass er es richtig machte. Er lebte seine Kreativität. Dass ich meine nicht mehr gelebt hatte, lag doch nicht in seiner Verantwortung! Wie konnte ich nur so blind sein! Anstatt ihn zu bewundern, bombardierte ich ihn mit Ansprüchen und beneidete ihn um seine Freiheit – als hätte er mir meine weggenommen! Sven!

Zwei Stunden später schien die Sonne wieder. Die geballte Schwärze hatte sich verzogen, und meine Knie fühlten sich an, als seien sie aus Gummi. Erst jetzt bemerkte ich die tiefen Halbmonde, die meine Fingernägel in meine Handfläche gegraben hatten.

Ich musste hinaus, um zu überprüfen, ob noch alles da war, und fühlte mich wie eine Auslandskorrespondentin in einem

Kriegsgebiet. Ein Auto lag wie ein umgewehter Käfer auf dem Rücken, rings herum abgeknickte Bäume, kaputte Fensterscheiben und jede Menge Müll. Große Bretter hatten sich in Streichhölzer verwandelt. Dazwischen eine Zahnbürste, das Oberteil eines Gebisses: Hier war ein Haus vom Sturm erobert worden. Dachrinnen quietschten im sanften Wind.

Dies, so hörte ich, sei das Nachspiel. Ein letztes, fast zärtliches Streicheln, das Schnurren eines kleinen Kätzchens. Der brüllende Löwe hatte sich beruhigt. Er war weitergezogen, und das kleine Kätzchen hüpfte zwischen kaputten Fahrrädern, zerfetzten Wäschestücken und verbeulten Mülltonnen herum. Und überall flossen Sturzbäche, die Straße war nicht mehr als solche zu erkennen. Es würde Stunden, vielleicht Tage dauern, bis hier wieder Autos fahren konnten, doch es sah so aus, als wäre kein Mensch verletzt worden. Hier zumindest.

Gott sei Dank.

»Wie ich Ihnen sagte«, lächelte die junge Frau an der Rezeption. »Wir haben die Lage im Griff.«

Ich lächelte artig zurück und sagte nicht, was ich dachte:

Dass der Sturm wohl gnädig war. Denn wenn hier jemand etwas im Griff hatte, dann die Natur den Menschen, und nicht umgekehrt.

3. Kapitel

Ich war überrascht: Schon am nächsten Morgen waren die Schäden so weit beseitigt, dass sogar wieder Autos fahren konnten.

Es kam mir vor, als könnte ich die Hibiskusblüten, Anassträucher und Papayabäume intensiver riechen als sonst. Lag es an der klareren Luft? Dicke Mamas kehrten träge die Gehsteige, stützten die Hände in die Hüften, unterhielten sich mit ihren Nachbarinnen. Entspannt. Langsam. Gut gelaunt. Ein paar kleine Jungs krabbelten auf einem zerbeulten Auto herum. Ein besonders süßer Kerl saß auf dem Fahrersitz und machte so laute und intensive Fahrgeräusche, dass die Windschutzscheibe des Wagens, hätte er noch eine gehabt, sicher vollgespuckt gewesen wäre. Ein dürrer schwarzbrauner Hund schleppte einen Autoreifen vorbei. Als er in meine Nähe kam, zog er den Schwanz ein. Hunde wurden hier getreten, und es war mir erst einmal gelungen, einen zu streicheln. Mehr Hunde als sonst schienen unterwegs zu sein, vielleicht in der Hoffnung, etwas zu fressen zu finden. Immer wieder musste ich die Füße heben, um nicht in einer Öldose, einem Fahrradreifen oder Mülltonnendeckel hängen zu bleiben.

Ich fühlte mich wunderbar. Es machte Spaß, durch die Straßen zu laufen in der Ruhe nach dem Sturm.

Zuerst hatte ich nur einen ausgedehnten Spaziergang im Sinn, doch dann lockte mich die Aussicht immer weiter nach oben. Als ich merkte, dass es ein Fehler gewesen war, ohne Wasserflasche aufzubrechen, waren mir schon lange keine Autos mehr begegnet – von Menschen ganz zu schweigen.

Ein schriller Vogelschrei riss mich aus den Gedanken. Mir war gar nicht aufgefallen, dass ich mich schon so weit oben befand. Die Büsche waren hier noch dichter, der Straßenbelag hatte riesige Löcher und war heiß wie eine Herdplatte. Die Sonne brannte gnadenlos herunter – mein Käppi hatte ich leider im Hotel auf dem Nachttisch vergessen. Wieder einmal begann ich zu phantasieren: meine gebleichten Knochen zwischen Kokospalmen, Bananenbäumen und Ananasfeldern.

Da hörte ich ein Geräusch, das Brummen eines Motors. War das echt? Oder halluzinierte ich bereits?

Ich strengte mich an, das Motorengeräusch aus dem tropischen Konzert, das mich umgab, herauszufiltern. Überall gurrte und surrte und pfiff und zirpte und trillerte es. Ich stellte mich in die Mitte der Straße, um das Auto, das da hoffentlich gleich auftauchen würde, zum Halten zu zwingen. Es kam aber kein Auto. Es kam ein grünes Tier. Mit quietschenden Reifen schoss es um die Ecke – und wollte mir überhaupt nicht ausweichen, obwohl genug Platz gewesen wäre. Es hielt einfach auf mich zu und mir blieb nichts anderes übrig, als mich mit einem Satz ins dornige Dickicht zu retten – zum Glück zur Bergseite, denn gegenüber ging es mehrere hundert Meter steil nach unten.

Ich spürte einen stechenden Schmerz im Fuß, und noch ehe ich irgendetwas begriff, hörte ich ein schnarrendes Geräusch, das klang, als hätte jemand eine Handbremse aus ihrer Verankerung gerissen, und eine ebenso knarrende Stimme nuschelte in hartem Englisch:

»Ey! Kannste nich' aufpassen?«

Ich rappelte mich hoch und schaute zu dem giftgrünen Tier, das doch ein Auto war, eine Cabrio-Ente. Aus ihrem Verdeck ragten merkwürdige Teile, die mich an ein Kruzifix erinnerten – oder war es eine magersüchtige Leiche in Packpapier? Diesem steinalten Kerl jedenfalls traute ich alles zu. Ausgerechnet er! Dieser weißhaarige Mann aus dem Post Office hatte mir noch gefehlt. Der staksige Alte, der es schaffte, die unfreundlichen Postangestellten zu einem Grinsen zu bewegen, war mir dort nur auf die Füße gestiegen, jetzt hätte er mich beinahe überfahren.

»Ey, haste dir weh getan?«

»Nein, nein«, rief ich hastig und sprang auf die Beine; das heißt, ich versuchte es, aber mein linker Knöchel hinderte mich daran. Hoffentlich war er nicht verstaucht. Egal, bloß weg hier. Mein Kleid! Mein einziges bequemes Kleid! Ich hatte noch keine Zeit gehabt, mir etwas Neues zum Anziehen zu kaufen, und das Kleid jeden Abend selbst gewaschen und zum Trocknen auf die Veranda gehängt. Nun hatte es einen gewaltigen Riss. An der ungünstigsten Stelle. Mindestens zwanzig Zentimeter lang. Es war sowieso nicht besonders lang gewesen; ich hatte am Flughafen schließlich für einen Strandurlaub eingekauft. Nun trug ich eine Art Bikini ohne Unterteil.

»Ey, kommste mal her?«

»Äh, gleich!«

»Kannst doch nich einfach hier auf der Straße stehen!«

Er kam auf mich zu. Was war das überhaupt für ein Dialekt? Engländer war er bestimmt nicht. Amerikaner auch nicht.

»Alles okay!«, brüllte ich. Vorsichtig, x-beinig und meine Blöße bedeckend, humpelte ich ihm entgegen. Hauptsache, ich erreichte die Straße.

»Geht's?«, fragte er.

»Alles okay, alles okay«, rief ich erneut. Ich wusste gar nicht, warum ich so schrie und vor allem wusste ich nicht, warum ich dauernd okay sagte. Ich war doch nicht auf den Kopf gefallen.

»Ey, wirklich?«

»Ja, ja«, rief ich.

Er machte keine Anstalten, sich zu entfernen. Fieberhaft überlegte ich, wann ich das letzte Mal einem Menschen begegnet war. Das war ziemlich lange her. Es war so heiß, und wahrscheinlich war ich seit mehr als zwei Stunden unterwegs. Wie unvernünftig! Und noch dazu ohne Wasser! Der staksende Alte kam näher. Niemand würde meine Schreie hören, denn der dicke Nebel, der wie ein Wattekranz um die Gipfel der Berge schwebte, schluckte alle Geräusche.

»Hey, Sie haben mein Kleid ruiniert!«, startete ich meinen Angriff.

»Kann man reparieren.«

»Sehr witzig!«

»Kommste jetzt mal da raus?« Und dann stand er vor mir. Eine knöchrige, alte, gichtige Hand voller brauner Flecken streckte sich mir entgegen, griff durch das Gestrüpp, faßte meinen Unterarm mit einer Sanftheit und Zärtlichkeit, die ich ihr niemals zugetraut hätte, und zog mich auf die Straße. Weich war die Hand. Und warm. Und sie hatte nur vier Finger.

»Komm da raus, Mädchen! Was machste denn für Sachen? Oje, dein Kleid. Muss ich reparieren, seh' schon, muss ich reparieren.«

Hatte er mich hypnotisiert? Ich folgte ihm wie ein Lämmchen zu seinem giftgrünen Pferd mit dem offenen Maul.

»Muss erst mal Platz machen«, brummte er.

Ich schaute ihm zu, wie er mit diesen zärtlichen Händen Müll von den Sitzen schaufelte. Ölkanister, ausgeweidete Papayas und Bananenschalen; dies war kein Auto, das war eine Müllkippe, aus der irgendjemand alles herausgerissen hatte, was nicht unbedingt nötig war. Überall hingen Drähte, das Armaturenbrett schwebte praktisch frei in der Luft, der Schalthebel baumelte an einer Art Zahnstocher, und es stank. Es stank bestialisch.

»Setz dich, Mädchen.«

Ich schaute in seine Augen. Da wusste ich, woher der Zauber kam. Blau. Augen wie das Meer. Türkis. Und leuchtend. Wie konnte dieser alte Mann solche strahlenden Augen haben? Der Blick eines jungen Mannes grub sich tief in mein Herz, während mir die gichtigen Hände des Greises eine ölverschmierte Decke über die Knie und vor allem das Loch in meinem Kleid legten. Hunderte von Fliegen, die in den widerlich angebissenen Früchten zu meinen Füßen nisteten, umschwärmten mich. Ich schloss den Mund und hielt die Luft an. Mein Retter – oder mein Gegner, ich war mir nicht sicher – startete den Wagen. Erschrocken stellte ich fest, dass der Boden völlig durchgerostet war; ich befürchtete, dass meine Füße bei der kleinsten Erschütterung über die Straße streifen würden. Auch zu seinen Füßen kullerten verweste Früchte. Der beißende Ölgeruch ließ mich mit der Übelkeit kämpfen, ich stöhnte auf und befürchtete, mich jeden Moment übergeben zu müssen.

»Tut was weh, Mädchen?«

»Alles okay«, erwiderte ich zwischen zusammengepressten Zähnen.

»Also fahren wir«, beschloss er.

»Wohin?«, fragte ich.

»Zu mir.«

»Was?«

»Ich muss es doch reparieren.«

Da ergab ich mich. Vielleicht war ich auch dehydriert, denn ich war lange unterwegs gewesen. Ich könnte ihn um Wasser bitten, schoss es mir durch den Kopf, doch die Vorstellung, aus einer Wasserflasche zu trinken, die vielleicht vorher als Ölgefäß genutzt worden war, ließ mich erschaudern.

»Ich muss in die Stadt«, sagte ich.

Ich sagte es eher der Form halber. Eigentlich war es mir egal. Heute würde ich sowieso nichts mehr schaffen, erst morgen würde ich richtig los legen. Ich wollte endlich ins Reservat zu den Caribbean Indianern.

»Später«, sagte er. »Muss später eh mal runter. Schauen, ob die anderen Teile da sind.«

»Teile?«

»Ja, die Teile eben.«

»Okay«, sagte ich.

Wir fuhren. Wir fuhren tatsächlich. Eine Kurve später eröffnete sich mir ein so atemberaubender Blick, dass ich die Fliegen, den Gestank und meinen schmerzenden Knöchel vergaß.

Vor uns lag ein Tal, gesäumt von einer gewaltigen Bergkette; einen solchen Blick hatte ich noch von keinem Punkt der Insel aus genießen können.

»Schau mal, ist das nicht schön hier? Deshalb wohne ich hier. Genau deshalb. Und ich freue mich jeden Tag.«

»Ja«, sagte ich. »Es ist unbeschreiblich schön. Wirklich wunderschön!«

»Ja«, seufzte er.

Wohin fuhren wir überhaupt?

»Heim«, sagte er.

»Aha«, nickte ich. »Aha« war schon mal besser als »okay«, aber heim wollte ich ganz bestimmt nicht. Nicht mit ihm. Ich wusste ja nicht mal, wer dieser komische Kauz war. Die Straße wurde schlechter. Ich musste mich mit aller Kraft festhalten, um nicht mit dem Kopf an den komischen Gegenstand zu stoßen, der zwischen mir und ihm steckte. Dann hörte die Straße ganz auf.

»Und genau deshalb fahre ich die Ente«, erklärte mein Nachbar ungefragt. »'Ne Ente, die kommt überall durch. Ein Jeep hätte längst aufgegeben.«

Wo waren wir? Hier konnte doch niemand mehr wohnen! Plötzlich ein Haus auf vier Säulen, weiß gestrichen, mit roten Klinkern. Mitten im Dschungel. Davor flatterten Unterhosen an einer Wäscheleine im Wind. Mich überkamen fast romantische Gefühle. Das Haus sah gar nicht karibisch aus, eher europäisch.

»Da sind wir.«

»Hübsch«, krächzte ich. Auch meine Stimmbänder brauchten Wasser.

Er parkte auf der Wiese vor seinem Haus. Hinter dem Haus begann ein Abgrund. Überall wucherten Früchte. Und Fliegen.

»Herr der Fliegen«, schoss es mir durch den Kopf.

»Komm rein«, lud mich der merkwürdige Kerl ein.

Über eine Treppe, die sich noch unverputzt im Rohbau am Haus hochschlängelte, folgte ich ihm zu einer Veranda. Eine Veranda wie in Schweden.

»Warte«, sagte er. Es klang wie ein Befehl.

Ich blieb vor der Tür stehen, die, wie ich durch die schmutzigen Scheiben erkennen konnte, in die Küche führte. Ich hörte es scheppern und klappern, dann kam er zurück, in der einen Hand eine Rolle Klebeband und Sicherheitsnadeln, in der anderen ein Glas Wasser.

»Danke«, sagte ich, und trank es leer, obwohl es so schmierig wie die Küchenfenster war.

»We will fix it in the East African way«, nuschelte er und kniete vor mir nieder.

»Was?«

»So haben wir das immer gemacht.«

»Wo?«

»In Ostafrika.«

»Ostafrika, das ist interessant. Kommen Sie von da?«, fragte ich. Natürlich interessierte es mich, aber vor allem war es besser zu reden, als mich schweigend vor ihm im Kreis zu drehen, während er mein Designer-Minikleid mit grobem braunem Klebeband und Sicherheitsnadeln in einen Müllsack mit Flicken verwandelte. Vielleicht wäre es im nächsten Frühling der letzte Schrei in Mailand oder Paris. Mein Geschmack war es nicht.

»Nein, nein, hab da mal gearbeitet.«

»Was für eine Arbeit?«

»War da Pilot und dies und das. So, jetzt machen wir das fertig, halt mal ein Stück zusammen, Mädchen.«

Mit seinen gichtigen und doch erstaunlich flinken Fingern fuhr er an meinem Kleid entlang und streifte meine Knie. Es war eine angenehme Berührung, ich fühlte mich wohl bei ihm, gut aufgehoben. Und gleichzeitig kam mir alles total verrückt vor. Immer mehr hatte ich das Gefühl, dass dieser Tag für irgendetwas gut war. Vielleicht war er gar nicht verschwendet – vielleicht war er ein Geschenk. Der Schneidermeister war fertig.

»Geht doch«, brummte er.

Ich zupfte ein wenig Klebeband von meiner Haut, die er gleich mitverpackt hatte, und war dankbar, dass die ostafrikanische Art nicht mit dem Tacker zelebriert wurde.

»Ich muss noch schnell ausladen. Dann bringe ich dich zurück.«

»Gut«, sagte ich, als wäre das genau das, wonach mir der Sinn stand, dabei wollte ich eigentlich gar nicht weg.

»Ich hab's eilig«, sagte er, als hätte er meine Gedanken gelesen.

»Das habe ich vorhin gemerkt«, gab ich schnippisch zurück.
»Man steht nicht einfach auf der Straße rum.«
»Bin ich gar nicht!«
Er schwieg.
»Wie heißen Sie überhaupt?«, fragte ich.
»Ich bin Daniel«, sagte er.
»Lara Sanders.«
»Rundstroem«, sagte er.
»Daniel Rundstroem, das kommt aber nicht aus Afrika?«
»Nein. Ich bin Schwede, das siehst du doch.«
»Klar«, sagte ich.

Er hatte es eilig und bemühte sich nicht, das zu verbergen. Ich folgte ihm die Treppe nach unten. Er ging zur Garage, öffnete sie – und dann stockte mir der Atem. Was war denn das für ein Ungetüm? Ein glänzendes Skelett aus Metall stand da auf zwei schiefen Holzböcken, eingekeilt von einem unsäglichen Chaos, gegen das man die Zustände in der Ente als gepflegtes Ambiente hätte bezeichnen können.

»Was ist das?«, fragte ich und deutete auf das blitzende und blinkende Metallskelett mit Tausenden von Löchern.

»Das ist mein Baby«, sagte er und lächelte stolz. Er konnte also lächeln. Unglaublich!

Und schon lud er in einer Affengeschwindigkeit das Auto aus und bat mich, wieder darin Platz zu nehmen. War ihm sein Lächeln peinlich?

Ich platzte fast vor Neugier, doch Daniel war wortkarg wie ein Beo bei einem Hurrikan. Alles, was er mich nach einer Weile fragte, war:

»Wo soll ich dich rauslassen?«

»An der Kreuzung, wo es nach Roseau geht, bitte rechts reinfahren, da ist mein Hotel.«

»Ach, da auf dem Hügel wohnst du. Da habe ich schon öfter Freunde untergebracht. Guter Platz. Gute Stimmung. Gute Energie.«

Ich starrte ihn an. Das Wort Energie passte überhaupt nicht zu ihm, es kam mir vor wie ein Fremdkörper, wie eine frisch gewaschene, duftende rosarote Schleife in seinem schütteren Haar.

Viel zu schnell waren wir an besagter Kreuzung, wo er einfach anhielt. Mitten auf der Straße. Hinter uns hupte es.

»Ja dann«, sagte ich.

»Ich hab's eilig.«

»Okay, okay«, beschwichtigte ich ihn und rüttelte am Türgriff.

»Du musst ziehen.«

»Mach ich doch!«

»Fester!«

»Geht nicht!«

Ärgerlich beugte er sich über mich und verpasste der Tür einen Schlag. Sie sprang sofort auf. Sein Körper, halb auf meinem Schoß, war leicht wie eine Feder, warm und zart.

Seltsam; dabei sah er aus wie ein zäher, verdorrter Storch. »Worauf wartest du noch?«, fragte er ungeduldig.

»Ich gehe ja schon«, sagte ich und stieg aus. Er fuhr weg, fuhr einfach weg, ohne Gruß.Und so stand ich noch eine Weile an der Kreuzung und schaute in die Richtung, in der dieser merkwürdige Mensch verschwunden war. Ich jedenfalls wollte ihn nicht wiedersehen. Ganz bestimmt nicht.

Alle kannten Daniel Rundstroem. Wen ich auch fragte auf der Insel, Daniel war allen ein Begriff. Und sie kannten ihn nicht nur, sie liebten ihn. Daniel war ein Held für sie, denn er war mit dem »König der Könige«, Haile Se-

Held, Abenteurer und Königspilot: Daniel Rundstroem.

lassie, dem äthiopischen Vorbild der Rastafari-Bewegung, bekannt gewesen. Wo der Name Daniel Rundstroem auch auftauchte, wurde er von einem strahlenden Lächeln und begeisterten Blicken begleitet. Das konnte ich nicht nachvollziehen, denn in der Schule hatte ich gelernt, dass Haile Selassie ein grausamer Diktator war, der sein Volk rücksichtslos ausbeutete.

Für die Rastafaris spielte Haile Selassie eine große Rolle, er wurde geradezu vergöttert – und da auf der Insel sehr viele Rastafaris leben, wurde Daniel behandelt, als gehöre er zum königlichen Haus. Ein selten schmuddeliger Angehöriger des Königs, und für mich überhaupt nicht vorbildlich. Ich wollte nichts damit zu tun haben. Die Rastafaris mit ihrem ununterbrochenen »Fucking« und »Okay« waren mir genauso suspekt wie Daniel. Aber das brauchte mich nicht zu kümmern, ich war hier wegen der Caribbean Indianer, nicht wegen der Rastafaris.

Doch weil ich nach Daniel gefragt hatte, wurde ich ihn nicht mehr los. Im Grunde genommen war die Insel ein Dorf, das begriff ich allmählich. Jeder wusste alles, oder glaubte es zu wissen. Überall fragte man mich, ob ich Daniel begegnet sei, worüber wir gesprochen hätten – und so kam es, dass ich mehr über diesen skurrilen Schweden erfuhr, als mir lieb war. Ich betrachtete diese Gespräche als Zeitverschwendung, die mich von meinem eigentlichen Ziel abhielten: der Recherche für meinen Film. Ich wollte allerdings auch nicht unhöflich sein und hörte mir an, was die Leute auf der Insel über Daniel sagten. Er lebte seit fast zehn Jahren auf Dominica. Eines Tages war er plötzlich »vom Himmel gefallen«, wie es sich eben gehörte für einen Mann mit blauem Blut! In Wirklichkeit war er ganz normal auf dem Flugplatz gelandet. Er war eine Weile geblieben, war viel herumgeflogen, und dann hatte er sich ein Stück Land gekauft und begonnen, ein Haus zu bauen. Ein ziemlich merkwürdiges Haus, wie die Leute meinten, die ihn sowieso merkwürdig fanden. Er redete kaum, niemand wusste, was er eigentlich trieb; und dann diese häufigen Flüge. Bald war man sich einig, dass er ein Spion sei. Wofür oder wogegen, das interessierte niemanden. Hauptsache, der Beruf stand erst mal fest. Ohne es zu wissen, bestätigte Daniel diese Vermutung durch seine ruppige Art. Spione verloren nicht viele Worte, das war bekannt. Sonst verplapperten sie sich vielleicht. Es gab kunterbunte Gerüchte darüber, was der Spion in seinem Haus verbarg, und die gäbe es vielleicht heute noch, hätte nicht einer der Rastafaris Daniel zufällig kennengelernt. Er war irgendwo auf einer Schotterpiste mit seinem alten Chevrolet liegengeblieben und Daniel hatte ihm geholfen den Wagen wieder flottzumachen, und zwar auf eine so beeindruckende Weise – »We can fix it in the East African way« –, dass Henry ihn zum Essen einlud: »Du wirst zwar nicht mögen, was ich esse, aber da du mir nun wirklich geholfen hast, bin ich sogar bereit, mit dir in ein Restaurant zu gehen, wo wir Rastafaris normalerweise nicht essen.«

»Wieso, was mag ich denn nicht?«, fragte Daniel.

»Hey, du bist ein Europäer! Du isst sicher Fleischlappen und viel fettiges, ungesundes Zeug.«

Henry staunte nicht schlecht, als sich herausstellte, dass Daniel sich wie ein Rastafari ernährte: rein vegetarisch von Früchten, Gemüse und Nüssen. Am liebsten pflückte er seine Nahrung selbst. Bei diesem Essen gelang es Henry, Daniel zum Reden zu bringen, und er erzählte ein wenig aus seinem bewegten Leben. Schon am nächsten Tag verbreitete sich die Geschichte wie ein Lauffeuer über die Insel: Der alte komische Einsiedler war der Pilot unseres Königs Haile Selassie! Er ging ein und aus bei unserem König!

Über Nacht war Daniel zum Helden geworden. Das bekam er selbst gar nicht mit; er bekam überhaupt ziemlich wenig mit, weil er ständig beschäftigt war. Zuerst baute er das Haus, und jetzt baute er ein Flugzeug. Das bewunderten die Leute am allermeisten: Dass ein fast Achtzigjähriger so etwas zustande brachte. Seinen Lebenstraum in diesem hohen Alter in die Tat umzusetzen! Und wie gesagt: Er ist für den König geflogen. War er nicht selbst ein bißchen königlich?

Je begeisterter die Menschen mir von Daniel erzählten, desto unsympathischer fand ich ihn. Ein König! Dieser ruppige Typ mit dem Fliegenauto. An ihm war überhaupt nichts Majestätisches. Auch sein Haus war eine Bruchbude, kein Palast. Ich hütete mich, meine Meinung kundzutun, hörte zu, nickte und lächelte. Ich wehrte mich mit aller Kraft – aber vergeblich: Daniel begann, mich zu interessieren. Menschen, die ihren Lebenstraum verwirklichen, interessierten mich schon immer. War ich selbst nicht auch auf dem besten Weg? Stand ich nicht auch nach vielen Jahren endlich auf meiner Startbahn?

4. Kapitel

So früh war ich noch nie aufgestanden! Der Himmel überspannte die Insel wie ein zart rosafarbenes Seidentuch. Unter diesem Himmel tobten Tausende von Vögeln und Tieren, die ich zum Teil aus den Bildbänden kannte, die im Hotelfoyer auslagen. Ein Pfeifen und Krächzen, Fiepen und Glucksen, Zirpen und Keckern und Rufen und Gurren und Flöten. Und ich war mittendrin in diesem vor Fruchtbarkeit fast platzenden Grün.

Es war zu früh für das morgendliche Buffet, deshalb hatte ich am Abend vorsorglich einige Früchte besorgt, die ich nun auf der Terrasse zu essen versuchte. Mein Magen war wie zugeschnürt. Ich war sehr aufgeregt und hatte nicht viel geschlafen in dieser Nacht. Ein weiter Weg lag vor mir, und ich musste ihn noch dazu im Linksverkehr bewältigen, in einem Jeep, der den Anschein erweckte, bei der kleinsten Straßenunebenheit – und die Straßen bestanden quasi aus Unebenheiten – auseinanderzubrechen. Alle anderen Fahrzeuge waren verliehen. Dieser rostbraune Jeep war das einzige Auto, das ich für den heutigen Tag bekommen konnte. Ich hatte eingewilligt, denn heute musste es sein. Heute würde ich ins Caribbean-Reservat fahren.

Die Insel schlief noch. Nur vereinzelt, wie streunende Katzen, sah ich ein paar Rastafaris, vielleicht kamen sie von einer Party. Zum Glück hielt sich auch der Verkehr in Grenzen, so dass ich zuerst einmal üben konnte. Bei jeder Abbiegung überlegte ich lange, auf welcher Seite ich weiterfahren musste. Am liebsten fuhr ich dicht hinter einem anderen Wagen, dann fühlte ich mich sicherer. Doch um diese Uhrzeit waren nur wenige Autos unterwegs, und wenn ich eines gefunden hatte, dann musste ich mich ranhalten und war deswegen stellenweise schneller unterwegs, als es mir lieb war.

Von Roseau aus ging es zunächst an der traumhaften Küste mit den gemächlich schwappenden Wellen entlang in Richtung Norden, dann durch den wunderbaren Rainbow Forest im Osten und von dort weiter ins Landesinnere. Schnell wurde es hell und die Insel erwachte. Da rannten Kinder auf die Straße, viele in hellbraunen Schuluniformen mit Krawatten; Frauen mit Körben auf den Köpfen und in lange, bunte Gewänder gehüllt, gingen in Gespräche vertieft ihrer Wege; ein paar Ziegen überquerten die Straße – und ich wunderte mich, wie sie es schafften, am Leben zu bleiben in diesem mörderischen Verkehr. Im letzten Sommer war ich für Recherchen eine Woche lang in Rom gewesen. Der dortige Verkehr erschien mir angesichts der Straßenverhältnisse auf Dominica geradezu ungefährlich. Autos, die vielleicht vor hundert Jahren einmal verkehrssicher waren, preschten mit quietschenden Reifen und ohne Kotflügel oder Motorhauben um die Kurven. Und Kurven gab es überall. Hin und wieder lag ein Reifen am Straßenrand, da war man offenbar dreirädrig weitergefahren. Das fiel gar nicht auf, denn was hier herumraste, hätte zu großen Teilen einem Schrottplatz entstammen können. Als hätte ein karibischer Geist den eigentlich toten Autos Leben eingehaucht, bretterten sie in einem erbarmungslosen, niemals endenden Rennen auf der Insel umher und kamen nicht zur Ruhe. Ein permanentes Hupen gehörte dazu. Die Hupe war überhaupt das Wichtigste, das hatte ich schon bemerkt, als mir der Jeep übergeben wurde. Das Einzige, was der Mechaniker an dem Wagen auf seine Funktion hin untersuchte, war die Hupe. Ich benutzte sie zuerst zaghaft, dann genauso kräftig wie alle anderen. Vor allem in Kurven. Die waren so eng und uneinsehbar, und die Straßen so schmal, dass man hupen musste, wenn man nicht zusammenstoßen und abstürzen wollte. Es ging stetig bergauf. Zwischendurch verfehlte ich die Hupe immer wieder, weil ich sie mit der falschen Hand suchte. Auch die Gangschaltung wollte ich manchmal mit der falschen Hand betätigen. Ich musste ja links schalten, rechts blinken, links hupen und war total gestresst. Der Schweiß lief mir in Strömen übers Gesicht, obwohl es noch keine dreißig Grad hatte, und mischte sich mit der Sonnencreme, die ich mir dummerweise um die Augen geschmiert hatte. Und das war erst der Anfang.

Die Entfernung zwischen meinem Hotel und dem Caribbean-Reservat betrug entweder vierzig, fünfzig oder sechzig Kilometer. So unterschiedlich waren die Auskünfte, die ich erhalten hatte. Schon nach einer Stunde Fahrt war mir klar, dass ich froh sein konnte, wenn ich bei Tageslicht im Reservat ankam. Im Gegensatz zu den Einheimischen wagte ich nämlich keine riskanten Überholmanöver, und so zuckelte ich im Schritttempo hinter Lastwagen her, auf denen Dutzende von Menschen zusammengepfercht hockten. Die schwarzen Rauchwolken aus dem Auspuff raubten mir so manches Mal die Sicht, und ich inhalierte karibisches Kohlenmonoxid. Man hatte mich gewarnt, dass die Beschilderung äußerst mangelhaft sei. Mangelhaft? Welche Beschilderung? Sie existierte gar nicht, war von riesigen Bananenblättern verdeckt oder lag im Straßengraben. Ich verfuhr mich alle paar Kilometer, und je weiter ich in das Innere der Insel vordrang, desto fremder wurde sie mir.

Roseau war mir in der Zwischenzeit schon ein bißchen vertraut, doch hier war alles unbekannt. Die Hautfarbe der Menschen war dunkler, ihr Gesichtsausdruck verschlossener.

Fruchtbar, üppig, unberührt –so ganz anders als Deutschland im November.

Mittlerweile hatte ich großen Hunger, doch ich wagte es nicht, anzuhalten und mir etwas zu essen zu kaufen. Nahrungsmittel wurden überall am Straßenrand angeboten. Da saß ein alter Mann auf einem Stuhl, vor sich auf einem zweiten Stuhl seine Warenpalette: drei Papayas und eine Kokosnuss. Die Konkurrenz daneben bot drei Kokosnüsse und eine Papaya an, und ein Stück weiter stand ein verblichener roter Sonnenschirm mit der Aufschrift Coca Cola. Darunter hockte eine Frau und verkaufte Wasser, neben ihr spielten kleine Kinder mit Holzstücken, und wieder ein Stück weiter gab es den typischen Bananenkuchen, die karibische Kalorienbombe.

Es kam mir vor, als hätte die Insel zwei Gesichter. Ich war dabei, in ein noch viel üppigeres Grün einzutauchen. Je weiter ich nach Osten fuhr, desto mehr fühlte ich mich wie am Amazonas. Hier schien es öfter zu regnen als an der Westküste. An vielen Orten hätte ich gern angehalten, um die wunderschönen Eindrücke zu genießen. Allein diese unglaubliche Vielfalt an Grüntönen; dass es überhaupt so viel unterschiedliches Grün gab. Und die Vulkane, die sich geheimnisvoll und ein bisschen einschüchternd mit ihren drohenden kargen Kratern gegen die üppige Natur auflehnten.

Und die monumentalen Urwaldriesen. Doch ich musste weiter; ich hatte ja keine Ahnung, wie lange ich unterwegs sein würde. Außerdem trieb mich der Hunger. Wenn dann mal wieder eine gelbgrüne, handtellergroße Riesenkrabbe die Straße überquerte, war ich froh, es eilig zu haben, denn im Auto fühlte ich mich sicherer als zu Fuß auf Erkundung.

Einmal schlängelte sich eine Python, die mindestens drei Meter lang war, vor mir über die Straße. Ein anderes Mal beobachtete ich zwei Einheimische, die am Straßenrand eine Schlange enthäuteten, wahrscheinlich hatten sie sie gerade überfahren. Nicht nur Schlangenhaut, auch Schlangenfleisch war sehr begehrt.

Ich sah auch eine Art Vogelspinne und Riesenheuschrecken, jede von ihnen zirka. 9 bis 10 Zentimeter lang, flog knapp an meiner Windschutzscheibe vorbei. Panisch kurbelte ich die Fenster hoch. Die Vorstellung, sie könnten ins Wageninnere gelangen, beflügelte mich geradezu und wider Erwarten hielt ich keine Fensterkurbel in der Hand.

Je tiefer ich ins Landesinnere vordrang, desto bergiger wurde es. »Regenbogenland«, das dachte ich mehrmals, denn kaum war ein Regenbogen verblasst, tauchte schon der nächste auf. Ich fuhr durch Nebelschwaden wie Zuckerwatte und genoß Panoramen, die mich sogar meinen Hunger kurz vergessen ließen. Ein Traum! Vulkanketten, die in der Morgensonne die Watte beiseiteschoben, saftiges grünes Buschwerk und darüber dieser strahlend blaue Himmel. Dass die Erde so schön sein konnte! Dreimal sah ich einen Doppelregenbogen und wünschte mir etwas, obwohl ich noch nie gehört hatte, dass diese Wünsche erfüllt wurden. Doch die Regenbogen erschienen mir ebenso phantastisch wie Sternschnuppen; vielleicht waren sie die Brüder der Sternschnuppen, ihre Verwandten im Tageslicht. Endlich ließ auch der Verkehr nach, und ich konnte das Konzert des Urwalds genießen, das nun nicht mehr von Hupen unterbrochen wurde. Hier hätte ich gern angehalten, die Augen geschlossen und mich ganz den tropischen Tönen hingegeben, doch ich musste weiter.

Dummerweise hatte ich nur eine Flasche Wasser dabei, das machte mir allmählich Sorgen. Vielleicht hätte ich doch bei einem der »Geschäfte« anhalten sollen? Was, wenn ich eine Panne hätte? Der Jeep gab so seltsame Geräusche von sich, dass ich jede Sekunde damit rechnen musste. Vor allem die Bremsen machten mir Sorgen, denn sie quietschten wie blankes Eisen auf Eisen. Wie lange würden sie noch funktionieren?

Ich versuchte, das Bremsen zu vermeiden, und jedes Mal, wenn die Bremsen griffen, seufzte ich vor Erleichterung.

Nun, wo meine Aufmerksamkeit vom Verkehr nicht mehr so in Anspruch genommen wurde, kam mir das Gebrumme des Wagens immer lauter vor, übertönte fast das Konzert der Grillen und Vögel. Ich nahm mir vor, bei der nächsten Gelegenheit anzuhalten und nach Wasser zu fragen, doch es kam lange nichts. Endlich tauchten zwei Stühle am Straßenrand auf, aber auf dem einen saß ein etwa siebenjähriges Mädchen, und auf dem anderen lagen Berge von Büroklammern.

Klare Sache, dass man hier oben dringend Büroklammern brauchte. Ich trank den letzten Schluck aus meiner Wasserflasche und fuhr weiter.

Immer dichter wurden nun die Plantagen. Grapefruits, Ananas, Papayas, Kakao. Es ging steil bergab, und ich hatte den Eindruck, das Bremspedal würde mehr und mehr nachgeben. Die Handbremse war nur eine Attrappe, wie ich zu meinem Entsetzen festgestellt hatte. Und roch es hier nicht verdächtig nach kochender Bremsflüssigkeit?

Ich schaffte es! Nach sechsundsechzig Kilometern und über fünf Stunden Irrfahrt kam ich an meinem Ziel an: der Ostküste.

Es war elf Uhr dreißig, und mir war klar, dass ich höchstens drei Stunden bleiben konnte, um die Heimreise nicht in der Dunkelheit antreten zu müssen.

Das Meer erschien mir unruhiger als im Westen, hoch aufgebäumt wie angriffslustige Schlangen rollten die Wellen an den Strand. Um mich zu orientieren steuerte ich den Jeep in eine ehemalige Parkbucht, die augenscheinlich in einen Müllplatz voller Dosen, Plastiktaschen, Ölkanister und stinkender Fischgräten umfunktioniert worden war. Hier irgendwo musste das Caribbean-Reservat sein. So war es mir zumindest im Hotel beschrieben worden.

Plötzlich stand ein kleiner Junge vor mir, vielleicht elf oder zwölf Jahre alt. Er hielt eine Wasserflasche in den Händen.

»Water, Water, Madam?«, fragte er.

Ich vergewisserte mich, dass das Siegel der Wasserflasche unversehrt war – manche Einheimischen verkauften Leitungswasser als Trinkwasser, indem sie es mit Einwegspritzen in Plastikflaschen füllten – und gab ihm zehn East-Caribbean-Dollar. Ich wollte ihn fragen, wo das Reservat sei, doch auf einmal war mein Mund so trocken, dass ich nicht mehr sprechen konnte.

Der Junge, der mir Wasser verkauft und den Weg zum Reservat zeigt.

Ich setzte die Flasche an und saugte gierig, bis sie halbleer war. Ein berauschendes Gefühl, das Wasser durch meine Kehle hinabrinnen zu lassen. Der Junge beobachtete mich neugierig mit großen braunen Augen. Besonders meine blonden Haare hatten es ihm angetan, wie ich seinem erstaunten Blick entnehmen konnte.

»Wo ist das Caribbean-Reservat?«, fragte ich ihn.

Er antwortete etwas, das wie »hier« klang.

»Wo?«

»Hier.«

Suchend schaute ich mich um. Der Junge streckte den Arm aus und wies in Richtung der Hügel. Dort entdeckte ich einige Bambushütten.

»Da?«, fragte ich unsicher.

Er nickte. Und dann rannte er davon.

Ich stieg in den Jeep und fuhr zu den Hügeln. Irgendwo am Straßenrand ein Schild: Caribbean-Reservat. Völlig unspektakulär. Das Caribbean-Reservat war ein völlig normales Dorf, und wenn es nicht eingebettet in dieser herrliche Landschaft läge, dann wäre es langweilig, öde, deprimierend. Ich riss mich zusammen und fuhr langsam weiter.

Der Winnetou meiner Kindheitsträume wohnte hier ganz sicher nicht. Ich stellte den Wagen ab, trank die Wasserflasche leer und versuchte, meine Enttäuschung und meine Scham über mich selbst zu verdauen. Ich war einunddreißig Jahre alt und einem Kindheitstraum auf den Leim gegangen. Ich hatte die Winnetou-Filme nicht nur gesehen, ich hatte in ihnen gelebt – und natürlich alle Bücher von Karl May gelesen, übrigens nicht nur die über Winnetou, auch die anderen. Allerdings berührten sie mich nicht so sehr wie mein Winnetou, der Andreas hieß.

Meine erste große Liebe. Ich wollte ihn heiraten; ich war sieben, er sechs Jahre alt. Neben ihm war ich einmal so lange und so fest an einen Marterpfahl gefesselt, dass meine Oma uns schließlich retten musste. Eine peinliche Situation für mich, denn sie brach den Schwur der Apachen. Das verzieh ich meiner Oma lange nicht!

Ein Dutzend Kinder in Schuluniform umringte meinen Jeep. Die Kinder winkten, ich winkte zurück. Ich war erschöpft und nervlich am Ende nach der langen Fahrt. Meine Traumbilder verschwammen, als hätten sie sich in Seifenblasen verwandelt, schwebten aus dem Jeep, wurden in der lauen Brise, die über das Reservat streifte, ein wenig wie zum Abschied gewiegt; dann sackten sie zu Boden, eine nach der anderen. Aus der Traum.

Die Menschen hier sahen nicht aus wie Indianer, sondern eher wie Peruaner. Sie hatten breite Gesichter und breite Nasen, kurze Haare, trugen Shorts oder Jeans und Hemden, die Frauen waren bunt gekleidet. Doch das waren sie in Roseau auch.

Nirgends saßen ehrwürdige alte Männer in erhabener Haltung mit stechenden Adleraugen und faltigen Gesichtern.

Vor einer baufälligen Hütte saß eine Frau auf einem Stuhl. Das Dach der Hütte bestand aus Stroh und war gefährlich schief. Morsche Bretter stützten die Veranda. Wie lange noch? Auch der Stuhl machte keinen stabilen oder gar bequemen Eindruck.

Ich stieg aus und zögerte kurz; dann fragte ich sie nach dem Häuptling. Es war mir klar, dass dies nicht die richtige Bezeichnung sein konnte, doch ich musste es einfach tun. Das Wort Bürgermeister brachte ich nicht über die Lippen; ein letztes Aufbäumen von Nscho-tschi, der Schwester Winnetous.

Die Frau musterte mich amüsiert und fragte dann ganz langsam, so als sei ich schwer von Begriff: »Sie meinen den Chef des Caribbean-Reservats?«

Eine große Zahnlücke klaffte zwischen ihren Vorderzähnen, die sie plötzlich ein klein wenig verrucht aussehen ließ, auch wenn ihre Züge sonst eher kindlich wirkten.

Ich nickte beschämt.

Sie beschrieb mir den Weg zu seinem Haus und musterte mich dabei mit einer dreisten Ruhe, ließ ihre Blicke über mein Haar und meine Figur schweifen. Ich war froh, als ich mich von ihr verabschieden und weiterfahren konnte. Ich folgte der Wegbeschreibung und versuchte meine Enttäuschung in den Griff zu bekommen. Eine Stimme in

Die typischen Blechhäuser der Caribbean-Indianer.

mir flüsterte, dass dies alles keinen Film wert sei, dass ich mich verrannt und in Illusionen geflüchtet hatte, um meiner Wirklichkeit in Deutschland zu entkommen. Ich wollte dieser Stimme etwas entgegnen, doch das, was ich sah, ließ mich schweigen. Das Reservat war wirklich trist und trostlos, und ich sah nichts, was mir in diesem Moment wertvoll genug erschien, um es auf teurem Fünfunddreißig-Millimeter-Material für die Ewigkeit zu bewahren.

»Das liegt an meiner Erschöpfung. Ich bin hungrig und überanstrengt«, versuchte ich mich zu überzeugen.

Da entdeckte ich einen kleinen Laden, vor dem die Schulkinder von vorhin standen. Vielleicht sollte ich zuerst einmal etwas essen. Ich hielt an, stieg aus – und war sofort umzingelt. Der kleine Laden war die dominicanische Version eines Tante-Emma-Ladens. Hier gab es wahrscheinlich alles, von Windeln über Schrauben zu Briefmarken, Postkarten und Lebensmitteln – und vor allem Süßigkeiten.

Das war es, was die Kinder lockte, und am liebsten hätte ich auch ein paar gekauft, doch ein Blick auf ihre Verpackungen ließ mich zögern. Die Schokoriegel zierten Logos der Fußballweltmeisterschaft 1998. Ich fragte mich, ob die Schokolade genauso alt war wie die Verpackung oder ob die Firmen hier in der Karibik ihre alten Schachteln loswurden?

Es gab auch karibische Süßigkeiten: mit Karamell überzogene Kekse, Nüsse, Mandeln, Kokossplitter – dies alles konnte man kaufen. Tante Emma war eine zirca siebzigjährige Frau mit braunen Augen, in denen die pure Lebensfreude funkelte. Sie trug ein Kleid, das mit vielen bunten und verschieden großen Ananas bedruckt war. Ihre dichten schwarzen Haare waren mit Holzspangen zu einem kunstvollen Haarknoten gebunden und so zart grau meliert, als seien sie von einem geschickten Friseur gesträhnt worden.

Diese Frau war schön; sie stand stolz und kraftvoll hinter ihrer Theke und lächelte mich an, warm und offen. Ihre Haut schimmerte golden, obwohl sie den gleichen Teint hatte wie die anderen, und wirkte so weich, dass ich sie am liebsten berührt hätte. Sie behandelte mich völlig normal, schaute mir in die Augen und nicht auf meine Haare. Es war, als würde ich jeden Tag bei ihr einkaufen, und das gefiel mir.

Mit einem einzigen Blick sorgte sie dafür, dass mich die Kinder in Ruhe ließen. Da erst merkte ich, dass sie mich nervös gemacht hatten mit ihrem Kichern und Starren. Ohne mich zu fragen, packte mir die Frau selbstgemachtes Nougat mit Kokosnussraspeln ein, und das war genau das, was ich jetzt brauchte. Einen Energieriegel. Ob sie mir meine Erschöpfung ansah?

»Zwei Dollar«, sagte sie mit tiefer, warmer Stimme und stellte noch eine Flasche Wasser auf die Theke. Auch danach hatte ich nicht gefragt. Diese Frau interessierte mich.

»Unser Chef wohnt dort drüben«, sagte sie ungefragt und zeigte auf ein Haus schräg gegenüber.

Ich nickte. Ich war gar nicht mehr so aufgeregt wie während der Fahrt: Immer wieder hatte ich die alles entscheidende Frage formuliert. Gleich würde ich sie stellen können. Allerdings war diese Frage fast nur noch eine Formsache, denn sie schien sich von selbst beantwortet zu haben.

Der Chef wohnte im besten Haus der Siedlung. Eine mit einem Betonunterbau veredelte Bambushütte, gekrönt von Lehmziegeln. Der gepflegte Vorgarten mit dem traumhaft schönen Blick in das angrenzende Tal wirkte ein wenig deplatziert. Die drei Hunde, die faul im Garten lagen und nicht einmal den Kopf hoben, als ich mich näherte, wirkten wohlgenährter als die vielen anderen, die durch das Reservat streunten. Oder bildete ich mir das ein? Zwei Jungs in Schuluniformen spielten vor dem Haus mit einer Cola-Dose Fußball.

Der Chef wusste sicher längst Bescheid, dass ich auf dem Weg zu ihm war, doch er zeigte sich überrascht von meinem Besuch und begrüßte mich wortreich. Aber ich verstand ihn nicht, und zuerst befürchtete ich, er spräche kein Englisch. Erst nach und nach gewöhnte ich mich an den seltsamen Dialekt, der viel eigentümlicher klang als der von Tante Emma. Der Chef betonte die Wörter seltsam, sagte »leave«, meinte »live«, sagte »wok«, meinte »work«. Und er stotterte.

Umständlich bot er mir einen Sitzplatz auf seiner Veranda an und fragte, ob ich etwas trinken wolle. Ich verneinte.

Und dann stellte ich sie endlich, meine Frage. Ich ließ sie nackt auf die Bühne fallen. Alle Requisiten und Kostüme, in die ich sie auf der Fahrt hierher gepackt hatte, kamen mir überflüssig vor. Ich brauchte dem Chef nicht zu schmeicheln. Ich brauchte nichts zu erklären. Ich mußte nicht um meine Idee buhlen. Ich wusste ja nicht einmal, ob ich das, was mir eben noch als die Erfüllung meines Kindheitstraumes erschienen war, überhaupt noch wollte.

Ich stieß die Frage einfach hervor: »Ist es möglich, hier im Reservat zu filmen, brauche ich dafür eine Drehgenehmigung, oder wie sehen die Bedingungen aus?«

Sein Stottern wurde stärker. Er glaubte, ich sei von der Presse, und mein Besuch stresste ihn sichtlich. Es war fast ein Uhr mittags, und er machte keine Anstalten, meine Frage zu beantworteten. Stattdessen erzählte er mir lang und breit und langweilig von den Lebensumständen seines Volkes.

Seine Rede wirkte wie auswendig gelernt, als würde er ein Parteiprogramm abspulen. Alles, was er vorbrachte, wußte ich bereits. Die Caribbean Indianer wurden nicht vom Staat unterstützt, zahlten keine Steuern, waren autark, es gab kein Krankenhaus und nur ein notdürftiges Schulsystem. Der Alkoholismus war ein großes Problem, und natürlich fehlte es an allen Ecken und Enden an Geld.

Als ich mich an das seltsame Englisch des Chefs gewöhnt hatte, spürte ich hinter seinem politischen Beton ein persönliches Bedürfnis, mir die Not seines Volkes nahezubringen.

Mit zunehmender Professionalität stellte ich meine Fragen, und die Antworten waren ernüchternd. Ich gab nicht auf, fragte weiter. Es war mittlerweile drei Uhr, und der Chef erzählte weitschweifig von den Tänzen, die die Caribbean Indianer für Touristen aufführten. Das müsste ich natürlich filmen. Das wäre wichtig.

»Also ist es prinzipiell möglich, hier zu drehen?«, wiederholte ich meine Frage.

»Alles ist möglich.«

Es klang alles trostlos und deprimierend. Die Arbeitslosigkeit. Der Alkoholismus. Die Brandrodung. Die Mono-

Alltag im Caribbean-Reservat.

kultur, die den Boden auslaugte. Das zerrüttete Schulsystem. Die fehlenden Perspektiven der jungen Bevölkerung. Die marode Krankenstation. Die Überfischung des Meeres. Das Desinteresse an der Arbeit der Kanubauer. Das waren sicherlich alles wichtige Themen für einen Film. Aber die passenden Bilder fehlten. Hier war es öde und unspektakulär, und ein solcher Film wäre nur ein weiterer Aufguss unter dem Motto: Die Welt ist schlecht.

Wenn ich über die rechte Schulter des Chefs blickte, konnte ich den kleinen Laden sehen, in dem reger Betrieb herrschte. Anscheinend gab es da nicht nur Lebensmittel, sondern auch Trost und gute Ratschläge. Dieser Laden war der Mittelpunkt des Dorfes, ohne Zweifel. Vielleicht sollte ich vor meiner Abreise noch einmal dorthingehen, um mehr zu erfahren.

»Wie können wir in Kontakt bleiben?«, fragte ich ihn.

Der Chef verschwand kurz im Haus und erschien dann mit einer Visitenkarte. »Write e-mail to my address«, bat er.

»Yes«, sagte ich und verstaute die Karte sorgfältig in meiner Tasche. Ein Indianerhäuptling mit E-Mail-Adresse. Das war deprimierend. Nein, das war ein Shot!

Wie zufällig schlenderte ich an Tante Emma vorbei, blieb stehen, als wäre mir eben etwas eingefallen. Und wirklich: Zwei Flaschen Wasser für die Heimfahrt brauchte ich dringend.

Tante Emma saß mittlerweile allein auf der Bank vor ihrem Laden und lächelte mich einladend an, wies sogar mit der Hand neben sich. Das war der Platz, den ich mir gewünscht hatte. Gern setzte ich mich.

»Haben Sie erfahren, was Sie wissen wollten?«, fragte sie mich ohne Umschweife.

»Ja«, log ich.

Sie grinste. »Unser Chef ist ein Mann«, sagte sie dann. »Männer erzählen nicht aus dem Leben, sondern über das Leben.«

»Genauso ist es«, grinste ich zurück.

Sie streckte mir ihre Hand entgegen. »Ich heiße Clemo.«

»Lara.«

Ihre Hand war warm und weich und so samtig, wie ich es mir vorgestellt hatte, als ich Clemo vorhin zum ersten Mal gesehen hatte.

»Möchtest du etwas trinken und essen, Lara?«

»Sehr gerne«, entfuhr es mir.

Clemo stand auf und kam kurz darauf mit Wasser und einem Teller voll warmem Bananenkuchen zurück, der noch in seiner Form, also in Bananenblättern lag und verlockend duftete.

»Ist es nicht schön bei uns?«, begann sie ungefragt zu erzählen. »Wir fühlen uns geehrt, dass du einen Film über unser Volk drehen möchtest …«

»Woher …«

»Du solltest keinen traurigen Film über die Probleme der Caribbean Indianer machen, sondern zeigen, dass wir ein fröhliches Volk sind.«

Ich fühlte mich ein wenig ertappt. Woher wusste sie, dass ich einen sozialkritischen Film im Kopf hatte? Zuerst die Friedenspfeife und das Lagerfeuer, später die Hoffnungslosigkeit vertriebener Ureinwohner, die zunehmend dem Alkoholismus verfielen. Verdammt noch mal, klang das deutsch!

Clemo strahlte. »Wir sind ein reiches Volk. Die Natur schenkt uns alles, was wir brauchen. Schau Lara, hier sind Kokospalmen, dort Papayabäume, Kaffee- und Kakaopflanzen. Wir müssen nur pflücken und im Meer fischen. Ich bin froh, dass wir hier leben dürfen. Ich möchte niemals woanders hin«, sagte sie mit einem Blick, als hätte sie die Welt mehrfach bereist und sich ein Bild gemacht, das ihren Entschluß festigte.

»Es ist wirklich sehr schön hier«, nickte ich und dachte an die Karibik als Ganzes.

»Ich meine nicht die Insel. Ich meine genau hier. Hier in unserem Dorf. Wir wohnen im Paradies.«

Ich hätte gelogen, wenn ich das bestätigt hätte, also schwieg ich.

»Ich möchte mit keinem anderen Menschen tauschen«, bekräftigte Clemo.

Meinte sie das ernst? Ja, sie meinte es ernst. Ihr Gesichtsausdruck war eindeutig, aber ich verstand sie nicht. Warum fühlte sie sich hier so glücklich? Sie hatte doch nichts. Kei-

Clemo hat für alle im Reservat immer ein offenes Ohr.

nen Kühlschrank, kein Auto, kein Bett, keine eigene Toilette, keine Möglichkeit zu reisen, keine Ärzte, Medikamente, Perspektiven, finanzielle Absicherung.

Vielleicht war es genau das – nichts zu besitzen. Besitz macht unfrei. Diese Menschen sind unabhängig und deshalb vielleicht richtig glücklich. Irgendwie stimmte es: Je mehr man besaß, desto mehr Angst musste man haben.

Ich ertappte mich bei dem Gedanken, dass ich mich schon wieder in Klischees bewegte. Ich spürte, dass dies ein wichtiger Augenblick in meinem Leben war, konnte es aber nicht in Worte fassen. Hier saß ich neben Clemo und hatte eine Erkenntnis. Eine Erkenntnis, von der ich zwar schon oft gelesen hatte, doch hier, bei Clemo, war es, als spränge ich von der Theorie in die Praxis, und ich spürte, dass ich auf dieser Insel weiterkommen würde. Ich war auf der Reise zu mir selbst, und da war es ganz unerheblich, ob ich einen Kühlschrank und ein Bett hatte.

Es tat gut, die wahren Werte im Leben zu entdecken. Das wahre Glück, fern von Kommerz und Kapitalismus. Es machte mir auch ein bisschen Angst. Und vor allem machte es mich grenzenlos neugierig.

Clemo fuhr fort: »Ich verstehe die jungen Leute nicht, die wegwollen aus dem Dorf. Niemand stört uns. Und wir sind verschont von all diesen elektronischen Geräten. Bis vor einigen Monaten gab es hier keinen Fernsehapparat. Seit wir einen haben – was geschieht? Alle lungern davor herum. Diese Abhängigkeit, die gefällt mir nicht. Die macht mir Angst. Die Menschen werden sich verändern. Sie werden alles glauben, was ihnen gezeigt wird. Und für sie ist die Welt in diesem Kasten wie ihre Welt. Das stimmt aber nicht. Und die da draußen«, sie wies mit einer großzügigen Geste um sich, »haben in jedem Haus einen. Oder zwei. Ich habe von einem Mann gehört, der hat fünf Kästen in seinem Haus. Fünf Fernsehapparate!«

Clemo hob ihre rechte Hand hoch und reckte alle Finger in die heiße Luft.

»Da bin ich doch lieber hier im Frieden ohne diese Apparate. Es wäre schön, wenn die jungen Leute auch so denken würden. Und du? Du kommst hierher und machst etwas, was dann in diesem Kasten steckt?«

Ich platzte laut heraus. Das war wirklich eine treffliche Beschreibung. Clemo zwinkerte mir zu. Ich wusste nicht so genau, ob sie das, was sie eben gesagt hatte, ernst meinte. Irgendwie ja, irgendwie nein. Und: War das wichtig?

»Ich möchte keinen Schwachsinn filmen«, verteidigte ich mich dennoch. »Ich will einen richtig guten Film machen. Weißt du, Clemo, Filme sind auch wichtig. Die Menschen in Deutschland zum Beispiel wissen gar nicht, dass es euch gibt.«

»Das ist mir gerade recht«, erwiderte Clemo.

»Aber wenn die Leute nicht wissen, dass es euch gibt, dann können sie euch auch nicht helfen.«

»Ich brauche keine Hilfe!«

»Ich sehe, dass es dir hier sehr gut geht, Clemo. Doch vielleicht braucht euer Dorf trotzdem Unterstützung. Ich habe gehört, eure medizinische Versorgung könnte besser sein. Und die Schule…«

»Ja, die Schule!«, unterbrach Clemo mich. »Wir haben keine gute Schule hier. Mein Enkel zum Beispiel geht nicht im Dorf zur Schule. Ich bin sehr traurig darüber. Obwohl es auch gute Seiten hat.«

»Genau das meine ich«, sagte ich, froh, Clemo etwas gnädiger stimmen zu können.

»Und wann kommt das Geld für die Schule?«, fragte Clemo, nun offensichtlich sehr angetan von meinem Film.

»Also zuerst mal muss ich ein Drehbuch schreiben und dann …«

»Wie lange dauert es, bis die Schule gebaut wird?«, fragte Clemo ungeduldig. Sie sah nicht mehr aus wie siebzig, sondern wie zwölf. Und sie war sehr ungeduldig, die in Geschenkpapier eingewickelte Schule auszupacken.

»Ich weiß nicht … vielleicht zwei oder drei Jahre.«

»Das ist zu lange! Bis dahin ist mein Enkel mit der Schule fertig. Und die anderen Kinder, die alle so dringend eine gute Schule brauchen, müssten dann nicht Kanubauer werden. Das ist doch ein Beruf ohne Zukunft. Es gibt immer weniger junge Leute hier. Obwohl – manchmal muss man weggehen, um seinen Traum zu verwirklichen.«

Jetzt konnte ich wieder uneingeschränkt zustimmen.

»Mein Enkel ist auch fortgegangen«, erzählte Clemo ungefragt. »Er baut ein Flugzeug.«

Ich verschluckte mich fast. »Ein was?«

Clemo strahlte mich breit an. »Ja, ein Flugzeug. Mein Enkel baut ein Flugzeug. Da gibt es einen alten Schweden, er heißt Daniel Rundstroem. Jeder auf der Insel kennt ihn.

Eines Tages ist er einfach gekommen. Er ist wie vom Himmel gefallen. Er lebt schon eine Weile hier, und er hat auch einen Traum: Er will mit seinen eigenen Händen ein Flugzeug bauen. Er ist ein alter Mann, und vielleicht ist dies sein letzter Traum. Rainstar, das ist mein Enkel, hilft ihm dabei.

Rainstar hat auch einen Traum. Rainstar will Pilot werden. Deshalb ist die Schule so wichtig. Daniel und Rainstar stecken Tag und Nacht zusammen, das heißt, wenn Rainstar Zeit hat. Er muss viel lernen. Piloten sind kluge Männer. Daniel ist auch ein kluger Mann. Deshalb hat er Rainstar gefragt, ob er ihm hilft. Rainstar ist ein guter Junge. Und sehr klug.«

»Ich kenne Daniel«, brachte ich schließlich hervor.

»Ein guter Mann«, schwärmte Clemo, und ich nickte und ertappte mich dabei, dass ich das auch wirklich so meinte. Denn alles, was ich von Daniel gehört hatte, war interessant und großartig. Aber ich hatte ihn anders kennengelernt. Ehrlich gesagt war er der merkwürdigste Mensch, dem ich jemals begegnet war, und nun stellte sich heraus, dass dieser knöchrige Schwede, der mir seit meiner Ankunft auf der Insel einige Male über den Weg gelaufen war und mich beinahe überfahren hatte, auch noch einen Caribbean-Jungen unterstützte. Wie konnte ich mich so täuschen? Man sollte nie nach der ersten Begegnung ein Urteil fällen. Andererseits: wann denn sonst? Er hatte sich mir gegenüber unhöflich und ruppig verhalten. Was ich jetzt hörte, ließ ihn in einem völlig anderen Licht erscheinen. Ich sollte in Zukunft wohl nicht so schnell mit meinen Urteilen sein und Menschen auch einmal mit anderen Augen sehen.

Hier musste ich nicht Zweiminuteninterviews mit Prominenten führen, denen es nur darum ging, sich selbst darzustellen, Bücher oder CD's oder Waschmittel zu verkaufen.

Ich hatte es hier mit Menschen aus Fleisch und Blut zu tun, nicht mit Kunstfiguren, und musste offenbar wieder lernen, jeden mit Respekt zu behandeln, besonders, wenn ich über sie nachdachte.

Das war mindestens genauso wichtig wie meine Umgangsformen, auf die ich viel Wert legte. Denn was brachte es, wenn ich zwar höflich war, es aber nicht so meinte. Ich wollte wieder lernen, ehrlich, aus tiefstem Herzen zu handeln und nicht nur zu reden. Was für ein Tag! Ich entwarf Lebensziele!

»Schade, dass ich Rainstar nur noch selten sehe«, gestand Clemo. »Andererseits bin ich glücklich, weil es ihm so gut geht. Er wohnt jetzt bei Adoptiveltern und geht in Roseau in die Schule. Dort ist ja auch die Schule. Daniel wird ihm das Fliegen beibringen. Alle sind stolz auf Rainstar. Als Kind war er einmal furchtbar krank, und wir wussten nicht, ob er die Krankheit überlebt. Heute geht er auf eine gute Schule und eines Tages wird er unsere Insel von oben sehen. Daniel wird ihm dabei helfen. Er wird der erste Caribbean Indianer sein, der Pilot wird. Unser Volk wird stolz auf ihn sein.«

»Das ist wirklich großartig von Daniel«, hörte ich mich selbst sagen.

»Nicht wahr?«, strahlte Clemo.

»Wirklich großartig«, wiederholte ich.

Die Fahrt zurück ins Hotel verging wie im Flug und strengte mich kaum an. Es lag sicher nicht daran, dass ich die Strecke schon einmal gefahren war; ich war einfach mit meinem Film beschäftigt, der sich verändert hatte – wie ein lebendiges Wesen. Mein Puzzle nahm langsam Gestalt an.

Rainstar weiß schon immer, was er will: Pilot werden, als erster Caribbean-Indianer.

Die Begegnung mit Daniel musste stattfinden, damit ich Rainstar kennenlernte.

Er sollte der Protagonist meines Films sein. Unsere beiden Großmütter, da war ich mir sicher, hatten das so beschlossen. Was für ein phantastischer Anfang: Ein junger Caribbean Indianer lebt seinen großen Traum, Pilot zu werden.

Ich dachte über die erste Einstellung nach: eine Totale von oben in das Reservat oder lieber aus der Hütte von Clemo? Das würde gut werden! Ich sah viele Szenen schon vor mir, und sie beflügelten mich. Im Kopf stellte ich umfangreiche Listen zusammen, was ich als Nächstes tun musste. Vor allem musste ich endlich Rainstar treffen. Rainstar. Clemos Enkel! Es kam mir vor, als würde ich ihn schon kennen, denn ich hatte ihn in Clemos leuchtend braunen Augen gesehen. Und ich hatte ihn gespürt. In der Liebe seiner Oma.

Für meinen Film war es viel besser, eine Hauptfigur zu haben, als vom Schicksal der Indianer allgemein zu erzählen. Um mit Rainstar in Kontakt zu kommen, war es sicherlich das Beste, mich an Daniel zu wenden. Hatte ich mir nicht geschworen, nie wieder etwas mit diesem ruppigen Kerl zu tun haben zu wollen? Er könnte doch genauso gut zu mir kommen. Er hatte mein Kleid zerrissen, zwar nur indirekt, aber wäre es nicht normal, sich nach meinem Befinden zu erkundigen? Er wusste, wo ich wohnte. Aber konnte ich ein normales zivilisiertes Verhalten von einem Mann erwarten, der ein Einsiedlerleben führte? Vielleicht würde Rainstar zu mir kommen? Vielleicht würde Clemo ihn zu mir schicken: Such die Frau, die uns in den Kasten bringen will!

5. Kapitel

Es war wie verhext. Aber der Schwede begegnete mir nicht mehr. Er war wie vom Erdboden verschluckt.

»Hey, weiß jemand, wann Daniel wieder kommt?«, brüllte Betty quer durchs Corner House. Alle sagten mir dasselbe: Ich würde Daniel entweder am Fruchtmarkt oder bei der Post treffen, weil er in der ganzen Welt Teile für sein Flugzeug bestellte und diese im Post Office abholte. Oder bei Brian.

»Bei wem?«

»Na, bei Brian.«

Schnell fand ich heraus, dass Brian der Besitzer des einzigen Eisenwarenladens war. Er arbeitete mit Daniel zusammen, besorgte Schrauben und Werkzeug, das es eigentlich nicht gab, und hatte immer eine Lösung. Brian war ein hervorragender Schweißer. Stundenlang, so erfuhr ich, würden die beiden Männer zusammensitzen und Teile konstruieren.

Ich durfte keine Zeit verlieren und beschloss, dass ich etwas aus dem Eisenwarenladen brauchte. Meine Stoffsammlung wuchs, ich schrieb jeden Tag viele Stunden daran, sammelte Eindrücke von der Insel, recherchierte im Corner House an einem von Bettys Computern – nur meinen Hauptdarsteller hatte ich noch nicht gesehen. Seit der Begegnung mit Clemo gab es für mich keinen Zweifel mehr, dass ich diesen Film machen musste. Ich wusste zwar noch nicht so genau wie, doch mein Vertrauen, dass alles auf die genau richtige Art und Weise geschehen würde, war tief und stark wie das Meer.

Natürlich hätte ich einfach zu Daniel fahren können – doch das erschien mir zu plump. Ich wollte ihn zufällig treffen und auch Rainstar zufällig kennenlernen.

Ich erfuhr, dass Daniel zuverlässig einmal in der Woche Besorgungen in Roseau machte, meistens mittwochs. Wenn ich, wie er, in der Wildnis lebte, würde ich auch nicht öfter in die Stadt fahren. Von Daniels Haus bis nach Roseau dauerte es über eine Stunde, und die Strecke war abenteuerlich.

Und dann betrat ich Brians Laden. Dort gab es einfach alles. Ich war überwältigt und zugleich geschockt; in Deutschland hatte ich ein solches Geschäft noch nie gesehen. Brian führte Haarklammern, Schrauben, Gewichte, Griffe in allen Farben und Formen, aus Holz, Metall und Plastik, Eisenteile, Spiralen und viele Gegenstände, von deren Funktion ich nicht die geringste Vorstellung hatte. Halb aufgerissene Schubladen, aus denen Drähte und Schläuche wie Eingeweide quollen, würden sich wohl nie mehr schließen lassen. Ich erkannte Maschendrahtzaunrollen in verschiedenen Lochgrößen und Farben, Werkzeuge in allen Größen, Leitern, Schilder; von der Decke baumelten alte blecherne Werbetafeln, schaukelten sachte hin und her. Wenn sie sich berührten, ertönte ein blecherner Klang. In der Mitte des Raumes stand eine riesige, uralte, knallrote Waage, die aussah wie eine Mischung aus einer Londoner Telefonzelle und einer amerikanischen Zapfsäule. Gefährlich bogen sich die Holzregale unter ihrer Last. Wahrscheinlich würde es sich nur noch um Stunden handeln, bis hier alles zusammenbrach; ich sollte mich beeilen, wollte ich nicht unter diesem Schrott begraben werden. Auf dem Tresen entdeckte ich eine antiquierte Registrierkasse und vermutete, dass sie kein Museumsstück, sondern noch in Gebrauch war. Dahinter stand ein Mann mit Vollbart Anfang fünfzig. Das war wahrscheinlich Brian. Oder war es eine Schaufensterpuppe?

»Hi«, sagte die Schaufensterpuppe.

»Hi«, erwiderte ich, nahm ein paar Schrauben in die Hand, als handle es sich um Perlen, klopfte an eine Gießkanne, ließ meine Finger an aufgereihten Schraubenziehern entlanggleiten.

»Kann ich Ihnen helfen?«, fragte Brian in kreolischem Englisch.

Seine Gesichtshaut war von Aknenarben entstellt, die ihn aber nicht hässlich machten, eher interessant wirkten – darüber glänzten seine Augen. Rehaugen, die so gar nicht zu seiner muskulösen Gestalt passten. Sein freundliches Lächeln war auch untypisch für die etwas muffeligen Insulaner; er musste wohl zugezogen sein.

»Mein Computer ist ins Wasser gefallen«, sagte ich zögernd.

»Computer habe ich nicht.«

»Dann vielleicht ...«, ich räusperte mich, »vielleicht eine Teekanne oder so was?«

»Oder so was?«

»Doch, eine Teekanne!«

»Haushaltswaren gibt's bei Francis*. Nächste Straße rechts rein, drittes Haus, linke Seite.«

»Also, dann nehme ich mal zwei Fahrradspeichen«, beschloss ich.

Brian wickelte die Speichen in Zeitungspapier und reichte sie mir, ohne mit der Wimper zu zucken. Ich bezahlte und verließ den Laden, wütend und enttäuscht. Mir war heiß, ich brauchte schon wieder eine Dusche, und allmählich ging mir die Hitze auf die Nerven.

Was machte ich hier? Ich hockte auf einer Insel am Ende der Welt und kaufte zwei Speichen. War ich jetzt völlig verrückt geworden? Wie sollte mein Leben überhaupt weitergehen? Wie lange wollte ich hier noch bleiben? Was war mit Sven? Meinen Eltern? Lebten sie überhaupt noch?

Plötzlich überkam mich das Heimweh so stark, dass ich mich auf eine Steintreppe zehn Meter von Brians Geschäft entfernt fallen ließ und schluchzte, ohne es zu verbergen. Es kam mir vor, als hätten diese Tränen lange darauf gewartet, nach draußen zu dürfen. Es waren viel zu viele Tränen, um sie zurückzuhalten. Ich ließ sie einfach laufen, konnte gar nicht anders. Auf einmal bemerkte ich, dass Blut an meinem Handgelenk entlangrann.

Es dauerte eine Weile, bis ich begriff, dass ich mich an diesen blöden Speichen verletzt hatte. Wütend zerbrach ich die idiotischen Teile. Ich wollte nur noch nach Hause, zu Sven. Sehnte mich nach unserem Wohnzimmer, dem Ticken der Uhr dort, dem Blick aus dem Fenster, meinen Bücherregalen, nach der schönen großen Badewanne. Und nach dem Klappern der Tasten von Svens Übungsklavier. Ich hätte in diesem Moment auch eine Menge dafür gegeben, wenigstens in meiner Münchner Wohnung sitzen zu dürfen. Oder an meinem Arbeitsplatz auf dem Bavariagelände. Alles wie immer. Pünktlich. Sicher. Ganz normal. Und schön regelmäßig. Es hätte vielleicht nicht mehr lange gedauert, bis ich eine eigene Fernsehsendung moderierte; das zumindest hatte mir mein Chef in Aussicht gestellt. Ich war zuversichtlich, dass es diesmal klappen würde. Denn ich hatte schon einmal einen Moderatorinnenjob in Aussicht. Ein Auslandskorrespondent beim WDR hatte zu mir gesagt:

»Das Einzige, was Ihnen noch fehlt, sind Falten. Um als Moderatorin glaubwürdig zu wirken, müssen Sie älter aussehen. Sie haben mit Jugendsendungen angefangen und dieses erste Sprungbrett hervorragend genutzt. Jetzt wartet ein größeres Publikum auf Sie. Aber das muss man seriös überzeugen. Das heißt mit Falten.«

So schnell hatte ich mir eben keine Falten erworben, und es lag auch nicht an meiner Ungeduld. Oder hatte ich zu früh aufgegeben? Das war doch gar nicht meine Art, ich war bekannt dafür, mich in Dinge regelrecht zu verbeißen. Was wäre gewesen, wenn ich zu Hause geblieben wäre? Vielleicht wäre ich glücklich. Vielleicht hätten Sven und ich unsere Liebe wieder neu entdeckt. Und was war denn schlecht an einer sicheren Existenz auf Schienen?

»Hi.«

Ich zuckte zusammen. Diese Stimme. Dieses Fisteln. Nein, das konnte nicht sein! Ich drehte mich um; da stand er vor mir. Groß, dürr, ausgemergelt, ein gestreiftes Hemd mit mehreren Ölflecken und einem Riss quer über der Brust, Sonnenbrille, Käppi mit dem Logo von Pan Am International auf dem Kopf und in der Hand ein eisernes Ungetüm.

»Hi«, erwiderte ich völlig perplex.

Er nickte mir zu und ging an mir vorbei. Ich blieb sitzen und starrte ihm nach. Hatte er nicht bemerkt, in welchem Zustand ich war? Nein, das hatte er nicht, und das war mal wieder typisch. War das etwa ein Held? Einer, der es nicht mitbekam, wenn jemand blutete? Vielleicht war mein erster Eindruck von diesem Schweden doch der richtige, und ich sollte mir nicht von anderen einreden lasen, dass meine Wahrnehmung getrübt war.

Meine Zweifel an meinem Leben auf der Insel verwandelten sich in Wut und Entschlossenheit. Ich sprang auf. Mit großen Schritten stakste Daniel auf Brians Laden zu, verschwand darin. Ich wischte die Tränen aus meinem Gesicht und das Blut von meinem Handgelenk und betrat kurz nach ihm Brians Laden. Der stand neben Daniel über das eiserne Ungetüm gebeugt und schaute an mir vorbei. Es war offensichtlich, dass er jetzt etwas Besseres zu tun hatte, als jungen Frauen Eisenwaren zu verkaufen.

»Ja?«, fragte er dennoch gedehnt.

»Die Speichen.«

»Ja?«

»Ich brauche noch zwei.«

»Bedienen Sie sich selbst«, sagte er höflich, signalisierte mir allerdings deutlich, dass er beschäftigt war.

»Das macht einen Dollar. Haben Sie das passend?«

»Nein«, log ich.

Brian seufzte.

Daniel drehte sich zu mir. »Hi«, sagte er, als sähe er mich erst jetzt.

Ich nickte ihm zu. »Na, wie geht's?«

»Viel Arbeit.«

»Das Baby?«

»Yeah«, strahlte er.

»Ich bin nur zufällig hier«, begann ich und wollte erklären, was mich in eine Eisenwarenhandlung verschlug, doch dann merkte ich, dass Daniel es völlig normal fand, sich hier über den Weg zu laufen – und hatte er nicht recht? Was war normaler, als in einer Eisenwarenhandlung einzukaufen? Speichen zum Beispiel brauchte man praktisch täglich.

Brian wechselte meinen Geldschein. Und schon war er wieder in das Gespräch mit Daniel vertieft. Es war klar: Brian mochte den Alten. Und mehr: Er war begeistert von ihm und ließ das Ungetüm, das Daniel mitgebracht hatte, nicht aus den Augen. Wahrscheinlich hätte das gesamte Moulin Rouge auf den Werkzeugkisten strippen können – die beiden Herren hätte das kaltgelassen. Das wiederum ließ mich nicht kalt. Ich glühte förmlich und verließ den Laden. Denn ich wollte endlich an Informationen kommen.

Rainstar würde ich mir nicht durch die Lappen gehen lassen. Ich setzte mich auf »meine« Steintreppe, behielt Brians Geschäft im Auge und wartete. Es dauerte. Ich war auf der Pirsch. Es dauerte sehr, sehr lange und meine Augen wurden so müde, dass ich mehrere Male aufsprang, weil ich glaubte, Daniel erkannt zu haben. Aber dann war es doch ein anderer Mann, einmal sogar eine Frau. Beobachten war anstrengend! Vielleicht würde ich eines Tages ein »Making of« drehen und könnte all die amüsanten Geschichten erzählen, die auf meinem Weg zu Rainstar und den Caribbean Indianern passierten. Ich glaubte fast schon nicht mehr daran, dass Daniel aufkreuzte, und fragte mich, ob es bei Brian im Laden eine Hintertür gab, als er endlich herauskam. Ohne das eiserne Ungetüm. Wie zufällig schlenderte ich ihm entgegen.

»Hi«, begrüßte er mich zum dritten Mal. Und dann fragte er. »Hast du Lust, mit hochzukommen? Ich zeige dir mein Flugzeug.«

»Klar«, sagte ich locker, als hätte er mich nach der Uhrzeit gefragt.

»Meine Ente steht da hinten.«

»Okay«, sagte ich.

Ich stieg ein und legte die zwei wertvollen Speichen auf den Rücksitz. Die ersten zehn Minuten sprachen wir kein Wort miteinander, was ich zuerst bedrückend fand, Daniel schien es nicht zu belasten.

Sollte ich ihn über Rainstar ausfragen oder wäre es besser, auf die Begegnung zu warten? Ich beschloss zu schweigen. Daniel sollte nicht wissen, dass ich an seinem Gehilfen interessiert war; vielleicht würde es ihn verletzen.

»Also, wenn Brian das hinbekommt, dann hat er sich mal wieder selbst übertroffen«, begann Daniel unvermittelt.

Die einzige grüne Ente auf der Insel. Vorsicht: gefährlich!

»Was?«

»Dieses Stück, die Krümmung, das ist schon eine besondere Herausforderung. Er muss sich zuerst mal das passende Werkzeug besorgen. Vielleicht muss er es auch selbst machen. Ich wüsste nicht, woher er …«

Und so ging es weiter. Daniel sprach mit sich selbst. Oder erwartete er allen Ernstes, dass ich etwas dazu sagte? Vielleicht hatte er mich auch schon vergessen. Ich schaute aus dem Fenster und schwieg. Die wunderschöne Landschaft drängte für einen kurzen Moment alle Probleme in den Hintergrund; selbst den Schnitt in meiner Handfläche spürte ich nicht mehr.

»Ist das hier so etwas wie ein Paradies?«, dachte ich laut. »Man lernt hier, was wirklich wichtig ist. Und das ist wohl schon auch paradiesisch.«

»Ich bin ja noch nicht so lange da«, erwiderte ich. »Und manchmal weiß ich auch nicht, was ich hier eigentlich soll.«

»Ja, wer weiß das schon.«

»Ja.«

»Man kommt und dann ist man einfach da und plötzlich weiß man, warum das so ist.«

»Ja, das stimmt«, nickte ich.

»Und du, was machst du hier?«, fragte er mich.

Eine Frage! Er hatte mir eine Frage gestellt!

»Ich bin hier um einen Film zu drehen.«

»Einen Film?«

»Ja. Ich soll hier was über die Caribbean Indianer machen.«

»Das ist interessant.«

»Ja, das finde ich auch, ich …«

»Du hast doch bestimmt eine Kamera?«

»Klar«, log ich. Es war nur eine kleine Lüge, denn ich hatte erst vorgestern eine Kamera ergattert. Sie war mindestens fünf Jahre alt und in Deutschland wahrscheinlich schon gar nicht mehr im Handel. Es gab keinen Videoladen in Roseau – nur ein Secondhand-Elektronikgeschäft, dessen Innenleben durchaus mit dem von Brians Eisenwarenhandlung konkurrieren konnte. Morgen würde ich die Kamera abholen, der Händler wollte das Laufwerk noch einmal ölen, und ich hoffte, das er das nicht wörtlich meinte.

Ich brauchte die Kamera für Rainstar, für Detail-Shots, eine Totale vom Caribbean-Reservat, O-Töne von Einheimischen, besonders von Clemo und für so viele Recherchedrehs und Locationbesichtigungen wie nur möglich. Das war wichtig, um zu wissen, wo ich am besten drehen sollte. Selbstverständlich notierte ich ständig, wann wo die Sonne stand, um die Lichtverhältnisse zu berücksichtigen.

»Da könntest du doch mal mein Baby filmen? Das wäre schön!«

»Ja, das kann ich«, sagte ich.

»Ich habe zwar keinen Fernseher, aber ich könnte es woanders ansehen. Also später mal. Wenn ich fertig bin. Dann weiß ich vielleicht nicht mehr, wie es mal war. Wie mein Baby mal ausgesehen hat. Das könntest du doch dokumentieren.«

»Klar«, nickte ich.

Das lief ja besser als erwartet. Wenn Daniel mich einlud zu filmen, würde Rainstar wohl nichts dagegen haben. Sollte ich ihn jetzt nach dem Indianerjungen fragen? Ich beschloss, weiter abzuwarten. Wieder schwiegen wir eine Weile. Es war kein unfreundliches Schweigen, eher verbindend. Ich schämte mich ein bisschen dafür, dass ich mich vorhin nach der deutschen Straßenbahn gesehnt hatte.

Wieder spürte ich die Kraft und Gewissheit, dass ich hier auf dem richtigen Weg war. Es schien, als würde ich nun ein großes Stück weiterkommen, wobei ich gar nicht so genau wusste, woher das kam, denn was war schon geschehen? Ich saß neben einem alten Mann in einer Ente und bewunderte die Landschaft. Vielleicht lag es an diesem Mann. Irgendetwas mußte an ihm sein – so wie alle von ihm schwärmten.

Vor Daniels Haus flatterten dieselben Unterhosen an der Wäscheleine wie beim letzten Mal. Von Rainstar keine Spur.

Ich hoffte inständig, ich würde ihn heute noch kennen lernen. Bis dahin wollte ich mich gründlich umsehen.

»Soll ich dir mal das Haus zeigen?«, fragte Daniel.

An Daniels Benehmen merkte ich deutlich, dass er stolz auf sein Haus war. Für mich war es eine Bruchbude. Daniels Haus war karg, nüchtern und vergammelt. Und zwar überall. Sobald ich versehentlich mit etwas in Berührung kam, hatte ich das Bedürfnis, mich zu desinfizieren.

Die Ecke hinter der Küchentür würde sich zum Lichtsetzen eignen. Und dort neben dem Kühlschrank könnte ich den Kino-Flow plazieren. Wenn ich Rainstar im Haus interviewen würde, müssten wir uns etwas gegen die Fliegen einfallen lassen, sonst bekäme man den Eindruck, unser Bandmaterial wäre schadhaft oder das Kopierwerk hätte gepfuscht. Überall Fliegen, Tausende, Hunderttausende. Und sie summten im Takt. Vergorenes Obst, Papayareste, benutzte Pappteller. Daniel aß von Pappgeschirr, um sich das Abwaschen zu sparen; er warf die Teller jedoch nicht fort, sondern stapelte sie wie Porzellan. Und so gab es in allen Ecken kalte Buffets für die schwarzen surrenden Heerscharen.

Seinen Herd, so erfuhr ich, hatte er gegen eine Werkbank getauscht. Ein Herd war sowieso überflüssig, da das Erhitzen alle Vitamine in der Nahrung abtötete. Davon war Daniel überzeugt. Einzig ein vergammelter Wasserkessel stand auf einem Campingkocher. Der Kühlschrank war im Laufe der Zeit wohl auch zu einem Insekt mutiert, er summte und brummte wie ein ganzer Bienenschwarm. Keine Frage, den musste ich ausschalten, wenn ich einen sauberen Ton bekommen wollte, ebenso wie die Neonröhren im Wohnzimmer, sonst würde ihr Surren Daniel übertönen. Am schlimmsten war das Bad. Es war ein Alptraum.

»Hier gehe ich nie aufs Klo«, schwor ich mir. »Da gehe ich lieber in den Dschungel.«

»Man darf auf keinen Fall nach draußen, wenn man mal was zu erledigen hat«, warnte Daniel mich, als hätte er meine Gedanken schon wieder erraten. »Die Schlangen hier sind verdammt unangenehm. Außerdem haben wir hier rote giftige Tausendfüßler.«

Ich zuckte mit den Schultern und signalisierte damit, dass das für mich sowieso klar war. Ich gab mich wirklich sehr unterkühlt.

Ich hatte Durst, aber bevor ich mir irgendeine Infektion einfangen würde, wäre ich liebe verdurstet. Die Gläser erinnerten mich an verschmierte Milchglasscheiben, und ich entdeckte keine einzige verschlossene Wasserflasche. Er hatte mir nichts zu trinken angeboten; meine Zunge klebte am Gaumen, aber lieber litt ich im Stillen weiter.

Für meinen Film war das doch ein Klacks. Daniel winkte mich in eine dunkle Kammer. In der linken Ecke vor einem kleinen Fenster, das wie eine Schießscharte aussah, stapelten sich meterhoch feuchte Putzlappen, die wahrscheinlich noch nie von einer sachkundigen Hand ausgewrungen worden waren. Ihre Ausdünstungen waberten durch den Raum und okkupierten in Form von Schimmel bereits die Wände. In unmittelbarer Nachbarschaft wartete Daniels Abendessen auf einem Stuhl: halb vergorene Bananen. Für ihn mussten sie schön braun sein, fast faulig. So sahen die Bananen in meinem Haushalt nur aus, wenn sie im Müll lagen. Ich erkannte sie zuerst kaum, weil der Netz-Fliegenschutz – die einzige hygienische Maßnahme, die ich erkennen konnte – komplett von Fruchtfliegen bedeckt war, die offensichtlich Daniels Meinung teilten, faule Bananen seien eine Delikatesse. Tausende von Fliegen schwirrten durch das Zimmer. Die Spinnennetze baumelten voller Fliegenleichen in den Zimmerecken. Spinnen entdeckte ich aber nicht; sie waren wohl mit Verdauen beschäftigt oder hatten sich bereits totgefressen. Tot war auch das Flugzeug, das wie ein gestrandeter Wal im Garten lag. Halb ausgeweidet ohne Flügel, ein gelb-orangener Korpus. Und wer wusste, was es hier noch alles gab!

Daniel bot mir einen Platz auf einem Hocker voller weißer Farbspritzer an. Überrascht setzte ich mich – dies war die erste höfliche Geste. Daniel beugte sich zu dem grobgezimmerten Holzregal rechts neben dem Fenster, auf dem vier uralte braune Koffer lagen, die mit Lederriemen zusammengebunden waren. Diese Koffer faszinierten mich sofort, besonders einer, der nicht richtig zugebunden war. Ich entdeckte Fotos, alte Filmrollen und Briefe. Konnte es sein, dass sich in diesem Zimmer wahre Schätze verbargen? Die Koffer sahen aus, als würden sie eine Menge Geschichten enthalten. Daniel hob einen Koffer vom Regal, öffnete ihn.

Ich sah allerhand Papiere und Gerätschaften, deren Nutzen mir rätselhaft war. Daniel zog ein braunes, vergilbtes, längliches Heft hervor.

»Ich habe mir mal ausgerechnet, dass ich in meinem Leben fast drei ganze Jahre in der Luft gewesen bin«, verkündete er. In seinen Augen glimmte eine Sehnsucht. Vielleicht war es auch Wehmut.

»Ah ja?«, sagte ich und starrte weiterhin begehrlich auf die Filmrollen. Waren das acht Millimeter oder sechzehn Millimeter?

Daniel schlug das Heft auf. »Das ist mein Logbuch, weißt du.«

Und dann las er vor: »9. Mai 1953. Ich flog den Harem von König Iman Ahmed zu den heißen Quellen.«

»Welchen König?«, fragte ich aufgeregt.

»Den König von Jemen.« Daniel schlug das Heft zu.

Wie ein Blitz schoss es mir durch den Kopf: »Wenn Daniel Könige geflogen hat, wird er sicherlich phantastische Pilotengeschichten erzählen können!« Auf einer zweiten dramaturgischen Ebene könnte ich seine Geschichte erzählen.

Ich versuchte, ihn meine Aufregung nicht spüren zu lassen. Da er auf derselben Insel wie die Caribbean Indianer lebte und noch dazu eine Art Mentor für Rainstar war, würden sich die Geschichten perfekt verknüpfen lassen.

Ich wollte Daniel gerade beiläufig fragen, ob er immer alleine an seinem Baby arbeite, als draußen jemand nach Daniel rief. Er sprang mit der Geschmeidigkeit eines Zwanzigjährigen auf und rannte einfach hinaus. Vor dem Haus stand ein Mann mit einem Lieferwagen. Daniel sprach mit ihm und deutete dann mehrfach auf das Haus. Der Mann nickte. Nach einer Weile kam Daniel zurück.

»Das ist Desmond. Mein einziger Nachbar. Er hat mir Kokosnüsse gebracht. Und jetzt fährt er dich in die Stadt.«

»Was?« Entgeistert starrte ich Daniel an. Ich war nicht eine Stunde mit ihm hierhergefahren, um nach zwanzig Minuten verabschiedet zu werden.

»Dann kann ich hier weiterarbeiten. Später kommt auch noch Rainstar. Ich muss 'ne Menge vorbereiten.«

»Rainstar?«, fragte ich etwas besänftigt und neugierig. »Das ist mein Freund. Indianerjunge. Bin schon spät dran für heute. Wenn ich dich jetzt runterfahre und wieder hoch, verliere ich zu viel Zeit. Desmond nimmt dich mit.«

»In Ordnung«, nickte ich. Ich konnte kaum mehr sprechen, so trocken war mein Mund. Wenn ich nicht bald etwas zu trinken bekäme, würde ich Rainstar niemals kennenlernen. Vielleicht war es besser so. Schritt für Schritt. Vielleicht musste sich dieser Eigenbrötler überhaupt erst an mich gewöhnen.

Vielleicht war ihm erst hier in seinem Haus aufgefallen, dass er sich mit seiner Einladung übernommen hatte.

»Wann kommst du wieder?«, fragte Daniel, der mich doch eben erst hinausgeworfen hatte. »Du musst das Baby filmen. Ich wollte dir eigentlich alles zeigen. Aber jetzt wäre es mir lieber, du fährst mit Desmond. Hat vorhin alles so lange gedauert bei Brian. Beim nächsten Mal zeige ich dir die Garage. Und mein Baby.«

Ich überlegte kurz. Sollte ich versuchen, Daniel zu überreden, dass ich noch bleiben konnte? Aber meine Sehnsucht nach einer Dusche war zu groß; morgen würde ich mir die Kamera holen und noch einige Dinge in der Stadt erledigen. Es wäre wahrscheinlich auch sinnvoll, mich um einen Wagen zu kümmern, denn zu Daniel fuhr kein Bus.

»Übermorgen? «, fragte ich.

»Ich bin hier.«

»Also dann«, sagte ich und ging hinter ihm Richtung Terrasse. Da räusperte er sich. Und auf einmal spürte ich seine Hand auf meiner. Eine zarte Berührung. Seltsamerweise ekelte ich mich nicht vor dieser Hand mit den vier Fingern.

»Du, ich hab da noch was für dich«, sagte Daniel. »Was denn?«

»Komm mal mit«, bat er mich, und ich folgte ihm in sein Schlafzimmer, dem hellsten Raum im Haus mit Blick in das wunderschöne Tal und auf die Berge. Schwedische Klinker an der Wand, darunter ein Ikea-Bett mit einer verfilzten Schafwolldecke. Neben dem Bett stand ein Trampolin. Viele Schwarzweißfotos zierten die Wände, und von der Decke baumelte ein Traumfänger.

Daniel öffnete den einzigen Schrank. An der Bedächtigkeit seiner Bewegungen erkannte ich, dass dies der Grund war, warum er mich ursprünglich eingeladen hatte. Er wirkte wie jemand, der etwas tut, was er sich reiflich überlegt hat. Daniel zog etwas aus dem Schrank, das in dicke Schichten Zeitungspapier gehüllt war. Mich erinnerte es an eine Mumie. Zärtlich, so als trage er einen geliebten Menschen, legte Daniel das geheimnisvolle Etwas aufs Bett und befreite es vom Papier. Schnell erkannte ich, dass es ein Kleid war, wahrscheinlich aus den sechziger Jahren. Mit Blümchen und Rüschen, kurz und körperbetont geschnitten. Eigentlich ein scharfes Teil und ziemlich modern.

Direkt vor Daniels Schlafzimmerfenster ein Riesenfarn,der aussieht, als hätte er schon viele Träume in seiner Krone gefangen.

Daniel räusperte sich noch einmal und sprach dann betont salopp. »Is' noch von meiner Frau. Ich dachte … Also, weil ich doch dein Kleid, ich meine, also, es könnte passen, oder? Wenn du magst, kannst du es mitnehmen.«

Ich war gerührt und auf einmal war mir nach Weinen zumute.

»Nein, nein, das ist nicht nötig, wirklich nicht«, lehnte ich ab. Ich wollte ehrlich gesagt nicht das Kleid einer Toten tragen.

»Aber es könnte doch passen, oder?«

»Ja, schon.«

»Sie ist auch nicht gestorben oder so. Sie lebt noch. In Deutschland.«

»Aha.« Schon wieder hatte Daniel meine Gedanken gelesen.

»Ist sie …«

»Ja, eine Deutsche.« Er machte eine kurze Pause. »Wie du.«

»Ah ja.«

»Weil ich's ja nicht brauch'. Also das Kleid.«

Ich zögerte.

Verlegen lächelte er mich an.

»Ja dann«, sagte ich.

Draußen hupte Desmond.

Daniel legte mir das Kleid über den Arm.

»Danke«, sagte ich.

»Bis übermorgen«, sagte er.

»Ja, bis übermorgen.«

»Und vergiss die Kamera nicht!«

Wir reichten uns die Hände, dann rannte ich hinaus und drehte mich nicht um. Aber ich spürte, dass er am Fenster stand und mir nachschaute.

6. Kapitel

Nachts lag ich in meinem schönen Bett mit den kunstvoll verschlungenen Bambusrohren und konnte nicht schlafen, obwohl ich sehr müde war. Die Geräusche draußen, das Konzert der Nacht, kam mir lauter vor als sonst. Überall gurrte, zirpte, keckerte und pfiff es. Eine sanfte Brise raschelte durch die tropischen Sträucher und Büsche, deren Blattgröße die unserer Topfpflanzen um das Fünf- bis Zehnfache übertraf. Viele Pflanzen wirkten wie die monströsen Geschwister der heimischen Blickfänge auf Fensterbrettern und in Vorgärten. Heimat. Christsterne.

In Deutschland gab es nun bestimmt Christsterne zu kaufen. Und an den Geschmack von Lebkuchen hatte man sich auch schon gewöhnt. Adventskalender standen neben den Supermarktkassen. Die hatte ich in diesem Jahr verpasst, aber ich hatte eine Packung Lebkuchen gekauft, im September. Advent, Advent, ein Lichtlein brennt. Eine seltsame Vorstellung, hier in diesem tropischen Tönen und Trillern. Zu Hause bei Sven würde ich das gleichmäßige Ticken der Standuhr, ein Erbstück meiner Oma, aus dem Wohnzimmer hören.

Tock-tock-tock-tock-tock-tock.

Auf dem Wohnzimmertisch würde der Adventskranz mit den roten Schleifen und Kerzen meiner nicht verwandten Tante Maria, einer ehemaligen Nachbarin, stehen, den sie mir wie immer zwei Tage vor dem ersten Advent vorbeigebracht hätte, pünktlich und unerbittlich. Ich hätte ihn aufgestellt, obwohl ich ihn nicht schön fand. Tag für Tag hätte ich mich mehr an ihn gewöhnt, bis es mir am 24. Dezember richtig leidtun würde, ihn zu entsorgen. Und vielleicht würde uns die Katze der Nachbarn besuchen und sogar bei uns schlafen. Muri würde schnarchen. Meine Muri! Hoffentlich fütterte Sven sie nicht mit Marmeladenbroten! Wie gern würde ich mein Gesicht in ihr Fell graben. Meine Füße zuckten, und wenn ich mich konzentrierte, konnte ich den weichen Teppich unter meinen Sohlen spüren, die Zehen tief eintauchen in den weißen kuscheligen Berber und einfach einmal rundherum in meiner, unserer Wohnung gehen. Vielleicht den Wasserhahn fest zudrehen, der wieder einmal tropfte, weil Sven ihn zu schließen vergessen hatte. Und den Wind in den Fensterläden klappern hören.

Der Wind klang hier ganz anders als daheim. Alles klang hier anders als daheim. Gedämpfter und befeuchtet. Und fremd. Dafür warm! Sehr warm! So warm, dass ich unter meinem Moskitonetz ohne Decke schlief. Trotzdem vermisste ich Sven und seine körperliche Wärme.

Kein Nieselregen, kein Frösteln, keine nassen Füße oder rote Nasen. Keine Hetze Sonntagnacht zurück nach München. Kein Schneematsch Montagmorgen an der Straßenbahnhaltestelle. Keine orangefarbenen Räumfahrzeuge des Winterdienstes, die immer zu spät waren. Keine morgendlichen Stinkfahnen aus Autoauspuffen. Kein Stau. Wie das wohl jetzt wäre, zu Hause?

»Hallo Leute, was steht an? Machen wir heute das Interview mit der Frau und ihrem künstlichen Ohr?«

Heiße Maroni. Eine große Tüte voll, die Hände am braunen Papier wärmen. Kastanien sind wie kleine runde Kachelöfen.

Letzten Sommer noch hätte ich ungläubig den Kopf geschüttelt, wenn mir jemand prophezeit hätte, dass ich das bevorstehende Weihnachtsfest ohne Sven verbringen würde. Bei unserer Hochzeit war ich überzeugt, dass er die Liebe meines Lebens ist, auch wenn ich eigentlich nicht so schnell heiraten wollte. Sven hatte in Paris um meine Hand angehalten. Aber nicht stilecht, ohne Champagner, Kristallgläser und Silberbesteck oder Rosenstrauß. Nur der Kniefall war echt. Wir tranken Sekt aus Plastikbechern und aßen mit Plastikgabeln Ratatouille mit Knoblauch, irgendwo in Paris am Rand eines Brunnens. Kaum hatte ich »Ja« gesagt, begann es zu regnen. Es schüttete geradezu, und das hätte eigentlich ein Zeichen sein können. War es auch: für Sven, der eine Art Freundschaftsring aus Silber aus der Jeanstasche zog, einen Ring, den es an jeder Straßenecke zu kaufen gab und der auch nicht richtig passte. Er war zu groß. Sven lachte. Er fand das gut; vielleicht sah er darin ein Symbol für all das, was wir noch zusammen erleben würden, dass wir gemeinsam wachsen könnten. Die Küsse im Regen auf dem Brunnenrand waren wunderbar. Sven hatte mich schon einige Male gefragt, ob ich seine Frau werden wolle, aber ich war nie darauf eingegangen, denn ich fand, wir waren zu jung für die Ehe, zumal Sven sieben Jahre jünger als ich ist. Doch ich liebte ihn sehr, und er hatte mir deutlich zu verstehen gegeben, dass ihm die Heirat sehr wichtig sei, denn er wollte der ganzen Welt zeigen, wie ernst er es meinte.

Im Moment sah es ganz danach aus, als würde unsere Ehe nicht mehr lange halten.

Ich hatte Sven einen langen Brief und eine Postkarte geschrieben, ohne meine Adresse zu verraten. Auch meinen Eltern hatte ich geschrieben. Zwei Ansichtskarten. Die waren praktisch, dort war der Platz begrenzt. Ich wusste auch nicht so genau, was ich meinen Eltern schreiben sollte; die Karten waren nur als Lebenszeichen gedacht, damit sie erfuhren, dass es mir gutging.

Aber Sven! Dem wollte ich erzählen, so viel, dass ich schon fast keine Luft mehr bekam vor lauter verschluckten Geschichten. In mir sprudelte und tobte es. Die Erlebnisse dieser verrücktesten Tage meines Lebens kullerten in mir herum. Doch da war niemand, mit dem ich reden konnte. Dabei brauchte ich es, andere an meinem Leben teilhaben zu lassen.

»Du bist wie ein Füllhorn«, hatte meine Freundin Jenny einmal zu mir gesagt, »und manche Leute kommen nicht damit klar, dass du deine Erlebnisse über sie ausschüttest.«

Sven war damit klargekommen. Wir hatten immer alles miteinander geteilt. Zumindest am Anfang. Wir hatten Musik gemacht, Gedichte geschrieben, unendlich lange Spaziergänge unternommen und waren häufig auf Konzerten; hin und wieder spielten wir auch Tennis. Ansonsten war es mit Sven einfach gemütlich. Er war ein begeisterter Koch, und nach dem Essen saßen wir stundenlang zusammen, tranken Rotwein und redeten manchmal, bis die Sonne aufging. Sven war nicht nur mein Mann, sondern auch mein bester Freund. Ein Seelenverwandter; der erste Mann in meinem Leben, mit dem ich reden konnte. Wir erzählten uns, was wir dabei empfanden, wenn wir Musik machten und wie gut wir uns verstanden – das war hörbar in unseren Kompositionen.

Dieses Verständnis, die Nähe, die gemeinsamen Entscheidungen – ob ich so etwas jemals wieder erleben würde?

Durfte ich so etwas einfach wegwerfen? All das, was ich nun erlebte, war nur halb so schön, weil ich es niemandem mitteilen konnte. Und was gab es alles zu erzählen! Ich war endlich aufgewacht, war keine Maschine mehr, spürte quicklebendige Fröhlichkeit und grenzenlose Lebenslust in mir.

Das alles wollte ich Sven erzählen, doch ich würde ihn damit verletzen; er musste den Eindruck haben, dass ich an seiner Seite depressiv und antriebslos geworden war.

Dominica, der richtige Ort, um sich selbst zu finden.

Meine Freude und Begeisterung könnte er als Anklage auffassen. Ich wollte Sven nicht kränken. Ich wollte ihm erzählen, wie es mir ging und ihm sagen, dass ich ihn vermisste. Sehr. Manchmal mehr. Manchmal weniger. Manchmal fast schon schmerzhaft. So wie jetzt.

Warum nur hatten wir es nicht geschafft? Wahrscheinlich hatte ich zu viel gearbeitet, mich zu sehr auf meine Karriere konzentriert; vielleicht war ich zu oft zu spät nach Hause gekommen. Andererseits hatte ich geglaubt, Sven wäre genau der richtige Mann an meiner Seite. Niemals würde ich unsere erste Nacht vergessen, in der wir bis zum Morgengrauen im Auto saßen und redeten. In dieser Nacht hatte ich mehrfach nervös daran gedacht, dass ich am nächsten Morgen um halb zehn eine Sendung moderieren sollte, den Gedanken aber immer wieder verdrängt. Das war leicht, wenn ich Svens weichen, geschwungenen Mund sah, dieses

Grübchen auf der linken Seite und diese Locken. Ich war hin und weg und vergaß einfach alles.

Als ich dann um sechs Uhr morgens zu Hause ankam – gar nicht müde – war ich sicher, dass ich versagen würde. Mit diesem Schlafmangel würde ich mich nicht konzentrieren können. Doch nach dieser Sendung bekam ich so viel Lob wie noch nie. In der Redaktionskonferenz danach hat mir mein Chef sogar gratuliert. Und da wusste ich, dass ich verliebt war. Diese Verliebtheit beflügelte mich in den nächsten Wochen, und ich erlebte einen unglaublichen Energieschub. Sven war für mich Motor und Muse, und ich war das Gleiche für ihn. So glaubten wir, dass wir gut füreinander wären, denn unsere Liebe brachte das Beste in uns beiden zum Vorschein. Aber irgendwann mussten wir uns verloren haben. Wann? Was hatte ich, was hatten wir übersehen?

Irgendein Tier raschelte in der Nähe meines Bungalows. Solche Geräusche beunruhigten mich nicht mehr, ich empfand sie mittlerweile als eine Art Schlaflied. Doch heute konnte ich nicht schlafen. Vielleicht hatte ich Sven oft Unrecht getan. Vielleicht tat ich es noch heute. Vielleicht würde er mich verstehen, wäre stolz auf mich. Sven und ich … wir.

Wir! Wir hatten doch früher alles miteinander geteilt, waren uns so nah. Wie konnte das alles verschwunden sein, hingerichtet auf Straßenbahnschienen und zerquetscht zwischen den Tasten seines Übungsklaviers?

Vielleicht würde Sven sich mit mir freuen. Vielleicht wäre er erleichtert über die Entwicklung, die ich in den letzten Wochen gemacht hatte. Ich setzte mich aufrecht ins Bett und probierte es.

»Sven«, sagte ich, und der Klang seines Namens war wie ein Stich in mein Herz.

»Sven«, ich versuchte es erneut. Wie oft hatte ich diesen Namen gesagt, einfach so.

»Sven, Sven, Sven«, ich probierte es ein paar Mal und der Schmerz ließ nach. Das fühlte sich gut an, und auf einmal sah ich klarer: Ich war hier, er war dort, und wir brauchten eine Weile Abstand voneinander, um das große Glück unserer Beziehung wieder schätzen zu lernen.

»Sven! Kannst du dir vorstellen, dass ich, seitdem ich hier bin unglaublich viele wichtige Dinge gelernt habe? Ich habe gelernt, ohne es zu merken, und es waren keine Sachen wie Filme schneiden oder wie man beim Gesangsunterricht den richtigen Ton trifft. Ich habe etwas über Menschen gelernt. Am meisten über mich selbst. Du weißt doch, dass es mir immer so schwerfiel zu schweigen. Wenn ich mit anderen Menschen zusammen war und nicht gesprochen wurde, überkam mich schnell ein Gefühl der Beklemmung. Nun habe ich es schon einige Male erlebt, dass ich schweigend neben Fremden saß und mich wohl fühlte. Ich! Kannst du dir das vorstellen? Das Alleinsein und nicht reden können ist eine neue Erfahrung Vielleicht hätte ich, hätten wir auch manchmal einfach schweigen sollen. Du musst Daniel kennenlernen! Du wirst nicht glauben, dass ich anfange, ihn ins Herz zu schließen! Er ist ungepflegt und mürrisch und wortkarg. Und ich mag ihn! Allein das zeigt doch schon, wie ich mich verändert habe!

Du wirst stolz auf mich sein, Sven! Ich habe übrigens nur zwei Kleider hier, jetzt drei. Und ich bin nie geschminkt. Genauso, wie du es wolltest. Es gibt hier viele Musiker. Es würde dir gefallen. Rainstar ist vielleicht ein bisschen so wie ich. Er will seine Träume leben. Pilot möchte er werden. Für einen Caribbean Indianer aus dem Reservat ist das ein unerreichbares Ziel. Ich muss herausfinden, wie Daniel

Das andere Gesicht der Insel – stinkende Schwefeldämpfe aus den Tiefen der Erde: der Boiling Lake.

und er sich kennengelernt haben. Rainstar soll erst fünfzehn Jahre alt sein. Es ist gut, so früh zu beginnen! Seine Oma hat mir gesagt, sie sei die glücklichste Frau der Welt. Die glücklichste Frau der Welt! Sie möchte nirgendwo anders leben, hat sie mir gesagt. Sie hat kein Klo, kein Geld, keine Medikamente, nicht mal fließendes Wasser.

Weißt du noch, Sven, wie wir nach der Vernissage auf der Party von Patricia feierten, in dieser alten Villa in der Nähe von Rom auf dem Hügel. Der Wahnsinnsblick! Die Auffahrt mit der Zypressenallee. Und diese Villa, in der alles einfach perfekt war. Ich habe den Namen der Innenarchitektin vergessen, sie war ziemlich angesagt damals. Weißt du noch, Sven, wie Patricia sich darüber aufregte, dass ihre Badewanne zu klein sei? Man könnte, wenn man zu zweit darin liege – und das hatte sie wohl beabsichtigt, mit Massimo – nicht mal die Arme ausstrecken. Und weißt du noch, wie wir mitfühlend genickt haben? Danach haben wir uns darüber unterhalten, ich erinnere mich noch sehr gut daran, zuerst waren wir beide betroffen, doch dann fanden wir, sie hätte recht. Wenn man schon so eine Menge bezahlt, dann kann man wohl auch erwarten, dass man in der Wanne die Arme und Beine ausstrecken kann, auch zu zweit.

Clemo weiß wahrscheinlich gar nicht, was ein Whirlpool ist. Und sie macht einen glücklicheren Eindruck als Patricia. Ich würde die beiden nicht mal miteinander vergleichen wollen.

Erinnerst du dich an den Tag, an dem ich sieben Paar Schuhe kaufte? Wir haben gestritten. Du fandest diese Ausgabe völlig überflüssig, schließlich war mein Schuhschrank wegen Überfüllung bereits geschlossen. Du fragtest mich, wann ich diese sieben Paar anzuziehen gedächte, und ich warf dir Geiz vor. Schuhe interessieren mich hier nicht. Ich interessiere mich auch nicht dafür, ob mein Haaransatz nachgefärbt werden muss oder welche Farbe in der nächsten Saison in ist. Ich brauche kein Cabrio und schon gar nicht das modernste Handy, den modernsten Laptop. Der ist mir übrigens ins Wasser gefallen. Ich habe gar keinen mehr, und das Handy habe ich schon in Deutschland verloren. Ich brauche das nicht. Ich bin lebensfähig ohne Handy, kannst du dir das vorstellen, Sven? Hairstyling ist out, ich stecke meine Haare einfach hoch, sie sind sehr hell, das kommt von der Sonne. Wenn wir hier ausgehen wollten – ich wäre in zwei Minuten fertig! Ich glaube, ich würde dir gut gefallen, Sven. Äußerlich. Da bin ich mir sogar sicher, denn all das, was dir zu viel war, das habe ich abgelegt.

Die andere Frage ist: Wie findest du mich innerlich? Kannst du die Lara mögen, lieben, die unterwegs ist, um sich selbst zu finden? Wäre das ein Liebesbeweis? Wenn du mich liebst, mußt du das gutheißen, denn es ist wichtig für mich! Ist das zu viel verlangt? Und würde das bedeuten, dass du jetzt an der Reihe wärst, weil immer nur einer sich verwirklichen kann – und dieser eine warst jahrelang du, Sven. Das siehst du anders? Das weiß ich. Haben wir trotzdem eine Chance, Sven? Ich wünsche es mir so sehr! Und wenn nicht? Ich kann doch nicht zurück ... Aber ich liebe dich. Warum muss ich »aber« sagen. Ich will keinen anderen Mann, will nur dich. Ohne dich würde ich meinen Film heiraten. Vielleicht ist das sogar die einzige Möglichkeit, die mir bleibt. Ich muss allein sein, wenn ich mich verwirklichen will. Nur wenn ich allein bin, kann ich mich so auf mich konzentrieren, dass mein Film gelingt.

Ist dies das Opfer, das ich bringen muss? Unsere Liebe? Kann ich das? Oder ist das schon wieder völlig theoretisch? Und pathetisch? Ich bin stets von einer Beziehung in die nächste gesprungen. Hier auf der Insel bin ich eigentlich zum ersten Mal richtig allein. Das ist nicht einfach. Ich muss dir so viel erzählen, Sven! Von Brian und Daniel und den Schlangen auf der Straße. Du wirst es kaum für möglich halten, aber ich bin allein durch den Dschungel gefahren. Es gibt so viel zu erzählen! Doch ich lerne zu schweigen. Ich will dich nicht verlieren. Sven. Sven!«

Hatte ich gesprochen oder hatte ich laut gedacht? Ich wußte es nicht. Durch all das, was ich ihm erzählt hatte, ohne dass er es hören konnte, merkte ich erst recht, wie einsam ich mich fühlte. Sah so meine Zukunft aus? Nachts im Bett sitzend die Wände anreden, weil niemand da war, der mir zuhören wollte, der mich lieb genug hatte, mich auf meinem Weg zu unterstützen?

In Deutschland war es jetzt vier Uhr morgens, Sven würde schlafen. Ich wollte ihm wenigstens einen Satz auf den Anrufbeantworter sprechen; die Summe all meiner Gedanken: »Sven, ich vermisse dich.« Und dann sofort auflegen. Ich wählte die vertraute Nummer; nach dem vierten Läuten sprang der Anrufbeantworter gewöhnlich an. Heute tat er es nicht. Schade. Und typisch. Sven vergaß oft, ihn einzuschalten.

Ich wollte gerade auflegen, als er sich meldete:

»Hallo?«

Vor Schreck wäre mir fast der Hörer aus der Hand gefallen. Mit Sven zu sprechen, ohne seine Stimme zu hören, war schön und viel leichter, als ihn am Telefon zu haben. Seine Stimme klang nicht verschlafen, wahrscheinlich hatte er geübt. Das machte er immer, wenn er Probleme hatte, er übte nächtelang. Mir wurde heiß und kalt.

»Hallo?«, wiederholte Sven.

»Ja«, sagte ich zögernd. »Hallo Sven.« Plötzlich wusste ich nicht, was ich sagen sollte. Hatte ich ihm nicht schon alles erzählt, gerade eben? Am liebsten hätte ich aufgelegt, es war so unwirklich. Svens Stimme. In diesem Zimmer. Umrahmt vom Zirpen der Grillen. Aber es gelang mir nicht, das zu wiederholen, was ich eben schon gesagt hatte. Also sagte ich irgendetwas, und meine Stimme klang souverän und völlig normal. Nicht umsonst hatte ich jahrelanges Sprechtraining hinter mir.

»Hallo, wie geht's?«, fragte ich, und: »Was machst du gerade?«, als wäre es nicht vier Uhr morgens, sondern vier Uhr nachmittags.

Zwei, drei Sekunden Stille. Dann schossen die Worte aus Sven heraus wie aus einer Maschinenpistole:

»Weißt du, wie spät es ist? Du bist einfach verschwunden! Und dann rufst du mitten in der Nacht an, um mich zu fra-

Wer bin ich? Wohin gehöre ich? Das Meer weiß auch keine Antwort.

gen, was ich gerade mache? Kannst du dir vorstellen, wie ich mich fühle? Hast du deine Flucht eigentlich lange im Voraus geplant? Das würde mich ja schon mal interessieren, wie lange du mir in die Augen geschaut und gewusst hast, dass du die Fliege machen wirst …«

»Sven!«, unterbrach ich ihn, und es war überhaupt nicht schön, seinen Namen auszusprechen.

»Nein, jetzt bin ich dran! Ich bin so enttäuscht von dir, Lara, grenzenlos enttäuscht. Ich hätte nie gedacht, dass du so etwas tun könntest, dass du mich so heimtückisch verletzen würdest. Ich dachte, wir kennen uns! Aber ich habe mich getäuscht! Es ist bitter, von der eigenen Ehefrau hintergangen zu werden. Du bist berechnend, kaltherzig, egoistisch und gehst über Leichen, du …«

»Sven!« Mein Herz begann zu flattern. Eine schreckliche Unruhe packte mich, und ich hatte das Gefühl, gleich würde etwas Fürchterliches geschehen. Sven war nicht zu stoppen. Ich hätte auflegen müssen, um ihn zu unterbrechen, und das konnte ich nicht.

»Ich dachte immer, wir sind ehrlich zueinander und reden über alles. Und dann kriege ich einen Brief von dir, in dem du eiskalt mit mir abrechnest. Ich bereue es, dich überhaupt kennengelernt zu haben. Ich habe fünf Kilo abgenommen und ich war verrückt vor Angst um dich. Na, ist es schön in der Karibik?«

»Es ist doch ganz anders, es ist ...«

»Natürlich ist es anders dort. Du hast keine Schneekatastrophe, du lässt es dir gutgehen, wie immer, du hast ja immer nur an dich gedacht, deine Karriere, deine Interessen, deine Show. Alles sollte sich immer nur um dich drehen. Und das denke nicht nur ich, deine Mutter ist da ganz meiner Meinung. Weißt du, was du deinen Eltern angetan hast?«

»Wie geht es ihnen?«, fragte ich hastig. Meine Stimme klang jetzt klein und dünn und atemlos.

»Wie soll es ihnen schon gehen mit einer solchen Tochter.«

Ich holte tief Luft und sagte dann doch nichts. Was konnte ich darauf auch erwidern? Nichts hatte sich verändert. Es war nur noch schlimmer geworden. Warum hatte ich angerufen? Ich hätte es besser wissen müssen!

»Ich ärgere mich Tag und Nacht darüber«, fuhr Sven fort, »dass ich dich noch liebe, wobei ich gar nicht weiß, ob ich dich liebe, jedenfalls geht dich das nichts an. Alle hier sind völlig geschockt über dein Verhalten, und ich habe es satt, dass dauernd Leute hier anrufen. Ist sie schon da? Weißt du was von ihr? Und wenn du jetzt glaubst, dass die sich wirklich dafür interessieren, wo du bist und wie es dir geht, dann hast du dich getäuscht, die interessieren sich nur dafür, wie dreckig es mir geht.«

»Das tut mir alles so leid«, sagte ich und meine Stimme zitterte immer heftiger. Ja, es tat mir leid. Aber ich hatte nicht angerufen, um mich derart beschimpfen zu lassen. Sven schien zu spüren, dass meine Bereitschaft, seine Vorwürfe ohne Widerspruch hinzunehmen, nachließ. Auch seine Stimme veränderte sich, wurde weicher. Er verbarg die große Verletzung nicht mehr, die ich ihm zugefügt hatte; und auch ich wollte nicht mehr verbergen, wie sehr er mir zusetzte. Die Tränen, die ich mühsam zurückhielt, stiegen höher und höher. Sven, mein Sven. Zwischen uns waren doch nur Missverständnisse.

So oft hatte ich von Paaren gehört, die nach einer Trennung wieder glücklich zueinandergefunden hatten. Ach, wäre das schön, wenn er jetzt hier wäre und ich in seinen Armen liegen könnte. Mir kamen die Tränen, aber ich wollte nicht weinen. Die Zeit war viel zu kostbar.

»Wann kommst du wieder?«, fragte er. »Wann sehen wir uns? Sehen wir uns überhaupt noch einmal?«

Der Kloß in meinem Hals wurde immer dicker, und gleich würde ich keine Luft mehr bekommen, würde losheulen. So viele angestaute Tränen.

»Oder hast du mich schon aus deinem Leben gestrichen?«, fragte Sven.

Aus dem Leben gestrichen? »Nein, Sven, wie kommst du darauf! Ich habe dir doch geschrieben, dass es mir darum geht, den Film zu drehen und …«, erklärte ich mit erstickter Stimme. Er sollte mich verstehen! Nichts wünschte ich mir sehnlicher.

»Den Film!«, höhnte Sven. »Für wie blöd hältst du mich eigentlich? Du kannst es mir ruhig sagen: Wer steckt dahinter?«

»Wie?«

»Wie heißt der Kerl?«

In diesem Augenblick fiel mir meine Freundin Jenny ein. Ich hatte in letzter Zeit ein paar Mal mit ihr telefoniert, und sie hatte mir von einem Krach mit ihrem Freund erzählt. Er hatte dieselbe Frage gestellt wie Sven:

»Wer steckt dahinter?« Jenny hatte seufzend festgestellt, dass Männer anscheinend immer einen Rivalen brauchen. Sie können sich nicht vorstellen, dass sie einfach so verlassen werden.

Am liebsten hätte ich das Telefonat an dieser Stelle beendet, doch das wäre gemein gewesen – und dabei dachte ich nicht nur an Sven. Ich hasste Unerledigtes und Unklarheiten. Ich wollte Harmonie, und wenn es die nicht geben konnte, wollte ich wenigstens klare Fronten. Mehrfach versuchte ich Sven zu erklären, dass meine Flucht nichts mit ihm zu tun hatte. Je mehr ich es beteuerte, desto mehr kam ich mir vor wie eine Lügnerin, denn natürlich hatte es mit ihm zu tun – aber nicht nur. Sven hatte für meine »Tat«, wie er es zur Abwechslung nannte, kein Verständnis. Meinen Film nannte er ein Hirngespinst, und meine Behauptung, ich hätte für seine Kreativität jahrelang zurückgesteckt, entlockte ihm ein höhnisches Lachen.

»Ich habe zurückgesteckt«, betonte er. »Hast du vergessen, dass ich meine Band in München für dich sausen ließ? Schaust du manchmal MTV? Weißt du, wo die jetzt stehen? Ich wäre dabei, wenn ich nicht brav und blöd mit dir nach Köln gezogen wäre – für deine Karriere. Für dich habe ich alles aufgegeben! Und jetzt hast du mich sitzenlassen!«

»Wir waren uns doch einig, dass Köln die Stadt für Musiker ist und …«

»Du bist zurück nach München. Nur für deinen Job. Du hast mich nach Köln gelockt und dann dort sitzen lassen.! «

»Du hättest mitkommen können. «

»Ich habe bis heute keine Band gefunden.«

»Das ist doch nicht meine Schuld!«, entfuhr es mir. Ich hatte nun jede Hoffnung verloren, dass wir in diesem Gespräch Frieden finden würden. Dieses Telefonat war Svens erste Chance, sich überhaupt zu äußern; bislang hatte er nicht gewusst, wo er mich erreichen konnte. Insgeheim jedoch, und ich schämte mich dafür, nahm ich ihm auch das übel, denn er hätte es herausfinden können, da ich ihm den Namen der Insel genannt hatte. Andererseits war ich zutiefst dankbar, dass er es nicht getan hatte. Wahrscheinlich war ich hochgradig neurotisch. Ich wünschte mir mit aller Kraft das eine und mit derselben Kraft das Gegenteil.

Sven schwieg. Anscheinend war er nun alles losgeworden. Auch ich schwieg, hielt den Telefonhörer dicht an mein Ohr gepresst und hörte seinen Atem. Sven. So vieles hatte ich ihm sagen wollen, aber ich hätte nicht anrufen dürfen. Nun war mehr zwischen uns zerstört als vor dem Gespräch. Für immer? Oder hatten wir noch eine Chance? Wollte ich sie? Was musste ich tun, damit er begriff, dass mein Verhalten nichts mit ihm zu tun hatte? Es ging nicht um ihn. Ich wollte ihn nicht verletzen. Ich wollte doch nur endlich mein eigenes, selbstbestimmtes Leben führen, keine Maschine mehr sein. Wenn er mich liebte, müsste er mich doch unterstützen! Wenn ich ihn liebte, müsste ich meine Pläne aufgeben und zurückfliegen. Ich seufzte.

»Lara?«

»Ja?«

»Nichts.«

Und wieder lauschte ich seinem Atem; dies würde das teuerste Telefonat meines Lebens.

Sven räusperte sich. »Du warst für mich die absolute Traumfrau. Und jetzt muss ich begreifen, dass du der größte Irrtum meines Lebens warst. Ein Alptraum.«

Ich schluckte schwer und biss mir so fest auf die Unterlippe, dass ich Blut schmeckte. Bloß nicht heulen. Er war verletzt. Er musste das sagen. Aber ich konnte die Tränen nicht in mir einsperren.

»Aha, jetzt kommt die Tour«, urteilte Sven kühl. »Wenn Madam nicht mehr weiterweiß, fängt sie an zu heulen. Die Masche zieht nicht mehr!«

Vor Empörung verschluckte ich mich – und dann waren meine Tränen wie schockgefroren. »Das ist keine Tour«, erwiderte ich mit eisiger Stimme. Nicht nur meine Tränen waren gefroren. Alles war gefroren. Ich steckte in einer Tiefkühltruhe.

»Ich habe übrigens wieder angefangen, Konzerte zu spielen«, sagte Sven bissig. »Und ich werde es schaffen. Ich merke eigentlich erst jetzt, wie sehr du mich blockiert hast. Insofern finde ich es nur gut, dass du weg bist.«

»Das ist schön für dich«, erwiderte ich mit brüchiger Stimme und nutzte die Chance: »Genau das Gleiche will ich doch auch. Meinen Weg gehen.«

»Ja, mit dem kleinen Unterschied, dass du das schon immer getan hast. Ohne Rücksicht auf Verluste. Ich mache dies zum ersten Mal.«

Was sollte ich darauf noch sagen?

»Ich wenigstens entwickle meine Kreativität nicht auf Kosten anderer«, setzte Sven noch einen drauf. »Im Übrigen bin ich jetzt müde. Es ist bald fünf Uhr morgens. Das zeigt wieder mal deine Rücksichtslosigkeit. Ich möchte jetzt ins Bett.«

»Sven!«

»Gute Nacht, Lara.«

Klick.

Er war weg. Seine Stimme war weg. Sein Atem weg. Weg, weg, weg.

Ich hielt das Telefon umklammert und wollte nur eines: morgen einen Flug nach Hause buchen.

Und wollte nur eines: hierbleiben.

Und wollte nur eines: meine Ehe retten.

Und wollte nur eines: meinen Film drehen.

7. Kapitel

Ich baute das Klingeln des Telefons in meinen Traum ein: Sven redete mit mir, doch es kamen keine Worte aus seinem Mund, sondern Klingeltöne. Es dauerte eine Weile, bis ich aufwachte und begriff, wo ich mich befand, dass das Telefon klingelte – und was in der letzten Nacht geschehen war. Es war sieben Uhr morgens. Kein Wunder, dass ich mich fühlte, als wäre mir eine Kokosnuss auf den Kopf gefallen. Ich tastete nach dem Telefon, der Hörer glitt mir aus der Hand und knallte gegen den Nachttisch.

»Hello?«

Ich angelte nach der Schnur. »Ja?«

»Hier is a man fier disch!« Ich erkannte die Stimme der sympathischen Rezeptionistin, die ein paar Brocken Deutsch sprach und mich zu ihrem Übungsobjekt erkoren hatte.

»Für mich?«

»Ja. Moment.«

Es raschelte, dann erklang eine Männerstimme. »Hi. Hier ist Sven.«

Wie hatte Sven meine Telefonnummer herausgefunden? Woher wusste er den Namen meines Hotels? War er vielleicht schon da? »Sven!«

»Ich soll dich abholen«, sagte die Stimme in einem sehr weichen Englisch.

»Sven?«

»Nein, Sam*! Hier ist Sam! Ich soll dich abholen.«

»Sam?«

»Daniel hat mich angefunkt, ich soll dich mitnehmen. Ich fahre jetzt zu ihm.«

»Jetzt sofort?«

»Ja.«

Ich sprang aus dem Bett. Gleich darauf ließ ich mich zurückfallen. Mir war schwindlig. Ich hatte höchstens drei Stunden geschlafen. Mein Gesicht fühlte sich verquollen an. Ich zwang mich, die Augen zu öffnen, und schaffte es kaum. Meine Zunge klebte am Gaumen. Ich hatte die letzten Reste Flüssigkeit aus meinem Körper geheult, meine Zellen waren wie ausgewrungen. Ich musste duschen. Und Wasser trinken. Viel Wasser.

»Gib mir fünfzehn Minuten«, bat ich den Fremden.

»Okay«, sagte er. »Ich warte in der Halle. Aber nur zehn Minuten. Ich muss noch jemanden mitnehmen.«

»Okay, okay!«, rief ich, legte den Hörer auf die Gabel und stürzte ins Bad.

Eine solche morgendliche Hektik war ich nicht mehr gewöhnt, und auf einmal fühlte ich mich wie an einem normalen Arbeitsmorgen in Deutschland. Um sieben Uhr hatte mein Wecker geklingelt, und ich stand auf wie ein Roboter, der auf sein Signal reagiert. Meistens hatte ich mir am Abend zuvor überlegt, was ich anziehen wollte. Man erwartete von mir täglich ein gepflegtes Äußeres. Das brauchte Zeit. Nach der Dusche brachte ich meine Haare mit einem Lockenstab in Form und schminkte mich. Ich hasste das, aber das Make-up half mir dabei, in meine Rolle zu schlüpfen, ich legte so mein Öffentlichkeitsgesicht an. Jeden Morgen das gleiche Spiel. Manchmal sah ich auf dem Weg zur Arbeit junge Frauen mit ihren Hunden beim Joggen, und ich beneidete sie so sehr, dass ich meine Fingernägel tief in die Handballen grub. Am liebsten lief ich ungeschminkt herum, in bequemen Klamotten; und ich war schon immer am liebsten draußen gewesen. In der trockenen stickigen Büroluft hatte ich manchmal das Gefühl, ich würde verwelken.

Auf Dominica war ich in meinem Element: immer draußen, immer ungeschminkt, und trotzdem hatte ich mein altes Tempo nicht verloren.

Vierzehn Minuten später betrat ich die Halle. Ich hatte einen neuen Rekord aufgestellt, und deshalb ärgerte ich mich, dass von einem Sam weit und breit nichts zu sehen war, lediglich zwei Amerikanerinnen standen in ein Gespräch mit einem sehr attraktiven Rastafari vertieft neben dem Springbrunnen. Wahrscheinlich hatten sie ihn für eine Führung gebucht. Den hätte ich auch genommen! Ich lief zum Fenster und schaute auf die Straße. Nichts. War das ein schlechter Scherz? Ich lief zum gegenüberliegenden Fenster, und eine meiner Wasserflaschen fiel zu Boden. Als ich mich nach ihr bückte, verlor ich die zweite. Der Rastafari musterte mich belustigt; er sah wirklich unglaublich gut aus. Sein sehr muskulöser Oberkörper steckte in einem bunten Surfhemd, das nachlässig zugeknöpft war, und ich konnte ein Amulett – vielleicht mit einem Haifischzahn – an seiner breiten Brust erkennen. Er war sehr groß und hatte leuchtend grüne Augen. Oder waren sie blau? Die beiden Amerikanerinnen jedenfalls hatten sich da einen scharfen Typen angelacht. Ihr Tag würde sicher schön werden mit diesem Begleiter, dessen golden schimmernde Haut mich an die von Clemo erinnerte. Wenn das hier der offizielle Reiseführer war, dann würde ich mich bei Gelegenheit in die Liste eintragen.

Vielleicht wartete Sam auf dem Parkplatz? Ich ging sehr dicht an dem schönen Rastafari vorbei, der mir nun lächelnd einen Gruß zunickte. Seine Zähne waren fast zu hell für mich nach dieser Nacht. Ich nickte ihm zu. Seine Augen blitzten, und dann sagte er etwas zu den beiden Amerikanerinnen und rief meinen Namen.

»Lara?«

Das Fragezeichen in seiner Stimme zeigte mir, dass er nicht sicher war.

»Sam?«, fragte ich genauso unsicher.

Die beiden Amerikanerinnen waren not amused, als Sam mir die Hand reichte. Silberne Armreifen und Ringe betonten die Schönheit seiner Hände. Sam war perfekt. Und er sah nicht nur umwerfend aus, er hatte auch noch Charisma. Die beiden Amerikanerinnen würden es wahrscheinlich als Sex-Appeal bezeichnen. Das wusste Sam und er genoss es, was ihn noch interessanter machte.

Auf Dominica waren mir viele gutaussehende Männer begegnet, aber noch keiner wie Sam. Oder hatte ich sie bislang übersehen und war nun, nach dem Telefonat mit Sven, alles anders? Auf einmal hatte ich wieder einen Körper, nicht nur einen Kopf, der sich mit einem Drehbuch beschäftigte.

Ich gab ihm jedoch keine große Chance, denn ich war nicht hier, um mich in einen heißen Flirt zu stürzen; das würde mich nur von dem abhalten, was wirklich wichtig war – und insofern betrachtete ich mich als uneinnehmbare Festung. Das bedeutete jedoch nicht, dass ich nicht flirten durfte. Ich liebte es zu flirten. Und Sam auch.

»Wieso läufst du dauernd an mir vorbei?«, fragte er mich. Ich spürte, dass ich rot wurde. Das war mir schon lange nicht mehr passiert.

»Ich kann doch nicht wissen, dass du das bist!«, verteidigte ich mich.

Sam grinste und reichte mir die Hand. Sie war weich und fest zugleich, und ich bekam eine Gänsehaut – ein Gefühl, das ich schon lange nicht mehr gespürt hatte. An Sam war einfach alles erotisch. Gerade weil ich so wenig geschlafen hatte, war ich heute noch empfänglicher dafür.

Zuerst einmal sagte ich ihm, dass ich nicht auf die Idee gekommen wäre, er könnte ein Freund von Daniel sein. Sam lachte. Nun hätte er dasselbe zu mir sagen können, doch das tat er nicht. Ich hatte von Daniels Äußerem auf seine Freunde geschlossen. Wieder ein Fehler, den ich dank meiner Vor- urteile begangen hatte. Ich musste noch viel lernen! Sam jedenfalls trug keine zerrissene Kleidung, seine Jeans war dreiviertellang und sauber, auch seine Fingernägel waren sauber und er roch wie frisch geduscht, ohne dabei aufdringliche Duftwölkchen zu verbreiten. Keine einzige Fruchtfliege umschwirrte ihn und mit seinen Füßen hätte er Werbung für Sandalen machen können. Und trotzdem war er ein Freund von Daniel.

»Mein Wagen steht gleich hier«, sagte Sam und wies auf einen roten, glänzenden Pick-up. Der schien recht neu zu sein und erinnerte nicht im Geringsten an Daniels schrottreife Ente. Auf einmal kam mir das alles doch ein wenig suspekt vor.

»Wir fahren wirklich zu Daniel?«, versicherte ich mich und blieb neben der Beifahrertür stehen.

Sam, der im Begriff war, sie für mich zu öffnen, schmunzelte: »Wohin möchtest du denn sonst? Hast du eine bessere Idee?«

Ich wurde schon wieder rot. Bevor er es bemerken konnte, stieg ich schnell ein. Warum musste ich gerade heute ein so verquollenes Gesicht haben! Sam schloss die Tür hinter mir – eine solche Geste hatte ich auf der Insel noch nie erlebt –, ging leichtfüßig wie eine Raubkatze um den Wagen herum, stieg auf der Fahrerseite ein, startete den Pick-up und chauffierte ihn ruhig und sicher durch Roseau. Im Rhythmus des Reggae, der aus den Boxen klang, tippten seine schönen Finger an das Lenkrad. Und manchmal lachte er einfach los. Oder schaute mich an, lächelte. Dieser

Mann, das war klar, war unaufhaltsam gut gelaunt. Woran das wohl liegen mochte? Beunruhigt erkannte ich, dass wir nicht in Daniels Richtung fuhren, sondern in die Stadt.

»Wohin fahren wir?«, fragte ich erneut.

»Zu Daniel.«

»Das ist der falsche Weg!«

»Wir müssen noch jemanden abholen.«

Seine großen weißen Zähne blinkten mich an. Ich konnte nicht anders: Ich vertraute ihm. Ich fühlte mich wohl und geborgen an seiner Seite und im Rhythmus des Reggae.

»Möchtest du etwas essen? Du hast sicher noch nicht gefrühstückt?«

Diese Fürsorge rührte mich. Und das sollte ein Freund von Daniel sein?

»Ich habe etwas dabei. Ein paar Früchte.«

»Wir können auch irgendwo anhalten, einen Kaffee trinken und frühstücken. Ich möchte nur vorher noch Rainstar abholen, damit er nicht zu lange wartet.«

»Rainstar?«

»Ja. Ein Freund von Daniel. Wir sind gleich da.«

Ich ließ mich zurück in den Sitz sinken. Wow! Ich brauchte gar nichts tun! Ich bekam Rainstar auf dem Silbertablett serviert. Und was für ein Silbertablett das war – mit gepflegten langen schwarzen Haaren, einer – wie sollte es anders sein – wohlgeformten Nase und einer Handvoll Sommersprossen. Süß! Die schmalen Hüften und der knackige Po machten ihn erst richtig interessant. Ich fühlte mich wundervoll, was nach einer solchen Nacht kaum zu erwarten war. Sam war wie ein Heilmittel für mich; ich verstand zwar nicht genau, warum er eine solche Wirkung auf mich hatte, aber ich genoss es. Sam drehte am Autoradio, und eine Stimme verkündete, dass heute ein besonders schöner

Tag werden würde. Das bezweifelte ich nicht im Geringsten. Ich war wieder ich. Ich war nicht mehr schwach. Ich wollte nicht zurück nach Deutschland. Ich wollte meinen Film machen! Was konnte inspirierender sein als ein Knistern zwischen zwei Menschen – und es knisterte gewaltig zwischen ihm und mir.

»Was machst du eigentlich bei Daniel?«, fragte ich Sam nach einer Weile, als das Knistern so laut wurde, dass es mich ganz kribbelig machte.

»Am liebsten würde ich sein Haus total umbauen. Daniel hat es damals selber gebaut. Eine tolle Leistung. Aber natürlich gibt es ein paar Dinge, die man verbessern kann. Es ist insgesamt zu dunkel und die Räume könnten praktischer angeordnet sein, damit die Luftzirkulation besser funktioniert. Außerdem würde es sich anbieten, mit Sonnenenergie zu arbeiten.«

»Das klingt gut.«

»Leider will Daniel nichts davon wissen.«

»So schätze ich ihn gar nicht ein.«

Sam zeigte seine blitzblanken weißen Zähne. »Damit hast du recht. Im Prinzip findet Daniel das alles gut. Doch wichtig ist ihm nur sein Baby und das Haus seines Babys, also die Garage. Die ist ihm zu dunkel. Und das will ich mir heute mal ansehen.«

»Bist du denn Ingenieur?«

»Nein, Architekt.«

»Ich hätte dich eher für einen Musiker gehalten.«

»Das ist ein typisches Touristinnenvorurteil. Nicht alle Männer mit langen Haaren sind Musiker, und vor allem sagt das Äußere eines Menschen nichts über seine Qualifikation aus.«

»Natürlich«, beeilte ich mich zu versichern. Wir schwiegen eine Weile. Ich wusste nicht, ob ich ihn beleidigt hatte. Vielleicht sollte ich etwas von mir erzählen?

»Ich bin hier, um einen Film zu machen.«

»Das weiß ich. Ich soll dich an die Kamera erinnern.«

»Ich kann die Kamera nicht mitbringen. Ich bekomme sie erst morgen.«

Sam bremste unvermittelt, und für einen kurzen Moment befürchtete ich, er würde mich auf die Straße setzen. Als ein etwas pummeliger, langhaariger Junge auf unser Auto zurannte, ärgerte ich mich über diesen Gedanken.Ich sollte selbstbewusster sein.

»Da ist er ja!«, rief Sam.

Der Junge riss die Beifahrertür auf und stieg einfach ein, so dass mir gar nichts anderes übrigblieb, als noch näher zu Sam rüberzurutschen. Der zwinkerte mir zu. Hinter uns wurde gehupt. Sam fuhr sofort weiter, als Rainstar eingestiegen war. Rainstar reichte mir die Hand und sagte: »Hi Lara, hast du die Kamera dabei?«

»Hey Rainstar, das ist nicht besonders höflich!«, mischte Sam sich ein.

»Daniel hat gesagt, ich muss nach der Kamera fragen. Als Erstes. Er hat vorhin noch Rick angefunkt.«

»Bei Daniel gibt es nur Funk«, erklärte mir Sam. »Er hat zwar ein Handy, aber bei ihm oben ist kein Netz.«

»Entschuldigung«, sagte Rainstar, »aber es ist echt wichtig. Weil wir doch jetzt dann das Höhenruder ins Heck einpassen.«

»Beim nächsten Mal bringe ich die Kamera mit«, versprach ich.

»Und was machst du heute bei uns? Wir müssen sehr viel arbeiten, weißt du!«

Sam lachte laut heraus. »Rainstar! Benimm dich.«

»Aber wir haben wirklich wahnsinnig viel zu tun! Übermorgen muss ich ein Referat vor der ganzen Schule halten über das Fliegen und warum ich Pilot werden will, also müssen wir uns schwer ranhalten, weil ich morgen nicht kommen kann. Ich wüsste auch nicht, wer mich morgen fahren soll.«

Er sprach wie ein geborener Amerikaner. So hatte ich auf der Insel noch niemanden sprechen hören. Und das sollte Clemos Enkel sein? Ich war ziemlich irritiert.

Rainstar saß so dicht neben mir, dass ich die weiche Wärme seines Körpers spürte. Und daneben der knackige Sam.

Im Gegensatz zu Sam roch Rainstar irgendwie penetrant, vielmehr seine Haare. Er wusch sie anscheinend mit stark riechenden ätherischen Ölen, wie ich es bislang nur von Rastafaris kannte.

»Also wenn du uns dann filmst«, mit Vergnügen hörte ich, dass er uns statt Daniel sagte, »komme ich dann ins Fernsehen?« Auch der Wechsel vom »Wir« zum »Ich« bereitete mir Freude.

»Du wirst bestimmt mal zu sehen sein, Rainstar«, mischte sich Sam ein. »Irgendwo im Hintergrund. Aber du glaubst doch wohl nicht, dass Lara den weiten Weg von Deutschland hierher gemacht hat, um einen Film über dich zu drehen. Sie wird einen Film über Daniel machen. Über sein Leben. Deutschland liegt übrigens in der Nähe von Schweden.«

»Ich bin doch nicht blöd! Und du brauchst nicht zu glauben, dass ich mich aufdrängen will!« Rainstar drehte sich zu mir.

»Ich finde es super, dass du das machst. Daniel ist der Größte! Was der alles erlebt hat! Den Film schaue ich mir hundert Mal an! Wann ist er fertig?«

»Das dauert noch lange.«

»Sam, hast du Chips?«, fragte Rainstar.

»Klar doch, Kumpel. Zwiebel und Käse, wie immer?«

»Habe die Sorten nicht gewechselt.«

»Hinten liegt eine Tüte. Es gibt auch Kekse – vielleicht für dich Lara, wenn du möchtest?«

»Nein danke«, lehnte ich ab.

Rainstar zerquetschte mich fast, als er versuchte, an die Tüte unter den Sitzen zu kommen. Sam drehte die Musik lauter. Und ich saß bei diesen beiden im Auto, dem schönen Rastafari und dem pubertierenden Caribbean Indianer – und um nichts in der Welt hätte ich diesen Platz eingetauscht. Ich war genau am richtigen Ort; jetzt würde es endlich richtig losgehen.

Rainstar schien mir enttäuscht darüber zu sein, nicht die Hauptrolle des Films zu spielen. Stumm schaute er aus dem Fenster. Ich wollte ihn gern noch ein wenig schmoren lassen, bevor ich ihn mit meinen Plänen vertraut machen würde. Dazu wollte ich mit ihm allein sein. Jedenfalls war nun alle Spannung von mir abgefallen, ob es so funktionieren würde, wie ich es mir wünschte. Dieser Caribbean Indianer war geboren für das Rampenlicht.

Er war nicht scheu. Er freute sich. Er wollte ins Fernsehen. Ich musste keine Überzeugungsarbeit leisten, indem ich ihm erklärte, was er für sein Volk tun könnte. Rainstar hatte Lust, in meinem Film mitzuwirken. Konnte es eine bessere Nachricht für mich geben? Rainstar würde sich gut vor der Kamera machen. Er sah aus wie ein typischer Caribbean Indianer mit dem üblichen peruanischen Einschlag; sein Haar war lang, schwarz und dicht, er war nicht allzu groß, ein wenig untersetzt. Sein Gesicht war oval, seine Lippen üppig, und seine Augen mit den langen Wimpern waren braun und sanftmütig. Und ganz anders als die seiner Oma.

»Also, ich bin ja schon mit zwei Jahren geflogen«, begann Rainstar. »Ab da wusste ich, dass Fliegen geil ist.«

Ich konnte mir ein Schmunzeln nicht verkneifen. Rainstar meinte es ernst.

»Daniel zum Beispiel ist mit elf Jahren zum ersten Mal geflogen. Da bin ich ja viel schneller gewesen.«

Ich nickte.

»Ich will unbedingt auf eine Pilotenschule. Vielleicht in Amerika. Aber meine Familie hat kein Geld dafür. Bei Daniel war das früher auch so. Er hat als Flugzeugmechaniker angefangen. Das hat ihm sehr geholfen, wenn er Motorprobleme hatte oder notlanden musste. Ich brauche gute Kenntnisse in Mathematik und Physik und Mechanik. Deswegen kann ich auch nicht immer bei Daniel sein und ihm helfen. Ich muss das alles reinpauken, damit ich richtig gut werde.«

Die Zielstrebigkeit des jungen Mannes beeindruckte mich. Auch Sam hob anerkennend den Daumen. Rainstar griff tief in die Chipstüte, stopfte sich eine Handvoll Chips in den Mund und sprach krachend und knirschend weiter:

»Mit elf hat Daniel einen Rundflug über den Stockholmer Flughafen gemacht. Das war bei der Einweihung des Flughafens. Ich weiß nicht, wie lang sein erster Flug dauerte, aber bestimmt nicht länger als meiner. Daniel weiß es auch nicht mehr. Er jedenfalls durfte damals im Cockpit sitzen. Bei mir war es viel besser: Ich war ja gleich am Ruder. Daniels Eltern hatten kein Geld für seine Pilotenausbildung. Genau wie bei uns zu Hause. Da hat Daniel sich hochgearbeitet. Mit dreizehn ist er schon von zu Hause ausgezogen und hat eine Mechanikerausbildung gemacht. Er war weit weg von seinen Eltern. So wie ich. Ich lebe auch nicht im Reservat. Also meine Eltern … aber das ist jetzt nicht wichtig. Jedenfalls ist Daniel mit sechzehn, also in meinem Alter«, Rainstars Augen funkelten herausfordernd, »zum schwedischen Militär gegangen und schaffte es dort, Flugzeugmechaniker zu werden. Obwohl er nichts mit dem Militär zu tun haben wollte. Sein Traum war wichtiger. Er wollte Flugzeuge fliegen. So wie ich. Ich würde freiwillig zum Militär gehen, um Pilot zu werden, aber wir haben leider keine Armee und keine Air Force.«

Wieder griff Rainstar tief in die Chipstüte. In seinen Mundwinkeln hingen Krümel und trotzdem sah er mit dieser Begeisterung im Blick wunderschön aus. Würde ich ihm das mit den Krümeln sagen dürfen, später, wenn wir drehten? Es war eine Herausforderung, ihn zu filmen. In seinem Gesicht stritten das Kind und der Mann um die Vorherrschaft.

Was für ein Gegenpol zu Daniel. Wie arbeiteten die beiden miteinander? Hier der sprudelnde Rainstar und dort der wortkarge Daniel? Ich freute mich darauf, die beiden gemeinsam zu erleben.

Sam war um Roseau herumgefahren, und wir befanden uns wieder auf dem richtigen Weg. Ich kannte die Strecke zu Daniel nun schon ganz gut. Am besten, ich mietete mir ein Auto oder kaufte gleich eines, um unabhängig zu sein. Aber die Vorstellung, jeden Tag von Sam abgeholt zu werden, war auch nicht schlecht.

»Bist du denn schon einmal selbst geflogen?«, fragte ich Rainstar.

»Ja. Das heißt nein. Also Daniel bringt es mir bei. Ich bin schon oft mit ihm geflogen und habe das Ruder auch schon in der Hand gehabt. Daniel hat gemeint, er sitzt nur zur Sicherheit neben mir. Er selbst hat es auch nicht in einer Schule gelernt. Da hat es einen Fliegerheld gegeben. Gustaf von Rosen hieß er. Ein Schwede. Kennst du eigentlich viele Flieger? Charles Lindbergh war auch ein Schwede. Also

Die Generalprobe im Skelett des Flugzeugs: Kapitän Daniel geht die Checkliste mit den lebensrettenden Maßnahmen durch, Copilot Rainstar passt gut auf.

fast. Die Deutschen haben tolle Maschinen gebaut. Junkers 52, Messerschmidt, Heinkel, Dornier Flying Boats.«

»Klar«, nickte ich. Bislang hatte ich im Ausland nur immer Namen von deutschen Fußballern gehört: Ballack, Beckenbauer, Klose, Kahn – und es hatte mich amüsiert, wie die Exportschlager Deutschlands wirklich aussahen.

»Ja, und so ist Daniel auch geflogen. Ohne Funk, ohne Radar und sehr gefährlich! Er orientierte sich an Bergketten und Flussläufen. Wenn es dunkel wurde, musste er landen. Sie hatten kein Signalfeuer. Brennende Fackeln leuchteten nachts die Landepisten aus.«

Rainstars Augen glühten vor Begeisterung. Sam warf ihm einen amüsierten Seitenblick zu.

»Mit zwanzig hat Daniel sich ein Flugzeug gekauft, obwohl er noch nicht fliegen konnte. Das hat ihm dieser Gustaf von

Rosen beigebracht. Der war sehr berühmt. Nicht so wie Saint-Exupéry, aber er war auch einer von den verrückten Piloten.«

»Er hat im Zweiten Weltkrieg viele Menschen gerettet und Versorgungsflüge durchgeführt«, ergänzte Sam.

»Aha«, sagte ich und nahm mir vor, beim nächsten Besuch im Corner House im Internet zu recherchieren.

»Gustaf von Rosen sollte in Äthiopien eine Air Force für Haile Selassie aufbauen«, sagte Rainstar.

»The King of the King!«, rief Sam. Nun glühten auch seine Augen. Sie erinnerten mich an Vulkankohle. Trotzdem fand ich das nicht mehr so erotisch wie zuvor. Schließlich war Haile Selassie ein Diktator gewesen, wenigstens hatte ich das in der Schule gelernt. Oder sollte ich diesen Namen auch einmal bei Google eingeben?

»Was ist so großartig an einem Diktator?«, fragte ich Sam.

»Er war kein Diktator«, wehrte Sam ab. »Er war der letzte Kaiser von Äthiopien.«

»Und wann hat er gelebt?

»Von 1892 bis 1975. Wahrscheinlich ist er ermordet worden. Ich glaube das, so wie viele andere auch. Beweise gibt es nicht. Oder sie wurden vernichtet. Man kennt das ja. Meistens erfährt niemand, was wirklich geschehen ist.«

»Ich weiß darüber gar nichts.«

»Aber du kennst doch bestimmt den Song ›War‹ von Bob Marley?«

»Klar!«

»Und hast ihn vielleicht schon mal mitgesungen?«, vermutete Sam.

»Kann sein«, erwiderte ich achselzuckend. Ich hätte gern das Thema gewechselt. Sven liebte Bob Marley. Wahrscheinlich kannte ich sämtliche Stücke von Bob Marley auswendig, ohne es zu wissen, weil Sven sie so oft spielte.

»Haile Selassie hat 1968 vor den Vereinten Nationen eine Rede für den Weltfrieden gehalten. Was er da gesagt hat, das hat Bob Marley vertont.«

»Und warum hat er dann einen so schlechten Ruf?«, fragte ich neugierig.

»Er konnte es nicht allen recht machen. Wie es eben so ist. Es gab Korruption in Regierungskreisen, Inflation, Hungersnöte – vielleicht war Selassie auch schon zu alt und zu schwach, um seine Politik durchzusetzen. Jedenfalls wurde er gestürzt. Das war das Ende der Monarchie.«

Rainstar hatte die erste Chipstüte bis auf den letzten Krümel geleert und fiel Sam ins Wort.

»Kennst du die Geschichte, als Daniel die Löwen für Haile Selassie geflogen hat? Unter all den Fluggästen hat er sie transportiert. Mitten im Passagierraum.«

»Ja, die Geschichte kenne ich«, lachte Sam. »Ein Wahnsinn!«

»Aber das war ja noch gar nichts gegen die Krokodiljagden in Afrika. Einmal ist er fast von einem Krokodil gefressen worden.«

»Das interessiert mich weniger. Da war er nicht im Auftrag von Haile Selassie unterwegs.«

»Nein«, sagte Rainstar ehrfürchtig, »Daniel hat geholfen, die Krokodilplage zu bekämpfen.«

Ich räusperte mich. »Das klingt sehr interessant«, warf ich ein.

»Daniel ist der tollste Mensch, den ich je kennengelernt habe«, schwärmte Rainstar in einem Tonfall, als wäre er selbst achtzig Jahre alt und hätte mit Tausenden von interessanten Menschen zu tun gehabt.

»Er hat mehr Flugzeuge unterm Hintern gehabt als die meisten anderen Piloten. Und er wird mein Lehrer sein.

Wenn unser Baby fertig ist, werde ich auch fliegen. Gustaf von Rosen hat nach sieben Flugstunden zu Daniel gesagt, dass er nun so weit ist, allein zu fliegen. Ich werde nicht mehr als sechs Stunden brauchen, darauf kannst du dich verlassen. Hast du noch 'ne Tüte Chips für mich, Sam?«

»Bedien dich.«

»Möchtest du nicht mal was Gesünderes essen?«, fragte ich Rainstar.

»Wieso?«, fragte er zurück, während er die zweite Tüte Chips öffnete.

»Na, Piloten müssen doch auch körperlich fit sein.«

Rainstar riss die Augen auf. »Ich bin fit!«, schleuderte er mir entgegen.

»Klar doch«, sagte ich schnell. Das hätte mir gerade noch gefehlt, mich mit meinem Hauptdarsteller zu überwerfen. So verkniff ich mir den Hinweis auf die Gewichtsbeschränkung für Piloten.

Wir hatten nun schon die Hälfte des Wegs geschafft, wieder umrankte Zuckerwatte die Berggipfel, und immer wieder ragte der Krater eines Vulkans aus dem Nebel. Wie jedes Mal war ich fasziniert und ergriffen von der Schönheit der Natur. Und ich wusste, dass es immer so sein würde, auch wenn ich diesen Weg tausendmal fahren würde. Allein diese Aussicht war Antwort genug auf die Frage, warum ich hier war. Langsam begann ich die Insel zu mögen. Oder begann ich, Daniel zu mögen, der diesen Weg viele tausend Male gefahren war und ihn liebte.

8. Kapitel

Daniel stand vor dem Haus und winkte uns ungeduldig zu. Wir waren noch nicht richtig ausgestiegen, da beschwerte er sich schon. »Um fünf bin ich aufgestanden. Habe alles alleine vorbereitet. Um neun solltet ihr hier sein. Es ist gleich zehn. Seit einer Stunde warte ich auf euch. Ich hätte alles alleine gemacht, wenn ich es gekonnt hätte. Aber das Höhenruder kann man nicht allein anpassen. Na, habt ihr ausgeschlafen?«

Ich starrte Daniel entgeistert an; ich hatte gar nicht gewusst, dass er ganze Sätze und dann gleich mehrere hintereinander sprechen konnte.

»Hey Daniel«, rief Sam beschwichtigend. »Lara ist da.«

»Ja, ja, schon gesehen. Hast du die Kamera dabei?«

Zum dritten Mal an diesem Tag schoss mir Röte ins Gesicht. Lag es an der schrecklichen Nacht oder mutierte ich jetzt endgültig zum Teenager?

»Nein«, stotterte ich. »Erst morgen.«

Mit einer schroffen Handbewegung wendete sich Daniel ab und verschwand in seiner Garage.

»Nimm es ihm nicht übel«, sagte Sam, der sich offensichtlich für Daniels Benehmen schämte.

Ich nahm es Daniel nicht übel; ich nahm es mir selbst übel, dass ich mich so schnell hatte einschüchtern lassen. Ich war hier die Regisseurin. Ich musste Selbstbewusstsein zeigen. Ich musste die Kontrolle behalten. Rainstar rannte hinter Daniel her; Sam holte Pläne aus dem Wagen und ging damit zum Haus. Unschlüssig stand ich eine Weile zwischen Haus und Garage. Wäre ich mit meinem eigenen Auto hier gewesen, würde ich jetzt zurückfahren, denn anscheinend legte man hier keinen Wert auf mich. Ich war wohl nur als

Kamerafrau gefragt. Ich trank ein paar Schluck Wasser und schlenderte dann zur Veranda hinüber. In der Küche war Sam damit beschäftigt, den Tisch abzuwischen, um seine Pläne für den Umbau auslegen zu können.

»Hier fehlt einfach eine Frau im Haus«, stöhnte er.

»Wieso eine Frau?«, fragte ich.

»Wie es hier aussieht! Hier müsste dringend mal geputzt werden.«

»Das ist ja interessant. Dazu sind deiner Meinung nach Frauen nützlich?«

»Nimm es doch nicht gleich persönlich!«, zwinkerte Sam mir zu.

»Ich nehme es nicht persönlich«, behauptete ich.

Sam hielt inne. Er stellte den Teller mit den fauligen Papayas weg, den er in eine überquellende, eingerissene Mülltüte stopfen wollte, und kam zu mir.

»Daniel ist nicht gerade freundlich, oder?«

»Das ist sehr nett ausgedrückt.«

»So ist er nun mal.«

»Wieso verdammt noch mal hat hier jeder Verständnis für seine Macken?«

»Wir bewundern ihn dafür, wie er sein Leben führt und was er geleistet hat. Und deshalb verstehen wir ihn.«

»Wer ist wir?«

»Wir alle hier auf der Insel.«

»Ich jedenfalls gehöre nicht dazu!«

»Du wirst schon noch überlaufen«, grinste Sam.

»Und was heißt das?«, fragte ich wütend. »Dass ein Leben ohne Frau erstrebenswert ist?«

»Daniel ist ein großartiger Mensch.«

»Ja, das höre ich überall. Aber gespürt habe ich es noch nicht.«

»Vielleicht musst du lernen, ein wenig vom Gas zu gehen, Lara? Vielleicht ticken die Uhren hier anders als in deinem Deutschland. Vielleicht …«

»Das ist nicht ›mein‹ Deutschland!«

Sam ging nicht auf meinen scharfen Ton ein. Er lächelte einfach und zeigte seine wunderschönen Zähne. Wenn er lächelte, sah er noch umwerfender aus, obwohl das eigentlich kaum möglich war. Und dann streifte er meinen Arm. Es sollte wohl eine Geste der Beschwichtigung sein, aber sie beschwichtigte mich überhaupt nicht, im Gegenteil: diese Berührung schlug ein wie eine Bombe. Ich stand in Flammen. Jetzt bloß nicht schon wieder rot werden. Und was hatte er damit gemeint, ich solle vom Gas gehen? Im Vergleich zu meinem üblichen Tempo bewegte ich mich hier wie eine Schnecke.

»Möchtest du auch Tee?«, fragte Sam scheinbar unbeteiligt.

Ich wusste, dass er das Knistern zwischen uns bemerkte. Ich spürte förmlich, dass sein Körper glühte. Wie meiner. Angestrengt schaute ich mich nach Gläsern um. Ich wollte diese Gefühle nicht. Sie gehörten zu Sven. Ich war hier, um einen Film zu drehen und nicht, um erotische Erfahrungen zu sammeln.

»Gläser gibt es nicht«, erklärte Sam, der meinen Blick bemerkt hatte. Seine Aufmerksamkeit gefiel mir gut.

»Es gibt nur Pappe. Pappbecher und Pappteller«, fuhr er fort. »Das ist der Nachteil, wenn man keine Frau im Haus hat, weißt du.«

»Ach ja?«, ging ich nun auf seinen scherzhaften Tonfall ein und genoss es, dass mir das so leicht fiel. Meine Haut brannte noch immer.

»Vielen Männern fehlt das Gen fürs Abspülen«, gab Sam sich großzügig.

»Ich glaube, hier fehlt nicht nur ein Gen«, grinste ich, während ich faulige Früchte einsammelte, um sie nach draußen zu bringen.

Sam stellte Pappbecher auf den Tisch.

»Warte«, sagte ich und wischte auch die rechte Tischecke sauber.

Sam hatte sie übersehen. Dass ich mich genauso verhielt, wie er es mir aufgetragen hatte, fiel mir erst nach einer Weile auf. Fast wäre ich schon wieder rot geworden. Mir war total heiß. Ich musste hier raus, Sams Blicken für einen Moment entfliehen. Was hatte er mit seiner Bemerkung eigentlich gemeint? Manche Menschen brauchten Zeit, um sich zu öffnen. Vielleicht war es das, was Sam mir sagen wollte? Was hatte ich bislang eigentlich getan, um Daniels Vertrauen zu erwerben? Daniels Garage befand sich direkt unter der Küche. Ich stieg die unverputzte Treppe hinab, um Daniel und Rainstar bei der Arbeit zu beobachten. Daniel baute das Flugzeug wegen der Hurrikans in der Garage, deshalb waren auch die Flügel abnehmbar konstruiert, damit er es später sicher in der Garage parken konnte.

Von Daniel und Rainstar entdeckte ich keine Spur. Neugierig näherte ich mich dem glänzenden Ungetüm, das in der Mitte der Garage stand – wie ein Exponat in einer Ausstellung. Ein Aluskelett mit entstelltem Kopf, vorne an der Schnauze ein Loch, wahrscheinlich fehlte hier der Motor. Es fehlte überhaupt noch eine Menge; im Moment hätte es sich bei diesem Teil mit ein wenig Phantasie betrachtet auch um eine gespickte Kastanie handeln können. Oder einen Igel. Überall diese Stacheln. Ich konnte mir nicht vorstellen, dass diese klobige Seifenkiste einmal fliegen sollte! Rechts und links lehnten in Plastikfolien verschweißte Teile, die wohl bald eingebaut würden; sie sahen aus, als seien sie mit einer dünnen, durchsichtigen Haut überzogen, wie Vögel, wenn sie zur Welt kommen. Ja, dies waren alles kleine Vögel, und Daniel würde sie zu einem großen Vogel verbinden.

Das Stacheltier stand auf halb aufgepumpten Rädern, es gab mehrere Holzsockel und Leitern, und neben einem der Räder stand ein Kästchen, das mich an die Dynamitsprengungen aus Wildwestfilmen erinnerte. Erst nach einer Weile identifizierte ich es als Luftpumpe. Die Garage war so sauber, dass man sorglos vom Boden hätte essen können. Welch ein Kontrast zum Wohnhaus!

Ich hörte ein Flüstern, irgendwo hinter dem Flugzeug unterhielten sich Daniel und Rainstar. Obwohl es Tag war, brannten die Neonröhren in der Garage. Es gab nur kleine Luftschächte unter der Garagendecke und winzige Fenster an einer Wandseite. Rechts und links an den Wänden standen Regale, genauso überladen und vollgestopft wie in Brians Geschäft. Dennoch erschien es mir ordentlicher, und es glänzte und blinkte überall. Vielleicht polierte Daniel sein Werkzeug – so wie meine Stieftante Maria es mit ihrem Silberbesteck gehalten hatte, Sonntagnachmittags nach dem Kaffee von drei bis vier. Ich hätte mich auch im Lager eines Juweliers befinden können, so funkelte und blitzte es. Jedes einzelne Schräubchen schien ein Kleinod zu sein – nur die Öllappen, die vereinzelt herumlagen, störten das Ambiente.

Die Garage war der wichtigste Ort auf dem Grundstück, das war klar, denn hier residierte das Baby. Und das Baby braucht nun mal Geschmeide. Diamonds are a girl's best friends.

Irgendwo hinten an der Wand hörte ich es Zischen.

»Yes, Sir!«

Konnte das Rainstars Stimme sein? Sie klang ganz anders. Straffer. Tiefer. Nicht so breit und kindlich wie während der Autofahrt.

Neugierig näherte ich mich der Stimme. Daniel und Rainstar packten die Teile für das Höhenruder aus. Sie bemerkten mich gar nicht, so fasziniert starrten sie auf die zwei Metallplatten, die gestern Abend im Hafen angekommen waren, per Schiff aus Amerika.

»Sei vorsichtig!«, warnte Daniel.

»Yes, Sir!«

»Und bloß keinen Kratzer! Das war verdammt teuer.«

»Habe ich schon mal irgendwo einen Kratzer gemacht?«

Jetzt erkannte ich Rainstars Stimme eindeutig.

»Nein, nein. So, und jetzt abziehen.«

»Ja, klappt gut.«

»Es muss passen. Schließlich haben wir kein Geld mehr.«

»Yes, Sir. Es muss passen.«

»Hast du die Schrauben dabei?«

»Klar!«

»Gut, das ist gut.«

»Dann werden wir sehen, ob es passt.«

»Es muss passen.«

»Yes, Sir.«

Ich beobachtete die beiden eine Weile. Es war ein anrührendes Bild: der alte Mann und der Indianerjunge. Daniel sah überhaupt nicht aus wie ein fast Achtzigjähriger. Er sprühte vor Elan. Seine Bewegungen waren geschmeidig und flink wie die eines Dreißigjährigen. Ohne es zu merken, geriet ich zu nah an ein Regal und blieb mit dem Ellenbogen an einem Schraubenschlüssel hängen, der scheppernd zu Boden fiel. Wie von einer Tarantel gestochen fuhr Daniel herum.

»Du! Was machst du da!«

Ich bückte mich nach dem Schlüssel.

»Hier wird nichts angefasst! Das hat alles seine Ordnung!«

Mit drei Schritten war Daniel am Regal und legte den Schraubenschlüssel zurück.

»Na, dann geh ich wieder«, sagte ich. Es gelang mir, freundlich zu klingen, innerlich kochte ich.

»Hey, warte mal!«

»Ja?«

»Was meinst du Rainstar, würden sie passen?«

Rainstar zuckte mit den Schultern.

»Zeig mir mal deine Hände«, forderte Daniel mich auf.

»Meine Hände?«, wiederholte ich und kam mir vor wie im Kindergarten: »Habt ihr eure Hände vor dem Essen auch alle schön gewaschen?«

Da ich zögerte, packte Daniel sie einfach, musterte sie, dann lächelte er. Ich war so perplex, dass ich nicht reagierte.

»Gut!«, lobte er. »Schöne kleine Hände. Sehr schlanke Handgelenke. Die kann ich gut brauchen. Komm mal mit!«

»Was?«

»Also, uns ist da vorhin 'ne Schraube reingefallen. Saublöde Stelle. Normalerweise kommt Rainstar überall rein mit seinen Händen. Wir haben auch ein Werkzeug dafür. Aber es ist zu kurz.«

Ich folgte Daniel zu einem Kasten am Boden. Er leuchtete mit einer Lampe durch ein kleines Loch, das zirca zwanzig Zentimeter Durchmesser hatte – und da lag sie, die Schraube. Direkt am Boden des Kastens. So gut es ging faltete ich meine Hand zusammen und schob sie Zentimeter um Zentimeter vorsichtig nach vorne, bis ich mit meinen Fingerkuppen Grund spürte. Ich strich am Boden entlang – und da war sie. Ich packte meine Beute zwischen Zeige- und Mittelfinger und rettete die kleine Schraube. Daniel strahlte, als handele es sich bei dem Teil um eine Verwandte ersten Grades.

Das Baby wächst heran. Daniel und Rainstar befinden sich unermüdlich im Einsatz.

»Das ist gut!«, lobte er mich. »Dich könnte ich öfter brauchen.«

Rainstar verzog das Gesicht. Ich merkte, dass ihm meine kleinen Hände nicht gefielen. Das wiederum gefiel mir nicht, denn ich wollte es mir keinesfalls mit ihm verscherzen. Seinen Blicken entnahm ich, dass er unsere Handgelenke verglich. Da hatte er wirklich keine Chance.

Ich ging besser wieder ins Haus, sicherlich würde ich einen gemütlicheren Platz finden als diesen Hochsicherheitstrakt.

Beim Verlassen der Garage wäre ich fast mit Sam zusammengestoßen.

»Ich verziehe mich mal für eine Weile, habe ein paar ganz gute Ideen und will sie zeichnen.«

Hier kümmerte sich jeder um sich selbst. Daniel um das Flugzeug, Rainstar um seine Pilotenlizenz, Sam um den

Umbau des Hauses – für den sich Daniel wiederum nicht interessierte, er wollte nur größere Fenster in der Garage – und ich dachte an meinen Film. Insofern passten wir ganz vortrefflich zusammen.

Ich setzte mich mit einem Tee auf die Veranda, genoss den Ausblick und überlegte mir, von welcher Seite ich das Haus zum ersten Mal zeigen würde. Am besten wäre natürlich ein Hubschrauber; nur so könnte man erkennen, in welcher paradiesischen Lage es sich befand. Ich schlug mein Ideenheft auf, begann einige Szenen zu skizzieren und hätte geschworen, dass höchstens eine halbe Stunde vergangen war, als Daniel plötzlich an mir vorbei in die Küche stakste und zehn Minuten später einen Teller mit Salat und Nüssen und zwei Schokoriegel servierte. Tatsächlich hatte ich zwei Stunden gearbeitet. Rainstar bekam Chips zum Salat, und Sam und ich nahmen die Schokoriegel. Daniel aß nur Salat.

Daniel und Rainstar standen unter großer Anspannung. Würde das Höhenruder passen?

Es passte! Schon beim ersten Versuch. Meine Aufgabe war die Sichtkontrolle, ich sollte die Richtung angeben, mehr nach rechts oder links, Daniel war zufrieden mit mir als Lotsin, lobte mich sogar. Das Stacheltier verwandelte sich in einen Fisch. Was war das Höhenruder anderes als eine Flosse? Wieder eine Stufe auf der Leiter der Evolution – zuerst einmal Richtung fliegender Fisch.

»Es passt!«, jubelte Daniel. So ausgelassen hatte ich ihn noch nie gesehen.

»Yeah, Captain!«, strahlte Rainstar.

Sam entdeckte ein altes kleines Radio im Regal, und das funktionierte sogar. Elvis Presley ertönte, und Sam verbeugte sich vor mir und forderte mich zum Tanz auf. Ich ergriff seine Hand und wir versuchten uns im Rock 'n' Roll, was gar nicht so einfach war in der engen Garage – bis Sam mich nach draußen schob und wieder zurück, wo wir unter dem Gelächter und Applaus von Daniel und Rainstar erst so richtig loslegten. Ich war glücklich, drehte mich schnell und schneller, die glitzernden Werkzeuge in den Regalen verschwammen zu einem einzigen silbernen Streifen und immer wieder tauchte Sams Gesicht vor mir auf, strahlend schön wie eine Sonne und ein bißchen erhitzt.

Und dann wurde wieder an dem Fisch gearbeitet, der ja irgendwann ein Flugzeug werden sollte. Ich, das heißt meine schmalen Handgelenke wurden tatsächlich gebraucht, und es gab richtig viel zu tun. Rainstar war nicht mehr beleidigt, er war froh, dass er auch einmal eine Pause machen durfte. Als Daniel kurz nach draußen ging, zeigte mir Rainstar ein abgegriffenes Modellflugzeug.

»Die würde ich gerne fliegen!«, schwärmte er. »Eine Hyper.«

»Toll«, sagte ich.

»Ja«, strahlte Rainstar, und ich spürte, dass er mich langsam akzeptierte. Daniel kam zurück und unsere kleine Pause war vorüber. Es war unglaublich, wie viel Energie dieser Mann hatte. Als ich mal wieder meine Hände zur Verfügung stellte und mir eine kleine Schürfwunde an der Hand zuzog, schickte Daniel mich ins Haus. Eigentlich wäre ich gern geblieben, ich war schließlich nicht aus Zucker. Doch irgendwie rührte mich seine Fürsorge auch, und Sam hatte schon eine adäquate Aufgabe für mich:

»Was hältst du davon, wenn du dich ums Abendessen kümmerst?«, fragte er frech.

»Eine Menge!«, erwiderte ich. Ich hatte großen Hunger.

»Ich habe Huhn, einen Linseneintopf und Fladenbrot mitgebracht«, sagte Sam. »Wein auch. Und noch so einiges, das findest du alles im Kühlschrank, ich habe es vorhin schon reingelegt.«

Die Küche sah lange nicht mehr so schlimm aus wie am Vormittag; anscheinend hatte Sam noch einen groben Hausputz gemacht. Ich ließ Wasser in einen Eimer laufen und wischte den Tisch, die Stühle und die Regale ab, putzte auch auf der Veranda ein wenig herum. Dort wollte ich den Tisch decken. Mit der Musik aus dem alten Kofferradio in einem der Regale, die aussahen, als wären sie nur provisorisch aufgestellt, machte mir die Hausarbeit richtig Spaß. Gut gelaunt wischte ich vor mich hin – merkte jedoch bald, dass hier mehr als nur fröhliches Putzen nötig gewesen wäre. So beließ ich es bei einem oberflächlichen Reinemachen, schließlich wollte ich mich um das Essen kümmern. Ich musste mich beeilen, bald würde es dunkel sein. Auf Dominica gab es keine Dämmerung wie in Deutschland. Schon einige Male war ich in Schwierigkeiten geraten, weil ich die Dämmerung für die ersten Vorboten der Nacht gehalten hatte – aber auf der Insel war die Dämmerung kein Vorbote, sondern ein Vorhang, der sich sehr schnell schloss. Höchstens zehn Minuten lagen zwischen Dämmerung und Nacht.

Sams kaltes und scharf gewürztes Huhn roch köstlich. Das hatte er wohl extra für mich mitgebracht, denn weder er noch Daniel aßen Fleisch. Salat, Nüsse, Früchte waren im Übermaß vorhanden. In einem Schrank entdeckte ich fünf Chipstüten. Jede war in Größe XXL; ich riss eine davon auf und verteilte die Chips auf Papptellern, ebenso wie die Früchte, den Linseneintopf, das Brot und den Salat. Es gelang mir, den Tisch mit Blüten und Blättern so bunt zu dekorieren, dass man trotz der Pappteller das Gefühl haben konnte, an einer appetitlichen Tafel zu sitzen. Nach langer

Suche hatte ich sogar zwei Kerzen und vier Gläser gefunden. Sie erinnerten mich an deutsche Senfgläser und waren sehr schmutzig. Ich war dabei, sie in der Spüle sauber zu rubbeln, als ich einen zufälligen Blick aus dem Fenster warf und für einen Moment alles um mich vergaß.

Im Tal war der Abend angebrochen, Wolken schwebten wie kleine rote Teppiche über den Himmel und stupsten an die Vulkanspitzen. Gelb, rosarot, dunkelblau, hellblau, grünlich, violett – der Himmel hatte seine Abendrobe angelegt. Und die Grillen, der Chor der Nacht, begannen ihre Instrumente zu stimmen. Träge wiegten sich die Palmen im Takt. Auf der Balustrade der Veranda saß ein leuchtend bunter Vogel. Mit geneigtem Kopf betrachtete er mich eine Weile, ehe er zwitschernd davon flog. Seine Melodie hatte ich noch lange im Ohr und sang sie vor mich hin.

Ich hatte seit Ewigkeiten nicht mehr gesungen; ganz anders als in meinem Leben mit Sven. Es war ein alter Traum von uns, eine Band zu gründen, er am Klavier, ich am Schlagzeug oder als Sängerin. Ich erinnerte mich an die unzähligen Stunden, die Sven und ich damit verbracht hatten, Musik zu machen. Sven hatte komponiert, ich hatte gesungen und die Texte geschrieben.

Am Anfang fand ich es phantastisch in so einer kreativen Gemeinsamkeit zu leben, doch als unsere Urlaube nur noch aus Musikmachen bestanden, hatte ich keine Lust mehr. Wir waren nach Vietnam, Dubai, Kuba, Mexiko und Jamaika gereist – doch anstatt mit mir die fremden Länder zu erkunden, wollte Sven im Hotelzimmer bleiben und sich seiner Musik widmen. Das war unbegreiflich für mich. Ich wollte raus. Andererseits wünschte ich mir, dass ihm der Urlaub gefiel. Ich hatte das Gefühl, in Svens Schuld zu stehen, weil ich in unserem Alltag so viel arbeitete und weg war, und wollte ihm deshalb etwas zurückgeben. So blieb ich mit ihm in irgendwelchen Hotelzimmern sitzen, sang und schrieb Texte. Nur selten gelang es mir, ihn zu motivieren, etwas zu unternehmen, doch mein Wunsch, es Sven recht zu machen, tat mir auf Dauer nicht gut. Ich war gereizt, mir fielen keine Texte mehr ein, und Sven meinte, wir müssten noch mehr üben.

Als mir all das bewusst wurde, in dieser wunderschönen Kulisse von Daniels Haus, wurde meine Kehle eng, und es dauerte eine Weile, bis ich mich von diesen Erinnerungen befreit hatte.

Im Kühlschrank fand ich Sprossen und Ziegenkäse und entdeckte außerdem an den ungewöhnlichsten Orten Chipstüten. Anscheinend plünderte Rainstar die bekannten Verstecke, und Daniel versuchte, einen Teil seines Vorrats in Sicherheit zu bringen. Das rührte mich. Als ich eine Weinflasche auf den Tisch stellte, war das Bild perfekt; es würde ein Festmahl werden. Aus der Garage hämmerte und sägte es.

Ich wollte die drei Männer rufen – und zögerte. Dies war ein wundervoller Moment. Ich fühlte mich genau am richtigen Ort. Mitten drin im Leben. Und so geborgen wie schon lange nicht mehr – oder noch nie –, als wären wir eine Familie. Ein Gefühl, nach dem ich mich gesehnt hatte. Zu Beginn meiner Beziehung mit Sven dachte ich, ich sei angekommen. Er verstand mich und akzeptierte mich, wie ich war – bis es eben nicht mehr funktionierte. Warum, das wusste ich noch immer nicht, doch wenn ich an ihn dachte, empfand ich kein Gefühl von Familie, eher Traurigkeit.

Langsam und bedächtig ging ich die Treppe zur Garage hinunter. Daniel erklärte Rainstar gerade etwas, und mit konzentriertem Gesichtsausdruck nickte Rainstar immer wieder. Daniel schob seine ausgestreckte Hand Richtung

Boden. Vielleicht ging es hier um ein Landemanöver. Rainstar hing an seinen Lippen. Auf einmal entdeckte Daniel mich und lächelte verlegen. Ich erwiderte sein Lächeln, und zum ersten Mal begegneten wir uns wirklich mit der Sprache unserer Herzen.

»Ihr könnt zum Essen landen!«, rief ich.

Da tauchte auch Sam auf. Seine Hände waren schwarz wie die von Daniel und Rainstar, und ich hoffte, dass Daniel mehr Seife besaß als das kleine Stück, das ich vorhin im Bad gesehen hatte.

»Lara! Wow! Wie hast du denn das gezaubert?«

Sam war begeistert.

»Das sieht wirklich gemütlich aus!«, lobte auch Daniel.

»Wegen mir hättest du die Chips nicht extra auspacken müssen«, meinte Rainstar mit einem Grinsen.

Als alle am Tisch saßen, verteilte ich die Speisen. Ich hätte vor Glück weinen können, so sehr hatte ich es vermisst, mit vertrauten Menschen zu essen. Mir fehlte eine Familie, Zugehörigkeit, Sicherheit. Jetzt bekam ich sie, noch dazu vor einer solch üppigen Kulisse.

Die Luft hatte sich auf angenehme fünfundzwanzig Grad abgekühlt und eine sanfte Brise strich über uns hinweg. Hier in den Bergen gab es nicht einmal Mücken. Es gab nur uns und den Dschungel. Vermutlich war dies das beste Essen meines Lebens.

Sam erzählte Daniel von seinen Plänen für den Hausumbau. Er hatte ungewöhnliche Ideen:

»Ich möchte einen Staubsauger oben im Haus und den Staubsack unten in der Garage, außerhalb des Hauses. Ich möchte keinen Staub im Haus. Kannst du dir da was einfallen lassen?«

»Keinen Staub im Haus?«, wiederholte Sam grinsend.

»Siehst du hier irgendwo Staub?«, fragte Daniel.

»Jetzt nicht mehr«, erwiderte Sam und zwinkerte mir zu.

Auch zwischen uns war die Stimmung warm und entspannt – und zunehmend tropisch. Es war, als stünden wir an einem Anfang und hätten alle Zeit der Welt. Konnte es sein, dass ich das Gaspedal nicht mehr voll durchdrückte?

»Im Schlafzimmer möchte ich gern eine angenehmere Temperatur«, sagte Daniel. »Es ist sehr warm dort.«

»Ich dachte an echte schwedische Klinker am Kopfende deines Bettes. Damit das Haus atmet«, erwiderte Sam.

»Das klingt gut!«

»Auch das Gästezimmer solltest du mal renovieren. Und dann der Anbau und …«

»Du weißt, ich habe nicht viel Geld«, unterbrach Daniel.

»Wir brauchen Geld für den Propeller«, mischte Rainstar sich ein.

»Eben«, nickte Daniel.

»Der Propeller geht natürlich vor«, schmunzelte Sam.

»Du verstehst mich«, seufzte Daniel.

»Allerdings muss ich dir sagen, dass der Papayabaum gefällt werden sollte, wenn wir das Fenster im …«

»Nein. Nein, das kommt nicht in Frage.«

»Aber …«, widersprach Sam.

»Nein, Sam. Du kennst mich. Ich möchte nicht in die Natur eingreifen. Und ich möchte, dass nur Materialien aus der Natur verwendet werden. Ausschließlich Produkte von der Insel.«

»Klar weiß ich das.«

»Kein Plastik, keine Chemie, alles atmungsaktiv.«

»Ich kenne dich doch, Daniel.«

Ich wollte gerade fragen, woher sich die beiden kannten, da sagte Daniel:

»Das Haus muss eine gute Atmosphäre haben, ein Kraftort sein und seine positive Ausstrahlung bewahren. Wenn ich morgens Yoga mache und meditiere, dann will ich von positiver Energie umgeben sein.«

Diese Aussage haute mich glatt um. Ich starrte Daniel an; wieder mal war ich meinen Vorurteilen auf den Leim gegangen. Wieso sollte Daniel nicht meditieren und Yoga machen und von positiver Energie sprechen? Ich musste endlich aufhören, in Klischees zu denken, und noch viel lernen.

»Ich hätte niemals gedacht, dass du Yoga machst!«, entfuhr es mir trotzdem.

»Daniel macht noch ganz andere Sachen«, sagte Sam mit einer Begeisterung, als wolle er mir Daniel verkaufen.

»Woran erkennst du, ob jemand Yoga praktiziert?«, wandte Daniel sich an mich. In seinen türkisblauen Augen sah ich leisen Spott. Vielleicht war es aber auch das Kerzenlicht, das sich in ihnen spiegelte.

»Ich finde, man merkt es Daniel an«, half Sam mir aus der Verlegenheit. »So gelenkig und fit, wie er ist. Und nicht nur körperlich. Wie alt bist du jetzt eigentlich, Daniel?«

»In der Mitte der Siebziger.«

Ich räusperte mich. Natürlich hatte Sam recht. Man sah es Daniel an. Und selbstverständlich brauchte man für Yoga keine Designerklamotten. Ich musste wirklich noch viel lernen. Dieser Satz war an diesem Tag wohl mein Mantra.

»Daniel hat mindestens hundert Bücher gelesen, seit er auf der Insel wohnt«, prahlte Sam.

»Na ja, zwei Dutzend werden es schon gewesen sein«, gab Daniel sich bescheiden. »Ich bin nun mal seit Jahren allein und Bücher sind eine gute Gesellschaft. Außerdem interessiere ich mich für viele Dinge. Besonders für die Art und Weise, wie man gesund leben kann. Viel gelernt habe ich auch von meinen Freunden in Afrika. Für die ist ein Herd eine gefährliche Erfindung. Wenn du lange und glücklich leben willst, dann benutze keinen Herd. ›Willst du gesund essen, so vergiss den Kochtopf‹. So heißt ein Buch, das ich mal gelesen habe. Und es hat mir die Augen geöffnet. Der Mensch ist, was er isst.«

Den letzten Satz hatte Daniel auf Deutsch gesagt. Rainstar verdrehte die Augen, anscheinend war ihm die Bedeutung des Satzes klar, und für Sam übersetzte Daniel ihn.

Dann fuhr er fort: »Leben fängt bei mir mit dem Essen an. Und Kochen tötet lebenswichtige Vitamine im Essen ab und entwertet die Nahrungsmittel. Wenn …«

»Hat dir das Haile Selassie gesagt?«, fragte Sam atemlos.

»Er hat genauso gegessen. Doch ich glaube nicht, dass ich mit ihm darüber gesprochen habe.«

»Und worüber hast du mit ihm gesprochen?«

»Daniel, hast du noch mehr Chips?«, bat Rainstar. »Erzähl weiter vom gesunden Essen«, forderte ich Daniel auf.

Daniel hob lachend die Hände. Er schaute mich lang und nachdenklich an. Und dann begann er mit einem Vortrag, den er jederzeit vor einem großen Publikum hätte halten können. Er sprach über die Auswirkungen der Fehlernährung, über chemische Prozesse, Verschlackung und ihre Folgen: Krankheiten. Er sprach fundiert über Krebs und den Darm als Reinigungssystem des Körpers. Er drückte sich ganz anders aus als sonst. Ehrlich gesagt wusste ich gar nicht, dass Daniel über einen solchen wissenschaftlichen Wortschatz verfügte. Und er beschränkte sich nicht auf Allgemeinplätze. Er stieg tief in das Thema ein und nannte einige Aspekte, die ich so noch nie gehört hatte. Ich war fasziniert. Hatte er so ganz nebenbei noch einen Doktortitel in Ernährungswissenschaften?

»Seit wann ernährst du dich so gesund?«, wollte Sam wissen.

»Es ist schon lange her – wahrscheinlich mehr als dreißig Jahre. Ich war bei einer Kontrolluntersuchung, für Piloten ist das Routine. Der Doktor meinte: ›Rundstroem, Sie sollten mal eine Weile Urlaub machen.‹ Nun war ich aber gerade im Urlaub gewesen. Trotzdem waren meine Werte sehr schlecht. Da sagte der Arzt den Schlüsselsatz: ›Wenn Sie so weitermachen, werden Sie nicht alt.‹ In diesem Moment begriff ich, dass ich mein Leben ändern musste. Ich begann zu recherchieren, wie ich meinen Körper vital und gesund halten könnte. Denn fliegen, das war mir klar, das wollte ich. Und zwar so lange und so gesund wie möglich und bis ich hundert werde.«

»Und wie genau machst du das?«, fragte ich neugierig. Ich interessierte mich für gesunde Ernährung, denn mal ehrlich: Was nutzten all die Designerklamotten und Handtaschen, wenn ich innerlich verschlackte? Dann doch lieber Innendesign statt Außendesign! Leben, das wollte ich so lange und so gesund wie möglich.

»Das gesunde Leben ist eigentlich ganz einfach«, fuhr Daniel fort. »Man muss nur wissen, was der Körper wirklich braucht und was er nicht braucht. Normalerweise essen Menschen zu achtzig Prozent das, was sie nicht brauchen. Ich bemühe mich, lediglich Dinge zu essen, die ich brauche.«

»Also, ich esse nur Chips«, warf Rainstar ein.

»Sind deine Werte jetzt besser?«, fragte Sam Daniel.

»Ja! Sie haben sich sofort verändert. Ein halbes Jahr später, also bei der nächsten Kontrolluntersuchung, gratulierte mir der Arzt zu meiner Gesundheit. Und ich habe es ja auch selbst gemerkt. Ohne Zigaretten und Alkohol – das gewöhnte ich mir als Erstes ab – fühlte ich mich fitter.«

»Noch ein Glas Wein?«, grinste Sam.

Daniel lebt mit den Rhythmen der Natur und ernährt sich von rohem Obst und Gemüse aus seinem Garten.

»Gerne«, bedankte Daniel sich, als Sam die rote Flüssigkeit in das Senfglas einschenkte. »Hin und wieder ein Glas Wein ist eine große Freude für mich. Ich genieße sie nicht allzu oft. Was ihr noch wissen solltet«, wandte er sich wieder an uns alle, »esst fünf Mal am Tag. Und kein Brot und keine Milchprodukte. Morgens am besten mit Obst beginnen, dabei aber keine sauren und süßen Sorten mischen, also keine Grapefruit mit Banane. Und lebt mit dem Rhythmus der Natur. Ich selbst stehe mit der Sonne auf, mache zwei Stunden Yoga und meditiere. Danach nehme ich Früchte zu mir – alles aus meinem Garten. Mittags esse ich viel Salat. Mit Ziegen- oder Schafskäse, Nüssen, Feigen, Datteln. Rohkost in rauen Mengen. Mit Rohkost könnt ihr gar nichts falsch machen. Hier auf der Insel gibt es überall die richtigen Lebensmittel zu finden. Man muss sie nur ernten.«

Und ich kann euch versichern, dass Energie und Kraft nicht von Chips und Fleisch kommen. Wer sich richtig ernährt, lebt länger. Hier auf Dominica leben die ältesten Menschen der Welt. Sie stehen nicht im ›Guinness Buch der Rekorde‹, weil sie keine Geburtsurkunden vorweisen können. Fünfzehn Menschen gibt es auf der Insel, die älter als hundert Jahre sind. Der älteste Mensch überhaupt ist eine Frau, sie lebt seit hundertfünfundzwanzig Jahren. Auch dies war ein Grund für mich, Dominica als Wohnort zu wählen. Hier kann man wirklich in Einklang mit der Natur leben.«

Rainstar wurde langsam unruhig und zeigte sich zunehmend genervt von unserer Unterhaltung. Er war schon einige Male aufgestanden, hatte Flugzeuge aus Papptellern gebastelt und gelangweilt herumgeschaut. Da alles nichts geholfen hatte, wandte er sich nun direkt an mich:

»Wann hast du die Kamera?«

»Ja, die Kamera!«, stieg Daniel sofort darauf ein. »Es wäre schade, wenn du das Baby nur fertig filmen würdest. Jeder Tag bringt Veränderungen. Jetzt zum Beispiel ist das Höhenruder schon eingepasst."

„Ja, aber wir nehmen es doch noch mal ab", widersprach Rainstar.

„Schon, doch dann sollte die Kamera da sein."

Die Kamera, die Kamera. Die Kamera. Sie redeten von ihr, als wäre sie ein Lebewesen, hätte zwei Beine und würde selbständig hierherkommen.

Sam mischte sich ein: „Daniel, du hast mir gar nicht erzählt, dass ein Film über dich gedreht wird."

„Über mich? So wichtig bin ich nicht"

„Doch, du bist sehr wichtig! Erzähl doch noch mal, wie du 1953 beautragt wurdest, die Löwen von Haile Selassie in den Jemen zu fliegen... Er fand dich doch auch super und hat dir vertraut, oder?“ bohrte Sam weiter.

„Nicht schon wieder die Geschichte“, unterbrach Rainstar. „Erzähl lieber, wie du im Jemen den Harem vom König Imam Ahmed herumgeflogen hast.“

„Harem! Diese ollen Kamellen interessieren mich bestimmt nicht!“, zischte Sam.

„Aber das mit dem Harem ist viel lustiger!“, verteidigte Rainstar seine Geschichte.“Daniel durft jede Frau einzeln hochheben und auf die Waage stellen. Die wurden gewogen wie Tiere. Mehr als vierzig Kilogramm durfte keine haben. Sonst hätten ein paar von denen nicht mitfliegen können.

Ein König fliegt nämlich nur mit seinem gesamten Harem. Da darf keine Frau zu Hause bleiben, oder Daniel, so ist es doch?«

Daniel hob lachend die Hände. Da entdeckte ich, dass er gern erzählte, dass er sich geschmeichelt fühlte. Sein Gesicht verjüngte sich. Wie vierzig sah er auf einmal aus, und in seinen Augen funkelte der Schalk. Seine Wangen waren gerötet – vielleicht vom Wein –, und er sprühte förmlich vor Energie und Lebensfreude. Schade, dass ich die Kamera nun nicht einschalten konnte, als Daniel begann:

»Es war irgendwann in den späten fünfziger Jahren. Ich war damals Ende zwanzig. Seit einiger Zeit schon arbeitete ich als Privatpilot bei Iman Ahmed, dem König von Jemen. Mittlerweile hatte ich mich auch an das Leben dort gewöhnt. Es ist ein ganz anderes Leben als in der normalen Zivilisation. Prunk, Macht und Reichtum – darum ging es hier. Das Volk zählte nicht. Es hatte zu dienen und basta. Wie ich höre, ist das in Europa im Kleinen ähnlich. Politiker sind vor allem an Macht interessiert. Macht ist Geld. Na ja, darum dreht sich die ganze Welt. Es war eine interessante Zeit für mich am Königshof, und ich habe viele Erfahrungen gesammelt. Eines Tages flog ich den Bruder des Königs. Drei Tage später wurde dieser Bruder vom König geköpft. Also nicht direkt vom König. Das tun die nicht selbst. Die haben ihre Leute dafür. Der Hintergrund dieser Geschichte war ein Putschversuch.«

»Hast du den Kopf gesehen?«, fragte Rainstar aufgeregt.

»Nein, damit wollte ich nichts zu tun haben. Die Zeiten waren unruhig. Ich wusste, dass ich auch in Gefahr war, schließlich hatte ich seinen Bruder geflogen, und mit ihm verstand ich mich gut.«

»Also hättest du auch geköpft werden können?«, fragte Rainstar mit großen Augen.

»Durchaus«, erwiderte Daniel und nahm einen Schluck Wein.

»Und als du nicht geköpft wurdest, was hast du da zum König gesagt? Hast du ihn gefragt, warum er das gemacht hat? Der andere war doch sein Bruder!«

»Nein, Rainstar. Ich war dort als Pilot engagiert und das hat mir genügt. Politik hat mich noch nie sonderlich interessiert. Ich wollte mit all den Intrigen und Machtspielen nichts zu tun haben. Ich wollte fliegen und sonst nichts.«

»Yes, Sir, das verstehe ich. Hätte ich auch so gemacht. Hätte auch nur fliegen wollen. Das war die DC3, oder?«

»Ja. Mit der hatte ich mal einen besonders abwechslungsreichen Flug. Er ging von Taiz nach Mekka. An Bord waren sehr viele Pilger. Wir sind nachmittags bei gutem Wetter losgeflogen. Ungefähr eine Viertelstunde nach dem Start merkte ich, dass das Flugzeug hinten runterging. Ich wunderte mich. Seltsam. Dachte an ein technisches Problem und überließ das Ruder meinem Co-Piloten, um hinten in der Passagierkabine mal nachzusehen. Die Kabine war damals übrigens bloß mit einem Vorhang vom Cockpit getrennt.

Tja – und kaum hatte ich den Vorhang zurückgezogen, sah ich sie auch schon. Hinten. Sechs bis acht Pilger hatten sich im hinteren Teil der DC3 versammelt, wo keine Bestuhlung mehr war. Sie saßen einfach auf dem Boden. Um ein Lagerfeuer. Das brannte. Darauf eine Teekanne. Es war nun mal Teatime.«

»Das ist ja unglaublich!«, meinte ich fassungslos. »Was haben die Stewardessen dazu gesagt?«

»So was gab es nicht, damals. Es gab nichts zu essen, nichts zu trinken und keinen Service. Man flog nicht, um Wein oder Whiskey zu trinken. Man flog, weil man von A nach B wollte.«

»Wie weit entfernt von den Tanks brannte das Feuer?«, fragte Rainstar.

»Zirca drei Meter.«

»Eine brenzlige Situation«, kicherte ich und spürte bei dieser Gelegenheit den Wein. Zwei Gläser hatte ich bereits getrunken, und er schmeckte wunderbar, fruchtig und leicht.

»Ich habe das Teewasser dann über das Feuer gekippt und konnte es löschen«, beendete Daniel seine Erzählung.

»Haben die Pilger das akzeptiert?«, wollte Sam wissen.

»Ich denke, mein Gesichtsausdruck hat ihnen deutlich gezeigt, dass man in einem Flugzeug kein offenes Feuer macht.«

»Zeig mir diesen Gesichtsausdruck«, bat ich Daniel und dachte an meinen Film. Daniel versuchte es, und wir alle bekamen einen solchen Lachanfall, dass wir Minuten später mit Tränen in den Augen nach Luft rangen. Wirklich schade, dass ich die Kamera nicht dabeihatte. Hoffentlich würde Daniel die Geschichte noch einmal erzählen!

»Erzähl noch die Geschichte von dem Harem«, bettelte Rainstar.

»Nicht heute«, lehnte Daniel ab.

»Die finde ich aber besser.«

»Du meinst, als ich den Harem vom König im Jemen zu den heißen Quellen flog?«, fragte Daniel.

»Yes, Sir!«

Daniel begann vom Flughafen in Eden zu erzählen. Der Wein machte mich nun doch müde, und Daniels Worte wurden zu einem Rauschen, das sich mit dem Zirpen der Grillen vermischte. Ich verstand ihn nicht mehr, ich schaute ihn nur an. Meine Augen wurden zu einer Kamera. So rutschte ich immer tiefer in meinen Film, schaute zurück in den Nachmittag, sah Daniel und Rainstar am Höhenruder, sah dann wieder Daniel und die Pilger – und verlor jegliches Zeitgefühl, bis Sams Augen mich in die Gegenwart zurückholten. Sein Blick war verlockend, aber ich wollte ihn nicht erwidern. Ich wollte Daniel zuhören, der mittlerweile in Turbulenzen geraten war, und kämpfte stattdessen mit meinen eigenen Turbulenzen.

Sam brachte mich durcheinander. Ein Mann war das Letzte, was ich im Moment brauchte. Außerdem hatte ich schon einen Mann. Aber Sam war wunderschön. Intelligent. Einfühlsam. Witzig. Verständnisvoll. Und dieser Mund! Jetzt nachzugeben, bedeutete, mich selbst zu verlieren und meinen Traum zu verraten, dann wäre ich wirklich nur weggelaufen.

Ich musste aufpassen, nicht in der nächsten Abhängigkeit zu landen. Ich musste auf mich selbst aufpassen. Dieser unglaubliche Mund. Und dieser Blick.

»Was denkst du?«, fragte Sam.

»Sie denkt an ihren Film«, erwiderte Daniel für mich, »das siehst du doch.«

Ich spürte, wie sich die Hitze und die Röte wieder in meinem Gesicht ausbreiteten.

Sam schmunzelte. »Daniel, deine Menschenkenntnis ist immer wieder erstaunlich.«

9. Kapitel

Wer atmete da neben mir? Ich wagte es nicht, die Augen zu öffnen, lauschte nur. Und spürte meinen Kopf, der schwer war und nicht zu meinem Körper zu gehören schien. Ich hatte einen der lustigsten Abende meines Lebens genossen und büßte jetzt dafür. Mein Kopf war voller Dolche, und sobald ich mich bewegte, stachen sie von allen Seiten gegen meine Schädeldecke.

Wer atmete da? Ich hätte mich zur Seite drehen müssen, um es herauszufinden. Das Geräusch kam aus meinem Bett, das konnte ich deutlich spüren. Daniel? Unmöglich! Rainstar? Auch unmöglich. Sam? Daran müsste ich mich doch erinnern!

Woran erinnerte ich mich überhaupt? Angestrengt dachte ich nach, und die Dolche in meinem Kopf tanzten Tango. Ich sah Daniel auf dem Küchentisch hüpfen, während Sam mit einer Chipstüte auf dem Kopf um den Tisch rannte, um Rainstar zu fangen. Ich sah Sam und Rainstar beim Rock-'n'- Roll-Tanzen und Daniel im Kopfstand. Ich sah Rainstar beim Ausschlachten eines Federkissens, während er aus Daniels Logbuch vorlas. Sam und ich standen mit Kapitänsmützen salutierend daneben. Ich sah das Elchgeweih von Ikea auf Sams Kopf, dem ich »Fischers Fritze fischt frische Fische« vorbetete, was uns beinahe umbrachte vor Lachen. Im Hintergrund lief eine alte Schallplatte auf einem Dual-Plattenspieler aus den siebziger Jahren. Ein schwedischer Freddy Quinn. Daniel sang lauthals mit. Die Platte blieb hängen. Daniels Stimme auch. Und wie in einem Film sah ich Rainstar mit Papierflugzeugen um sich werfen. Eines davon landete zwischen Sam und mir. Wir bückten uns gleichzeitig danach, stießen mit den Köpfen zusammen, bekamen einen fürchterlichen Lachanfall, wälzten uns auf dem Boden und dann …

Sehr weiche Lippen. War das wirklich geschehen?

Es musste Sam sein, der da neben mir atmete, tief und gleichmäßig. Ein schönes Geräusch, und doch so fremd. Es machte mich glücklich und es tat weh. Lange Zeit hatte ich keinen Menschen mehr neben mir im Bett atmen gehört, und nun war es der Falsche. Neben mir sollte Sven liegen und atmen, so wie es sich gehörte. …

Es half nichts. Ich musste die Augen öffnen. Mit einem tiefen Atemzug wagte ich es. Ich befand mich in dem provisorisch hergerichteten Gästezimmer neben dem Bad, dort wo Daniel Fruchtfliegen, Spinnweben und seine Erinnerungen in Kisten aufbewahrte. Ich lag unter dem Fenster auf einer Matratze. Die Sonne stand schon hoch am Himmel, wie ich durch die Jalousien erkennen konnte; es war mindestens acht oder neun Uhr morgens. Es war heiß. Und mir war übel.

Ich strich meine feuchten Haare aus dem Gesicht und bemerkte einen fremden Geruch an mir. Er war nicht unangenehm, aber er verwirrte mich völlig. Ich roch nach Sam. Fruchtig und würzig zugleich. Ich musste mich nun endlich umdrehen, ihm in die Augen sehen. Dann würde ich wissen, was passiert war. Wieso hatte ich dauernd das Bild von einem tätowierten Fisch oder Flugzeug – oder war es das Porträt von Haile Selassie – auf einer männlichen, sehr runden und sehr erotischen Pobacke vor Augen?

Mit einem Poltern wurde die Zimmertür aufgerissen. Ich fuhr hoch und sackte mit einem Stöhnen sofort wieder zurück. Der Messerwerfer in meinem Gehirn war in Hochform. Im Türrahmen stand Daniel. Er öffnete den Mund, schloß ihn wieder. Neben mir setzte sich Sam auf. Auch er stöhnte.

»Aha«, bemerkte Daniel.

»Kannst du nicht klopfen?«, fragte Sam. Seine Stimme klang heiser, als hätte er die ganze Nacht durchgesungen.

»Es ist schon spät«, knurrte Daniel. Er war überhaupt nicht mehr so lustig wie am Abend zuvor.

»Wie spät?«, fragte Sam.

»Neun. Ich habe eine Menge vor. Ihr müsst los. Sofort. Rainstar sollte längst in der Schule sein.«

»Ich brauche jetzt einen Kaffee«, sagte Sam.

»Den kannst du dir unterwegs besorgen. Ihr fahrt jetzt los. Und zwar am besten gleich.«

Und dann knallte Daniel die Tür einfach zu. Sam schaute mich an. Süß sah er aus, so verschlafen. Seine schwarzen dichten Haare standen in alle Richtungen. Sein Amulett hatte am Kinn den Abdruck eines Halbmondes hinterlassen, und in seinen müden Augen sah ich Zärtlichkeit, was mich völlig verwirrte. Ich wollte gerade etwas sagen, da wurde die Tür erneut aufgerissen, diesmal von Rainstar.

»Wir müssen los! Wir hätten schon gestern fahren sollen! Ich hab's euch doch gesagt! Ich darf nicht noch später kommen! Es ist verdammt wichtig heute! Los jetzt, aufstehen!«

Sam schwang sich aus dem Bett. Flüchtig sah ich seinen knackigen Po, aber das Betttuch verhinderte, dass ich überprüfen konnte, ob es ein Tattoo auf seiner Pobacke gab. In dieser Angelegenheit musste ich weiterrecherchieren.

Auch Rainstar war übel gelaunt. Mit einer Tüte Chips auf dem Schoß, deren Ausdünstungen meine Übelkeit steigerte, saß er neben mir in Sams Pick-up. Ich war so beschäftigt mit meinen Kopfschmerzen und der Übelkeit, dass ich von der Fahrt durch die herrliche Landschaft wenig mitbekam. Sam ging es wahrscheinlich ähnlich, so still wie er war. Zwischen uns herrschte eine merkwürdige Stimmung;

Hauptmotiv: Indian River,
kleines Bild: Giftige Raupenart.

Fotos oben: Dominica gilt als die gebirgigste Insel in der Karibik.

Blick aus dem Hotel über die Dächer von Roseau.

Alltägliche Hektik in Roseau.

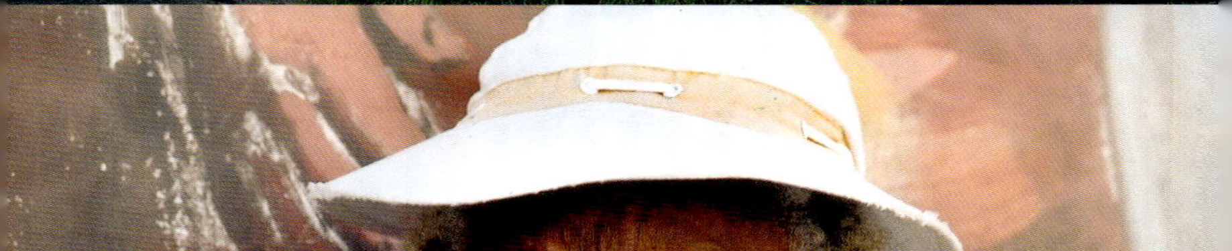

oben: Eine schmale Brücke ist der einzige Zufahrtsweg nach Roseau.
unten: Ungewöhnlich viele Menschen auf Dominica werden über hundert Jahre alt.

oben: Schon die Kinder lernen, mit den Rhythmen der Natur zu leben.
unten: Jede Schule auf der Insel legt Wert auf eine eigene Schuluniform.

Douglas DC-3
SWEDEN

links oben: Regenwälder und Vulkane, Lara erforscht die Insel.
links unten: Daniels große Leidenschaft – Flugzeuge aller Art.
rechts oben: Im Regenwald finden sich unzählige Quellen mit frischem Trinkwasser.
rechts mitte: Der Indian River – Heimat der tellergroßen Krabben.
rechts unten: Im Zentrum von Roseau.

oben: Typische karibische Wandmalerei.
links unten: Besuch bei Rainstars Familie.
rechts unten: Rainstar ist ein echter Caribbean Indianer.

oben: Eines der letzten Rückzugsgebiete der karibischen Ureinwohner: das Caribbean-Reservat.
mitte: Aus den Überresten eines Autos entsteht ein Backofen.
unten: Ein karibisches Haus von innen.

oben: Viele Caribbean Indianer leben vom Kunsthandwerk und Korb flechten.
unten: Es ist sicherer, nach dem Weg zu fragen, als Straßenschildern zu folgen.

oben: Der Sirup aus der Sorrel-Frucht ist ein traditionelles Inselgetränk.
unten: Ein kleines Restaurant am Strand mit phantastischen Fischgerichten.

Im Landesinneren ist Benzin Mangelware.

Daniels Haus: Mitten im karibischen Dschungel baute er sein Flugzeug.

Links: Rainbow Forest
Rechts: Boa constrictor

oben: Daniel auf seiner Veranda.
unten: Lara und Daniel glauben an ihre Träume.

oben: Der wichtigste Moment – der Motor wird eingebaut.
unten: Der erste Test des Motors verlief erfolgreich.

nicht unangenehm, aber unwirklich. Das atemberaubende Panorama ließ mich heute völlig kalt. Wenn mir doch bloß nicht so übel wäre! Irgendwo hielt Sam und holte Kaffee, den ich aber ablehnte. Ich hatte gar nicht bemerkt, dass wir schon an der großen Kreuzung nach Roseau angekommen waren. Ich wollte nur Wasser. Als ich einen halben Liter Wasser getrunken hatte, fühlte ich mich etwas besser. Rainstar knüllte die Chipstüte zusammen – ein Geräusch, das mir Schmerzen bereitete –, ließ sie auf den Boden fallen und gähnte ausgiebig. Ein neuer Schwall Zwiebelduft waberte durch den Wagen, und ich sehnte mich nach frischer Luft – doch es war bereits unerträglich heiß. Wie herrlich wäre jetzt eine kühle Brise deutscher Winterluft!

»Wie geht's dir?«, fragte Sam irgendwann. Noch immer klang seine Stimme heiser.

»Geht so«, erwiderte ich.

Als wäre damit das Gespräch eröffnet, fragte Rainstar:

»Wenn du die Kamera hast – filmst du dann auch noch mich oder filmst du jetzt nur noch Daniel?«

Diese Frage überraschte mich. Rainstar hatte wohl bemerkt, wie sehr Daniel mich faszinierte.

Und mehr noch: Er hatte gespürt, dass sich das Thema meines Films über Nacht verändert hatte. Irgendwann, und ich war sicher, dass das kein Traum war, hatte ich beschlossen, dass ich keinen Film über die Caribbean Indianer machen würde. Sie würden zwar darin vorkommen, doch sie wären nicht das Hauptthema.

Mein Thema war Daniels Leben. Die Beiläufigkeit, mit der ich das feststellte, zeigte mir, dass ich es längst schon gewußt hatte. Vielleicht schon von unserer ersten Begegnung an – denn wäre ich diesem alten Mann sonst so hartnäckig gefolgt? Er war es, der mich gelockt hatte – und vielleicht war er sogar der Grund dafür, dass der zehnte Flug an diesem nebligen Tag in Deutschland nach Dominica ging. Damit wir uns kennenlernten. Damit ich meinen Film drehen konnte.

Ich wollte Rainstar nicht kränken. Während ich noch nach einer Antwort suchte, erwiderte Sam: »Rainstar, Daniels Leben ist einfach faszinierend. Vielleicht ist es bei dir später auch mal so. Jetzt jedenfalls ist Daniel viel wichtiger für den Film und alles, was er erlebt hat, sollte aufbewahrt werden für die Nachwelt.«

»Klar, verstehe«, gab Rainstar sich kooperativ. »Hauptsache, ich lerne Fliegen. Und mein Gesicht ist mindestens einmal im Fernsehen, das ist es doch, oder Lara?«

»Bestimmt«, nickte ich.

»Das brauche ich für meine Oma, weißt du. Die schimpft ständig über das Fernsehen. Wenn ich selbst darin zu sehen wäre, dann würde sie sich vielleicht damit anfreunden. Das würde mich freuen. Weil sie wegen ihrer Schimpferei dauernd Streit mit ihren Freundinnen hat. Die schauen nämlich alle. Meine Oma meint, wer in den Fernseher hineinsieht, wird blöd.«

Ich hatte keine Gelegenheit mehr, etwas zu erwidern, denn Sam schaute in den Rückspiegel, gab dann kräftig Gas, bog ab und bremste.

»Super, danke«, sagte Rainstar, öffnete die Tür und stieg aus. Es dauerte eine Weile, bis ich begriff, dass hinter uns ein Bus fuhr, anscheinend genau derjenige, den Rainstar brauchte.

»Jetzt schaffe ich es noch!«, rief er uns zu, winkte – und fort war er. Als zwei junge Rastatypen mit Macheten am Gürtel und üblen Manieren im Gepäck das Auto kaperten und ihren Kumpel Sam mit dem neuesten Tratsch versorgten, flüchtete ich.

10. Kapitel

Ich riss die Tür zu meinem Bungalow so heftig auf, daß der Garderobenhaken von der Wand sprang. Wenige Sekunden später lag ich selbst am Boden. Neben dem Garderobenhaken. Es dauerte eine Weile, bis ich begriff, dass ich schwungvoll auf einem Haufen Papier ausgerutscht war, der sich direkt hinter der Eingangstür befand. Ein Fax. Ungefähr fünf Meter lang. Ich kicherte, obwohl mir nicht danach war, doch das Bild, das sich mir im Spiegel bot, war zu komisch. Von Frauen, die in Teppiche gerollt waren, hatte ich gelesen. Von einer Frau im Fax noch nie. Wer wickelte mich hier ein?

Das Fax kam von Rainer. Rainer, dem ich vor einer Woche gemailt hatte. Ich schrieb ihm vom Dreh mit den Caribbean Indianern hier auf Domenica. Ich hatte ihn gefragt, wie ich im Detail vorgehen sollte. Er hatte mir schon oft versichert, er würde mit dabei sein, wenn ich meinen ersten Film drehen würde, und mir immer das Gefühl gegeben, dass er an mich glaubte. So manches Mal hatten wir zusammengesessen und uns über die Oberflächlichkeit unserer Arbeit beklagt. Rainer wollte lieber Tierfilme drehen, anstatt Prominente zu filmen, und ich wollte Regie führen, nicht moderieren. Er wog mindestens hundert Kilo und redete am liebsten übers Kochen. Dazu paßte auch die erste Zeile des Faxes:

Liebe Lara,

du hast mich nach einem Rezept für einen Film gefragt und hier ist meine Antwort …

In meinem Inneren hörte ich Rainers Stimme. Irgendwie tröstete sie mich. Ich rappelte mich auf, legte das Fax ordentlich zusammen und bestellte mir ein großes Frühstück aufs Zimmer, das in einer Viertelstunde serviert werden sollte.

Bis dahin würde ich geduscht haben und dann konnte ich, gemütlich auf der Veranda sitzend, Rainers Rezept studieren.

Das war nach dem Vorhergegangenen genau die Abwechslung und Aufmunterung, die ich brauchte. Keine Männergeschichten. Kein Sven, kein Sam, sondern nur ich selbst und mein Film! Langsam überkam mich sogar eine Art von Erleichterung, dass Sven mir nicht gefaxt hatte. Das hätte mich viel zu sehr durcheinandergebracht. Männer brachten mich durcheinander. Ich brauchte meine Konzentration und Kraft für meinen Film. In meiner Mail an Rainer hatte ich noch einmal alle meine beruflichen Stationen aufgezählt: meine Erfahrungen bei verschiedenen Fernsehsendern, die Entwicklung von Sendekonzepten, Exposés und Treatments, die ich als Redakteurin verfasst hatte und die zum Teil erfolgreich umgesetzt worden waren. Ich zählte auch meine Praktika bei einigen Sendern auf, wo ich in verschiedenen Bereichen tätig war, von Regie über Produktion. Es war mir klar, dass ich um Rainer warb: Er sollte mein Kameramann sein. Ich wusste, dass ich von Dokumentarfilmproduktion und Regie bislang wenig Ahnung hatte, doch das würde ich mit meiner Begeisterung wettmachen. Und außerdem traute ich mir zu, alles Nötige zu lernen, und zwar sehr schnell. Mein Stoff war grandios, davon war ich absolut überzeugt.

Ich frühstückte ohne Eile. Dabei fiel mir auf, wie sehr ich mich verändert hatte. Früher hätte ich ein Fax wie dieses sofort gelesen, atemlos und hektisch. Seitdem ich in der Karibik bin, hatte sich mein Lebensrhythmus verändert. Ich war ruhiger geworden Ich fühlte mich wesentlich kreativer als zu meinen stressigsten Fernsehzeiten, denn ich war bei mir selbst.

Was man gerne tut, das erschöpft einen nicht, raubt keine Energie, sondern schenkt Energie. Jeder Tag, der vor mir lag, war mein eigener Tag.

Natürlich war ich dann doch nicht so cool. Als ich das Fax von Rainer zu lesen begann, spürte ich mein Herz bis zum Hals pochen. Rainer schrieb:

Es tut mir leid, dass ich nicht früher geantwortet habe.

Aber ich bin gerade erst aus Afrika zurückgekommen.

Hab Recherche für einen Film gemacht.

Aber jetzt mal zu deiner Frage. Oder hast du es mittlerweile nicht mehr so eilig, Lara?

Ich schmunzelte. Wie oft hatte Rainer mich wegen meiner Schnelligkeit und Ungeduld aufgezogen.

Ich habe dir ja versprochen zu helfen. Du hast mir zwar geschrieben, dass du mal ein Scriptpraktikum bei einem Film gemacht hast. Aber ich glaube, ich fange besser bei null an und versuche, dir alles so einfach wie möglich zu erklären. Nachdem wir schon viel zusammen gekocht haben und du auch eine tolle Köchin bist, erklär ich dir das mal folgendermaßen …

Also stell dir vor, Rainer als dicker Koch, der noch immer nicht abgenommen hat, obwohl du es ihm Millionen Mal geraten hast, in einer wunderschönen sonnendurchfluteten weißen Küche. Eine Schürze um die Hüften und los geht's.

Das Rezept, das ich dir erläutern möchte, heißt Caribbean-Indian-Soße, und die Zutaten, die du dafür brauchst, sind folgende:

1. *Geld. So viel wie möglich. Vielleicht sogar noch ein bisschen mehr. Schwierig aufzutreiben!!!*
2. *Förderungen. Auch so viel wie möglich. Mindestens genauso schwierig, denn sie sind selten und du bekommst sie meistens nur, wenn du viel Zeit hast, vielleicht auch*

mit Vitamin B oder wenn du dir schon einen Namen gemacht hast.

3. *Sender, da ist die Qualität wichtig, sonst wird das Menü nichts.*
4. *Eine Prise Kameramann, damit das Bild scharf wird und*
5. *einen ganzen Tonmann, also am Stück, der unbedingt frisch sein muss.*
6. *Einen Ton- und gleichzeitig Kameraassistenten, am besten nur einen, dann ist diese Zutat billiger. Ist hinterher nicht rauszufinden, mit wie vielen du gewürzt hast.*
7. *Ton- und Kamera-Equipment: Hier kommt es auf die Gourmetgaumen deiner geladenen Gäste an, was du dafür ausgeben kannst und willst. Merksatz Nummer eins: Das Geld bestimmt alles. Eben vor allem auch die Qualität. Deshalb brauchst du als Erstes Geld.*

Viel Geld. Und dann entscheidest du:

Entweder du arbeitest mit einer DV-Kamera. Sie ist die kleinste, handlichste. Doch die Bildqualität ist unteres Niveau. Besser wäre eine Digibeta-Kamera, die man für die Gourmetgaumen der Fernsehzuschauer bevorzugen sollte. Denke immer daran, dass du deinen Film dann ja auch aufbereiten willst. Und da ist es besser, mit teurem Material zu arbeiten, dann kannst du ihn nämlich eventuell sogar im Kino zeigen. Wenn du sehr billiges Material zum Drehen verwendest, wird deine Qualität nicht fernseh- oder kinotauglich sein.

Ich rate dir, an dieser Stelle nicht zu sparen. Und erschrick nicht, wenn du die Preise siehst. Denn glaube mir, im Nachhinein Änderungen vorzunehmen kann so richtig teuer werden. Ich rate dir außerdem, ein HD-Equipment zu verwenden. Das ist eine Kamera, die qualitativ beinahe an die fünfunddreißig Millimeter rankommt und dich, wenn es zum Beispiel eine Sony MSW-900 wäre, für einen

Drei-Wochen-Dreh mit Tonequipment und siebzig Kassetten à vierzig Minuten um die zehntausend Euro kosten könnte. Natürlich kriegst du bei meinem Equipmentverleih über mich zwanzig Prozent Rabatt.

8. *Dann brauchst du noch die Zutat Verträge für die Darsteller. Das hat absolute Priorität! Wenn du hier nachlässig bist, kann dir das ganze Gericht misslingen. Du weißt nie, was noch kommt, danach. Besonders bei deinem Vorhaben. Also lass jeden Indianer, den du interviewst, einen Vertrag unterschreiben.*

Ich weiß nicht, nach welchem Recht dort unten verhandelt wird – in Amerika kann man bei einem fehlenden Vertrag schon mal eine Millionen-Dollar-Klage auf den Tisch kriegen. Am besten, du unterhältst dich auf der Insel mit einem Anwalt. Selbstverständlich brauchst du auch in Deutschland einen versierten Medienanwalt. Wenn du möchtest, gebe ich dir die Adresse von meinem. Er ist spitze – aber auch nicht billig! Merksatz Nummer zwei: Willst du wirklich gute Leute, musst du wirklich gut bezahlen. Ausnahmen bestätigen die Regel!

9. *Und last, but not least: Bevor du überhaupt anfängst, brauchst du ein Drehbuch. In der richtigen Reihenfolge!*

Für einen Dokumentarfilm genügt ein fünfundzwanzigseitiges Treatment.

Bevor du nun beginnst, bereitest du auf der Küchenanrichte Folgendes in der richtigen Reihenfolge vor:

Du marinierst ein Treatment mit Salz und Knoblauch, das du gewissenhaft nach deiner Kalkulation abschmecken musst. Ein Budget, das du dir leisten kannst, hat genau die richtige Geschmacksnote. Dann stellst du den Topf erst mal zum Sender und lässt die Marinade ziehen.

Solltest du schon öfter erfolgreich Soßen an den Sender verkauft haben, dann kann es nun sehr schnell gehen.

Dein Rezept hat sein Aroma noch gar nicht richtig entfaltet – da hast du es schon verkauft. Sollte es mit dem Verkauf schnell gehen, dauert es trotzdem mindestens zwei bis drei Monate. Sollte dies die erste Soße sein, die du einem Sender anbietest, kann es dauern. Monatelang, ein ganzes Jahr. Und dann kann Folgendes passieren: Das Rezept gefällt ihnen zwar, doch sie wollen erst finanzieren, wenn die ganze Soße fertig ist. Das nennt man Aquisitionskauf. Bei einem solchen Deal zahlt beispielsweise das ZDF für einen Zweiundfünfzig-Minuten-Dokumentarfilm nicht mehr als fünfundsechzig- bis neunzigtausend Euro, auch wenn deine Zutaten viel mehr gekostet haben. Tja und das bedeutet, dass du alles selbst vorfinanzieren musst. Und zwar mit dem Risiko, dass der Sender die Soße dann vielleicht doch nicht möchte, weil sie ihm nicht so schmeckt, wie er es erwartet hat oder weil das Thema plötzlich out ist oder jemand anders einen Film zu dem Thema gemacht hat.

Und mit diesem worst case, Lara, musst du rechnen. Das heißt, du brauchst viel Kraft, Zuversicht, Durchhaltevermögen – und wie gesagt: Geld, Geld, Geld.

Konkret: Wenn du auf Digibeta-Basis drehst, mit den billigsten Zutaten, heißt Kameramann und Ton später bezahlst, drei Wochen ohne freien Tag drehst und vielleicht fünf Minuten Hubschrauberaufnahmen als Zutat in den Topf schüttest, alles wirklich für low budget und das auch noch mitten in der Karibik, dann schätze ich mal sehr grob und über den Daumen, wird das deinen Geldbeutel mindestens hundertfünfzigtausend Euro kosten. Und es geht noch weiter: Wie oft willst du hin- und herfliegen? Gibt es Nachdreh? So kann, dann das Ganze auch einhundertfünfzigtausend- bis einhundertachtzigtausend Euro kosten. Du fliegst ja nicht alleine. Du hast deine Crew dabei, die auch bezahlt werden möchte, wenn wir zwei auch über Sonderkonditionen sprechen können. Diese Kosten musst du zu hundert Prozent selbst vorfinanzieren, da dir kaum die Zeit bleibt, in Ruhe zu verhandeln, sonst ist der Indianerjunge, auf den du so viel Wert legst, mit seinem Flugzeug fertig, noch ehe du zu drehen beginnst… Meine Erfahrung hat mich gelehrt,

lieber von der höchsten Summe auszugehen, meistens wird es teurer als billiger: also rechne mit zweihunderttausend Euro, die du brauchst.

Und rechne mit einer Zeit von ein bis eineinhalb Jahren. In dieser Zeit wirst du nichts verdienen, du bist nämlich mit Geld ausgeben für deinen Film beschäftigt. Und das ist noch lange nicht alles. Es folgen der Schnitt, die Mischung, die Farbkorrektur, Sprecher, und das alles ist richtig schön teuer. Das alles musst du finanzieren. Und du hast keine Garantie, dass dein fertiger Film dann auch gekauft wird, egal wie gut er sein mag. Ich kenne eine Menge guter Filme, die nicht gekauft wurden. Filme, die ihre Produzenten und Regisseure- und du wärst ja beides in einer Person- in den Ruin getrieben haben. Das musst du wissen. Damit musst du auch rechnen. Ich will dich nicht desillusionieren, doch ich betrachte es als meine Pflicht, dich darüber aufzuklären.

Ich stehe voll hinter dir. Und ich würde gern die Kamera machen. Vorausgesetzt, ich habe zu dieser Zeit keinen anderen Vertrag unterschrieben. Du hast mich verdammt neugierig gemacht auf dieses Caribbean-Reservat und diesen Rainstar, der mitten im Dschungel mit irgendeinem alten Schweden ein Flugzeug baut. Eine starke Geschichte. Die passt zu dir, starke Frau! Deinen Schritt zu kündigen und dann auch noch einen so sicheren Job an den Nagel zu hängen, damit du deinem Herzenstraum, Filme zu machen, nachgehen kannst, *finde ich einfach grandios. Du bist eine mutige Frau. Fast so umwerfend wie meine Marion.* Also lass Dich nicht von deinem Weg abbringen. Wir haben schon oft genug darüber gesprochen. Ich glaube an dich! Und übrigens: Wenn ich nicht Kameramann geworden wäre, wäre ich Pilot. Habe ich dir mal von meinem Traum vom Fliegen erzählt? Ich würde jedenfalls gern eine Runde mit deinem Indianerjungen und dem alten Schweden drehen.*

Wie groß ist das Flugzeug? Passe ich da überhaupt rein?

Und glaube bloß nicht, dafür würde ich abnehmen!

Auch dafür nicht!

Liebe Lara, denke also gründlich darüber nach, ob du das Risiko von mindestens einhundertfünfzigtausend Euro und im realistischeren Fall vielleicht einhundertachzigtausend Euro eingehen willst und kannst. Denn irgendwo auf die Schnelle einen Sponsor zu finden oder eine Förderung aus irgendwelchen Filmtöpfen in Deutschland zu bekommen, das ist utopisch. Nicht, dass ich es dir nicht zutraue. Ich will dich eben nur gut auf Rückschläge vorbereiten.

Ich hoffe, dass ich dich jetzt nicht enttäuscht habe, aber glaube mir eines, lieber der nackten Wahrheit ins Gesicht blicken, als nachher lebenslang verschuldet zu sein. Ein paar Ersparnisse wirst du ja noch haben, hoffe ich zumindest. Oder hast du die gerade auf irgendwelchen Luxusschiffen in der Karibik rausgeworfen, oder beim Champagnertrinken mit irgendwelchen Schokoschönheiten? Stimmt es, dass du mit einem Schotten durchgebrannt bist? Oder war es ein Afrikaner? Ich habe da ein paar Gerüchte gehört. Musst mir nichts dazu schreiben, geht mich ja auch nichts an.

Jedenfalls viel Spaß dabei, mit wem auch immer!

Ich drücke dich ganz fest und bin ohne Gage dabei, wo und wann auch immer, außer ich muss drehen.

Augen auf und Ziel anvisieren und dann Entscheidungen treffen, ob Risiko ja oder nein. Man braucht den Mut dafür. Es ist nicht leicht, ich weiß. Ich glaube aber, Menschen wie du und ich, die können gar nicht anders, als ins kalte Wasser springen. Ob du im kalten Wasser kalte Füße bekommst, das musst du selbst rausfinden.

Liebe Grüße aus einem schneeregnerischen München
sendet dir mit warmen Füßen,
Rainer

11. Kapitel

Noch nie war ich so lange am Strand entlanggelaufen, stundenlang. Die Sonne war schon auf ihrem Weg in den Nachmittag, der Schweiß rann in Strömen über mein Gesicht, ich fühlte mich erschöpft und musste trotzdem immer weitergehen, immer weiter. Rainers Rezept lag in meinem Rucksack wie ein schwarzer Schicksalsspruch. Mir war schon wieder schlecht – oder noch immer. Das gute Frühstück hatte ich leider in der Toilette des Bungalows zurücklassen müssen. So geht es jemandem, dessen Lebenstraum zerplatzt ist.

Einhundertfünfzigtausend Euro. So viel hatte ich noch nie auf dem Konto. Ich hatte noch nie im Leben Schulden gemacht – und das wollte ich auch nicht tun. Ich wollte nicht zu jenen gehören, die nachts nicht mehr schlafen können, weil die Last ihrer Schulden sie nie zur Ruhe kommen lässt. Ich kannte einige abschreckende Beispiele von Menschen, die sich einen Traum erfüllt hatten, der sich dann in einen Alptraum verwandelt hatte: Jan und seine Werbeagentur, Zoe und ihr Fitnessstudio.

»Einhundertfünfzigtausend Euro. Dreihunderttausend Mark«, sagte ich laut, als würde die Summe damit greifbarer.

Annähernd eine halbe Million Mark. Nein, so viel Geld hatte ich nicht. Und ich war nicht dafür geschaffen, es mir zu leihen. Ich war kein Risikomensch.

»Aber du bist einfach hierhergeflogen«, hörte ich eine Stimme in mir.

»Eine Ausnahme«, antwortete ich der Stimme. Einhundertfünfzigtausend Euro. Ich müsste nach Deutschland zurück, einen Kredit beantragen und einen sicheren Job suchen, um die Schulden abzuarbeiten. Nebenbei irgendwie den Film drehen. Ging das? Nebenbei drehen? Ich wollte nichts mehr nebenbei machen. Ich wollte nicht mehr moderieren und Sendungen vorbereiten und Formate entwickeln und dabei eigentlich von etwas ganz anderem träumen.

Ich wollte endlich ganz sein. Das tun, was ich wirklich wollte. Mit ganzer Kraft. Ohne Kompromisse fast eine Viertelmillion Euro. Das war ziemlich viel Investition für einen Versuch mit so schlechten Aussichten auf Erfolg. Oder ich arbeitete zuerst. In ein bisschen mehr als fünf Jahren würde ich mit einem Primetime- Moderatorinnenjob, der mir ja in Aussicht gestellt worden war, wohl einhundertfünfzigtausend Euro beiseitegelegt haben. Oder auch erst in sieben oder 10 Jahren? Vielleicht würde Daniel dann noch mal ein Flugzeug bauen, mit schlappen neunzig Jahren dürfte das doch kein Problem sein.

Ich hatte keine Zeit! Ich musste jetzt anfangen. Und dann den Rest meines Lebens Schulden zurückzahlen? Für einen Spleen?

Eigentlich hatte ich keine Ahnung von Dokumentarfilmen. Wenn ich ganz ehrlich war, dann fehlten mir die nötigen Erfahrungen. Ich war beim Radio gewesen, hatte beim Regionalfernsehen als Moderatorin gearbeitet. Und als Redakteurin einige Sendungen und Formate entwickelt und damit ganz gute Erfolge erzielt. Auch mal in die Regie reingeschnuppert. Aber ich hatte noch nie allein Regie in einem richtigen Film geführt, geschweige denn produziert. Wie kam ich bloß auf die Idee, dass ich so etwas schaffen könnte? Wie produzierte man überhaupt einen Film? Ich wusste es nicht! Und ich wusste auch nicht, wie ich mit so viel Geld kalkulieren sollte.

Und wiewürde Sven damit umgehen, wenn ich den Film drehte? Mich verschuldete und wochenlang in der Karibik arbeitete. Dann hätten wir noch weniger Zeit füreinander. Sven war kein spontaner Mensch. Er war introvertiert. Keine gute Voraussetzung für eine Beziehung mit einer begeisterten Jungregisseurin. Ich hatte mir Sven manchmal anders gewünscht, flexibler und spontaner, und damit hatte ich ihm Unrecht getan, ihn überfordert.

Es tat unendlich weh, mir dies alles klar vor Augen zu führen, und ich liebte Sven mit einer Traurigkeit und einem Schmerz, der bis in mein tiefstes Innerstes drang. Hatten wir noch eine Chance? Hatte ich allein eine Chance? Ohne ein gutes Team würde ich auch meinen Film nicht verwirklichen können. Mein Kamerapraktikum reichte bei weitem nicht aus, um mich bei technischen Fragen sicher zu fühlen. Einhundertfünfzigtausend Euro. Die Summe erschien mir utopisch für ein bisschen Filmen auf der Insel, hier war doch alles recht billig. Ob Rainer sich vielleicht verrechnet hatte? Schließlich kannte er die hiesigen Verhältnisse nicht. Sicher waren Hubschrauber für ein paar Stunden hier billiger zu mieten als in Europa.

»Oder teurer, weil es weniger gibt, vielleicht gar keinen?«, meldete sich eine neue Stimme in mir.

Selbst wenn alles reibungslos klappen würde und ich schnell einen Sender fände: Reich werden würde ich mit meinem Film nicht. Dafür müsste ich einen Spielfilm drehen. Weltweite Rechte. Überall im Kino. DVDs verkaufen. Ich wollte aber schon immer Dokumentarfilme machen, weil sie nicht kommerziell sind und Menschen aufrütteln können. Weil sie Botschaften vermitteln und Visionen hervorrufen. Und den Horizont erweitern und uns zeigen, dass es viele Wege gibt, sein Leben zu gestalten. Darüber hatte ich stundenlang mit Rainer gesprochen. Schon damals war uns klargeworden, dass solche Filme zwar kaum Geld, dafür aber Befriedigung brachten. Wir würden Menschen unterhalten und ihnen gleichzeitig die Augen öffnen für andere Kulturen, Perspektiven, Betrachtungsweisen und die Vielfalt des Lebens, hatte ich gesagt, und dann war ich wieder in die Redaktion oder ins Studio geflitzt, um weiter zu funktionieren wie die roten Lichter an den Kameras. An. Aus. Nun gab es kein rotes Licht mehr in meinem Leben. Fast eine Viertelmillion Euro. Sollte ich das Risiko eingehen? Würde ich das Geld überhaupt bekommen? Und wieso schien mein Traum auf einmal in weite Ferne gerückt? Was würde ich Sven sagen? Meinen Eltern? Daniel, Rainstar, Sam? Ich konnte nicht mehr zurück. Noch nie war ich so nah dran.

Einhundertfünfzigtausend Euro. Und wenn ich krank würde? Wie damals? Es konnte mich jederzeit erwischen. Es konnte jeden erwischen. Mich hatte es schon einmal erwischt und ich hatte befürchtet, nie wieder arbeiten zu können. Und das in einer Zeit, in der ich beruflich so erfolgreich war, wie niemals zuvor. Ich hatte den damaligen Außenminister Klaus Kinkel für das Kinderprogramm im WDR auf eine Reise nach Prag begleitet. Viel Lob hatte ich für die Sendung bekommen und für mein neues Sendeformat der Starporträts. Ich freute mich darüber, ich glaubte, es sei ein Erfolg für unsere ganze Redaktion. Doch dort wurde das anders gesehen. Man neidete mir den Erfolg und ich wurde gemobbt. Das merkte ich allerdings erst nach einer Weile. Wichtige Informationen wurden plötzlich vor mir geheim gehalten. Ich erfuhr Termine nicht. Man grüßte mich nicht – ich suchte den Fehler wochenlang bei mir selbst.

»Du kannst nicht glücklich werden, wenn du die Ziele anderer lebst!«, höre ich die Worte meiner Oma. Doch woher soll ich so viel Geld für den Film nehmen?

Bis eines abends Jenny zu mir sagte. „Du wirst gemobbt!"

„Ich? Gemobbt?"

„Ja, das ist Mobbing, Lara. Und das ist gefährlich. Auch für die Gesundheit."

„Ich hab schon länger Rückenschmerzen", gestand ich ihr zaghaft. Das war stark untertrieben. Seit Wochen hatte ich so heftige Schmerzen, dass ich kaum mehr sitzen konnte. Bewegung war der einzige Zustand, in dem ich einigermaßen schmerzfrei war.

Eines Samstagabends im Frühling passierte es. Es war unser erster Frühling in Köln-Hürth, wo Sven und ich in einem Schloß wohnten. An diesem Abend waren wir bei einem Grillfest eingeladen. Ich hatte Tunfischsalat mit Mais gemacht und wollte auf dem Tisch Alufolie über die Schüssel spannen. Plötzlich diese Messerstiche in den Händen. Ich schrie und ließ die Schüssel fallen. Tausend Splitter.

Und Sven. „Lara! Lara, was ist!“

Ich lag auf dem Boden und wollte aufstehen, stützte mich mit meinen Händen ab, nein wollte, konnte es nicht, Messerklingen in den Händen, ich musste bluten, tiefe Fleischwunden, aber da war nichts, glatt und weiß die Haut und dennoch unsichtbare Klingen.

„Lara, was ist?“

„Vielleicht eine Glasscherbe?“, schrie ich. „Schau doch, schau, siehst du was?“

Ich streckte ihm meine zitternden Hände entgegen. Svens Gesicht, bleich wie ausgeblutet.

„Nichts, da ist nichts!“, schrie er zurück.

Aber es war etwas. Ich spürte es doch. Mein Unterbewußtsein kannte die Wahrheit. Es war keine Scherbe gewesen. Es war schlimmer.

„Es tut uns leid, wir finden nichts“, hörte ich in der nächsten Zeit mehrere Male.

Ein Orthopäde meinte dann „Klassisches C4-C5-Syndrom“ und tippte auf Bandscheibenvorfall. „Übrigens inoperabel.“

Ich wollte mich damit nicht zufrieden geben, doch ich hörte überall dasselbe: Kein Bürojob, keine sitzende Tätigkeit, kein Computer mehr - ich sollte froh sein, wenn ich einigermaßen schmerzfrei existieren könnte.

... Über ein Jahr lag das alles zurück ... erst seit einem halben Jahr war ich wirklich schmerzfrei ... es konnte jederzeit wiederkommen ... und wenn ich dann in der Karibik wäre? Hoch verschuldet und inmitten eines Teams? Konnte ich so ein Projekt wie diesen Film überhaupt wagen mit meiner angegriffenen Gesundheit?

Angegriffene Gesundheit, wie klang denn das! Ich schüttelte mich, doch ganz konnte ich die Angst nicht abschütteln. Ich kletterte an einem Vulkanriff hoch und setzte mich auf die spitzen Steine; dieser unbequeme Platz erschien mir sehr passend und ich war überglücklich, dass ich einfach sitzen konnte, schmerzfrei. Drei, vier Meter unter mir schäumte die Gischt, spritzte mich nass, Welle für Welle. Ich blieb einfach sitzen, ließ die kleinen Steine pieksen und bohren, schaute aufs Meer, und hörte nach einer Weile nur noch das regelmäßige Rauschen und Schwappen, als wäre es mein Atem, mein Herzschlag.

Ich schaute auf das Wasser hinaus, wo ein Fischerboot träge in den Wogen schaukelte. Der Fischer dort hatte ganz andere Sorgen. Er fuhr einfach aufs Meer, angelte, fuhr wieder an Land. Vielleicht hatte er auch Probleme, die einen Dokumentarfilm wert gewesen wären, aber der Fischer lebte sein Leben einfach wie Clemo, und vielleicht war es genau das Leben, das er wollte. War es nicht das Ziel jedes Menschen, genau das Leben zu führen, das zu ihm passte? Kongruent sein, hatte das einmal eine Psychologin in einem Interview genannt. In Einklang mit sich selbst sein. Insofern war dieser Fischer zu beneiden, der sein Ziel mit so einfachen Mitteln erreichen konnte, ohne einen Kredit über eine solche Summe aufnehmen zu müssen.

Nein, ich brauchte keine einhundertfünfzigtausend Euro. Ein wenig Geld hatte ich selbst. Und ich musste damit aufhören, dem Fischer dort draußen ein Leben zu unterstellen, mit dem er vielleicht gar nichts zu tun hatte. Vielleicht wäre auch er gern ein Sänger oder ein Pilot, so wie Rainer. Merkwürdig, dass er mir das noch nie anvertraut hatte. Vielleicht war es der Wunsch vieler Menschen, Pilot zu sein? Der Traum vom Fliegen.

Ich wollte nicht fliegen, ich wollte filmen. Ich wollte nicht im Alter verbittert feststellen, dass ich mein Leben verpasst hatte. Ich wollte in einem Schaukelstuhl sitzen und auf ein Leben in Fülle und Erfüllung zurückblicken.

Höhen und Tiefen, Berge und Täler.

»Ich habe alles ausprobiert«, würde ich dann sagen. »Ich habe nichts ausgelassen. Ich habe es gewagt, meinem Traum zu folgen. Manchmal bin ich gescheitert, manchmal nicht.«

Dieser Traum sollten nicht wegen einer lächerlichen Viertelmillion Euro platzen. Ich würde sie verdienen, ich war jung. Ich würde nie mehr krank werden, weil ich der Stimme meines Herzens folgte. Sie hatte mich damals von Köln nach München geführt. Ich fühlte mich zwar noch immer recht schwach, doch nach über neun Monaten Reha und Rückentraining mit vielen medizinischen Anwendungen und vielen psychischen Krisen. – ich hatte Angst, Anerkennung zu verlieren, da ich nicht mehr perfekt funktionierte, sondern vom Krankenbett aus arbeitete - bewarb ich mich in meiner Heimatstadt. In München. Ich wollte nur weg aus Köln, wo ich gemobbt worden war.

Vier Bewerbungen in München führten zu vier Vorstellungsgesprächen und drei Jobangeboten. Ich war wieder da! Als ich das erste Vorstellungsgespräch mit Bravour gemeistert hatte, fühlte ich mich schon viel kräftiger. Hier in München würde ich mich seelisch erholen, hoffte ich.

„Bitte versteh das", bat ich Sven. Er hatte auch eine Menge durchgemacht in der Zeit meiner Krankheit.

„München scheint dir gut zu tun", sagte er.

„Ja, ich glaube wieder an mich."

„Na dann lass es uns versuchen. Ich bleibe hier in Köln und du pendelst am Wochenende eben von München nach Köln. Und wenn du sicher bist, dass es jetzt wirklich deine Endstation ist - dann komme ich wieder nach."

Endstation. Endstation. Ja, tatsächlich: Endstation. Denn nach einem guten halben Jahr in München hatte es wieder begonnen. Diesmal hatte ich es nicht so weit kommen lassen. Ich brauchte keinen Verstärker mehr, um der Stimme meines Herzens zu folgen.

Ich war in die Karibik geflogen. Geflogen, nicht geflohen. Und jetzt war ich hier. Und ich musste es wagen. Ich musste es einfach versuchen. Wie würde ich sonst in den Spiegel schauen können?

Ungefähr dreißigtausend Euro hatte ich auf meinem Bankkonto. Über fünfundzwanzigtausend Euro könnte ich vielleicht noch einen Kredit aufnehmen. Und dann gab es die Antiquitäten und den Schmuck meiner Oma. Die goldene Uhr mit den Diamanten. In ein Tempotaschentuch eingewickelt lag sie in meiner Nachttischschublade. Und der Brillantring. Ein wirklich hässlicher Klunker, aber ein kleines Vermögen wert. Ebenfalls in ein Tempotaschentuch eingewickelt und in einer leeren Cremedose verstaut. Beides zusammen war vielleicht fünfzigtausend Euro wert. Wenn ich einen Käufer fände, bekäme ich vielleicht vierzigtausend dafür. Es fehlten also noch rund hunderttausend Euro. Das klang doch schon besser.

»Darf ich?«, fragte ich in die Gischt.

Das Gesicht meiner Oma tauchte auf, und plötzlich sah ich sie in einem weißen Gewand an Bord eines Kreuzfahrtschiffes, in das sich das Fischerboot verwandelt hatte. Ihre blauen Augen leuchteten. Vor vielen Jahren hatte meine Oma zusammen mit ihrem zweiten Mann in der Karibik eine Kreuzfahrt unternommen. Das Schiff war riesig, vielleicht dreihundert Meter lang, und ich konnte von meinem Platz auf dem Vulkanriff die vielen Balkone und Girlanden erkennen, die in der Sonne blinkten und blitzten. Auch die Musikkapelle glaubte ich zu hören, Walzer im Wellentakt. Meine Oma winkte, und ihr blondes lockiges Haar wirkte wie ein Heiligenschein.

»Darf ich?«, fragte ich noch einmal.

»Wieso fragst du mich so etwas?«

»Es ist deine Uhr! Dein Ring!«

»Und was glaubst du, warum ich sie für dich aufbewahrt habe?«

»Ich weiß nicht …«

»Doch, das weißt du, meine Große. Tu, was dein Herz dir sagt. Hab keine Angst! Wenn du das machst, was du wirklich willst, dann bleibst du gesund, weil du dann du selber bist und dich nicht verbiegen lässt.«

»Danke«, sagte oder dachte oder fühlte ich, und am Horizont gab es nur noch ein Fischerboot, das träge in den Wellen schaukelte.

Ich blieb noch eine Weile sitzen, dann rappelte ich mich mühevoll hoch und bemerkte erst jetzt, dass meine Beine eingeschlafen waren. Mein Po war wie durchbohrt von spitzen Riffsteinen. Behutsam tastete ich mich an den glitschigen Felsen entlang; wie schlafende Riesenschildkröten lagen die schwarzen Steinriesen im Sand. Ich ging auf ein Dutzend Pelikane zu. Manche schliefen auf einem Bein, andere klapperten mit ihren langen Schnäbeln oder gurgelten. Sie flogen nicht weg, obwohl ich ihnen sehr nah kam, und mich erfüllte ein wunderbares Gefühl von Zufriedenheit, von Glück. Ich fühlte mich plötzlich wie reingewaschen und wusste, was ich zu tun hatte. An meinem Lebensende würde ich sagen können, dass ich es zumindest versucht hatte. Ich hatte meine Träume zum Leben erweckt. Und wenn ich unter der Brücke landen sollte, dann wäre das leichter zu ertragen als ein verpaßtes Leben.

Mit jedem Schritt fühlte ich mich erleichterter und klarer. Alles, was ich nun zu tun hatte, stand deutlich vor mir.

Eine Menge Arbeit wartete auf mich. Zuerst die Kamera abholen, die Gebrauchsanweisung studieren, dann ein Auto kaufen oder leihen. Noch einmal ins Caribbean-Reservat fahren, dort filmen, mit dem Häuptling sprechen, ihn einen Vertrag unterschreiben lassen. Clemo interviewen. Schauplätze filmen. Die Küste. Den Rainbow Forest. Besonders schöne Panoramen. Den Flugplatz auf der Insel und mein Hotel. Und dann natürlich Rainstar, vielleicht bei ihm zu Hause oder in seiner Schule. O-Töne von Daniel. Das Flugzeug. Daniels Haus. Vielleicht Bettys Corner House und die Bibliothek. Mit meinen Bildern und dazu noch mit dieser Kamera, die ich hier erworben hatte, würde ich keinen Preis gewinnen können, aber es sollte wohl gelingen, die wichtigsten Eindrücke zu vermitteln.

Dieses Material würde ich nach Deutschland zu Wolfgang schicken, einen Cutter, den ich kannte. Er könnte mir einen Trailer schneiden und dann an die Sender schicken. Dazu musste ich eine Personality-Mappe über mich zusammenstellen. Parallel würde ich am Treatment arbeiten und einen Zeitplan erstellen. Ich musste heraus finden, wie lange es dauern würde, bis Daniel sein Baby flugtüchtig hatte. Wenn ich mich richtig erinnerte, konnten an einem Drehtag mindestens sechs Minuten des Endfilms entstehen – wenn man Glück hatte. Bei einem Spielfilm sprach man von drei bis vier Minuten Film pro Drehtag, als Minimum. Kein Wunder, dass Spielfilme wesentlich teurer waren.

Als ich mit schweren Beinen und knurrendem Magen am Hotel ankam und den roten Pick-up sah, wurde mir heiß und gleichzeitig flau. Ohne Zweifel, das war Sams Wagen. Mein Herz begann zu rasen. Eine Sekunde später stand er schon vor mir. Unwillkürlich fuhr ich mir durch die Haare;

ich sah wahrscheinlich fürchterlich aus, und es ärgerte mich, dass das eine Bedeutung für mich hatte.

»Hey«, sagte er.

Wie konnte er nach einer solchen Nacht so gut aussehen!

Sam räusperte sich. »Ich wollte dich fragen, ob du mein Auto haben willst.«

»Was?«, rief ich.

»Ich habe einen größeren Auftrag bekommen. In Barbados. Ich fahre mit meinem Kompagnon. Wir haben die Firma zusammen. Er ist Ingenieur, ich bin Architekt. Wir sind ein gutes Team. Willst du mein Auto?«

»Aber … also … also der Wagen ist doch ganz neu«, stammelte ich.

»Passt zu dir«, lächelte er.

»Aber ich meine …«, ich war platt.

»Hast du keinen Führerschein?« Sam zog eine Augenbraue hoch. Umwerfend sah das aus.

»Natürlich habe ich einen Führerschein. Ich bin hier auch schon gefahren. Ich komme gut mit dem Linksverkehr zurecht.«

»Na dann.«

»Aber ich meine …«

»Du brauchst doch ein Auto?«

»Klar brauche ich eins. Wegen Daniel. Und überhaupt.«

»Eben. Deshalb biete ich dir meins an. Papiere sind im Handschuhfach.«

Jetzt endlich konnte ich es glauben. »Wow!«, rief ich.

»Und dann wollte ich dir noch was sagen.«

»Ja?«

Heiser klang seine Stimme auf einmal. Täuschte ich mich? Oder sah ich da tatsächlich einen Anflug von Röte in seinem Gesicht?

Karibische Schmetterlinge im Bauch: Sam fotografiert mich am Hafen.

»Du bist 'ne tolle Frau. Und ich finde es großartig, was du vorhast. Mit Daniel meine ich. Wenn ich einen Film über ihn drehen könnte, hätte ich das schon längst gemacht. Daniel ist eine bedeutende Persönlichkeit.

Lass dir die Geschichten aus seinem Leben erzählen. Ich meine, also ich will sagen, dass ich dich gern unterstütze. Für deinen Film und so. Und auch sonst. Also, du bist wirklich 'ne tolle Frau. Und meine Handynummer liegt bei den Papieren im Handschuhfach.Und …«

Ich wollte mich bedanken, doch Sam legte seine Hand auf meinen Arm.

»Sam…«, sagte ich.

»Es tut mir auch leid, dass ich wegmuss«, begann er zögernd.

»Aber es ist sehr wichtig für mich und…«

»Das verstehe ich!«, rief ich so schnell, dass Sam mich für einen Moment irritiert musterte.

Dann fuhr er fort: »Ich komme wieder. Und es wäre schön, wenn du dann noch da wärst. Und ansonsten … brauchst du noch was? Wovon lebst du eigentlich? Ich weiß viel zu wenig von dir. Brauchst du Geld?«

»Hunderttausend Dollar«, flüsterte ich gerührt.

»Alles im Handschuhfach, Baby«, zwinkerte Sam zurück.

Und dann drückte er mir den Autoschlüssel in die Hand und umarmte mich. Es war ein Abschied, und als ich seinen muskulösen, warmen Körper spürte, fing ich an zu weinen. Ich konnte die Tränen nicht zurückhalten. Sofort wurde Sams Umarmung fester, und so standen wir vor dem Hotel und ich weinte und weinte, es schüttelte mich, und ich konnte überhaupt nicht mehr aufhören. Sam sagte kein Wort, hielt mich nur fest, und wieder roch ich seinen Duft, so würzig und fruchtig, in den ich schon die ganze letzte Nacht gebettet gewesen war.

»Du schaffst das mit deinem Film«, sagte Sam nach einiger Zeit, und dann musste ich erst recht heulen. Ich wollte gar keinen Film mehr drehen, ich wollte, dass Sam mit mir ins Hotel kam, mich festhielt, ich wollte Sam kennenlernen und mit ihm die Insel erkunden, wollte mit ihm im Bett liegen und fernsehen und Früchte essen und schwimmen und immerzu sollte er mich festhalten. Da packte er mich bei den Schultern und schob mich von sich weg. Sein Blick war fest, wie zuvor seine Umarmung. Und sehr liebevoll. Verlegen rieb ich mit den Unterarmen über mein Gesicht. An Sams T-Shirt entdeckte ich viele Flecken. Tränen und Rotz. Sam lächelte und streichelte meine nasse Wange.

»Willst du mit reinkommen?«, schniefte ich.

»Ein anderes Mal«, sagte Sam weich. »Ich glaube, du hast jetzt eine Menge zu tun. Und ich auch. Aber ich komme wieder.«

»Wann?«, fragte ich.

»In zwei Wochen. Ich muss doch nach meinem Auto sehen.«

Ich nickte, so als fände ich das völlig in Ordnung und bemühte mich, mir die Enttäuschung nicht anmerken zu lassen.

»Und nach dir muss ich sehen«, fügte Sam hinzu, »vor allem nach dir.«

Und er küsste mich sanft auf den Mund.

12. Kapitel

Das Telefon für die Overseas-Gespräche im Post Office sah noch immer aus wie beim letzten Mal , als ich von diesem Apparat aus mit meinen Eltern telefoniert hatte. Diesmal wollte ich Frauke anrufen und war sicher, ihre Stimme würde nicht durch den roten Draht schießen wie die meiner Mutter, eher durch den blauen oder grünen. Frauke war meine Vertraute.

Ich war sehr erleichtert, als ich endlich zum Telefon gewunken wurde. Das lange Warten in diesem tropischen Mief machte mich ganz kirre. Ich wählte die Nummer von Frauke, die ich beim WDR kennen gelernt hatte. Schon nach dem dritten Klingeln nahm sie ab. Ihre vertraute Stimme ließ mein Herz hüpfen, und ich fragte mich, warum ich sie nicht längst angerufen hatte.

Es tat so gut, ihre Stimme zu hören.

»Hey! Du! Spinnst du! Wo bist du! Was machst du! Warum meldest du dich nicht!« Frauke holte gar keine Luft.

»Ich konnte nicht. Ich habe so viel zu tun. Und ich bin ja praktisch am anderen Ende der Welt.«

»Viel zu tun«, kicherte Frauke. »Ich weiß schon. Der Schotte aus Afrika.«

Jetzt kicherte ich auch. Tat das gut, Frauke zu hören! Ich sah sie vor mir, ihre rot gefärbten, immer in alle Richtungen stehenden Haare und die wunderschönen grünen Augen. Bei Frauke hatte ich begriffen, dass auch grüne Augen sehr warm blicken können.

»Jetzt hör doch mal auf. Es gibt hier keine Männer«, stellte ich trotzdem richtig.

»Bist du im Kloster?«

»Fast. Ich bin auf einer Insel in der Karibik.«

»Das weiß ich.«

»Woher?«

»Von Sven. Alle wissen das. Ich weiß aber nicht, ob Sven von dem Afrikaner weiß. Ich habe es ihm nicht gesagt. Oder ist es ein Schotte?«

»Frauke! Es gibt keinen Afrikaner und auch keinen Schotten. Ich weiß nicht, wer das erfunden hat. Jedenfalls ist es nett von euch, wenn ihr Sven damit verschont.«

Vielleicht klang ich ein wenig genervt, was nicht an Frauke lag, sondern daran, dass ich aus den Augenwinkeln beobachtete, wie der Nächste in der Schlange hinter mir ungeduldig wurde. Einfühlsam wie immer bemerkte Frauke meinen Stimmungsumschwung, obwohl die Verbindung nicht die beste war.

»Egal, warum du anrufst: Schön, dass du dich meldest. Kann ich dir irgendwie helfen?«

Ich war dankbar für diese klare Überleitung. »Ich habe eine sehr wichtige Frage.«

»Schieß los!«

»Wie ist die Stimmung?«

»Ehrlich gesagt war hier niemand begeistert über deinen Abgang. Kam ein bisschen plötzlich. Das hat mir eine Beleuchterin erzählt, die bei der Bavaria jobbt. Sie hat es wiederum von einem Kameramann und der hat es von einem Kabelträger, der wiederum anscheinend ein Verhältnis mit einer Praktikantin beim WDR hat, die ihrerseits …

»Hör auf!«, rief ich.

»Jedenfalls hat sich dein Anruf bei deinem Chef in München bis nach Köln rumgesprochen.«

Ich wusste nicht, was ich sagen sollte.

»Lara?«, fragte Frauke, »Lara, bist du noch dran?«

»Ja, schon.«

»Ist doch nicht so schlimm! Viele Leute finden das total mutig. Einfach auszusteigen.«

»Echt?«

»Ja, und anscheinend finden dich viele Leute jetzt erst recht interessant.«

»Du meinst, ich hätte sogar noch eine zweite Chance beim WDR?«, witzelte ich.

»Warum nicht?«

»Also ist meine Karriere nicht ruiniert?«, fragte ich mit einem ironischen Unterton.

»Nein, bestimmt nicht. Aber warum willst du das wissen? Kommst du zurück?«

»Ja«, sagte ich. »Nein. Vielleicht. Bald. Aber ganz anders.«

Und dann erzählte ich Frauke alles. Von meiner Flucht, von den Caribbean Indianern, meinem Film, Daniel und Rainstar, der Videokamera, Rainer und dem Schmuck meiner Oma. Ich redete bestimmt zehn Minuten. Als ich fertig war, schwieg Frauke noch eine Weile und dann sagte sie:

»Ich bewundere dich, Lara.«

Ihre Stimme klang sehr ernst. Das machte mich verlegen und stolz.

»Seit Jahren hocke ich hier in Köln und will etwas ganz anderes machen. Du weißt ja, dass ich eigentlich Drehbücher schreiben will. Aber immer wieder schiebe ich es hinaus. Ich habe auch Angst davor, ins kalte Wasser zu springen. Andererseits lässt mir mein Job keine Zeit für meine Kreativität. Du weißt selbst, wie es hier zugeht. Seit Jahren nehme ich mir vor, mir mal eine Auszeit zu gönnen. Ich habe es nicht geschafft. Zu viele Ängste. Zu viel Unsicherheit. Du hast das alles über Bord geworfen. Lara, das ist großartig!«

»Danke«, sagte ich und räusperte mich gerührt.

»Hast du Sven das genauso erklärt wie mir?«, wollte Frauke wissen.

»Ja.«

Frauke zögerte. »Sicher?«

»Wie meinst du das?«

»Ich habe ihn ein paar Mal gesehen. Er macht nicht den Eindruck, dass er verstanden hat, warum du weg bist. Er fühlt sich verlassen. Betrogen.«

»Aber ich habe ihm alles erklärt! Am Telefon. Und geschrieben.«

»Ich weiß nicht, ob das bei ihm angekommen ist«, zweifelte Frauke. »Er hat total abgenommen. Er liebt dich noch genauso wie zuvor. Das ist nicht einfach …«

»Es tut mir so leid«, schluchzte ich. »Aber ich kann nicht anders.«

»Schon gut, Lara. Deshalb hab ich ja auch gefragt, ob du ihm klargemacht hast, dass dein Verhalten nichts mit ihm zu tun hat. Obwohl – ein bisschen hat es wohl schon mit ihm zu tun?«, fragte Frauke.

Sie wusste von den Weizenbrötchen und dem Übungsklavier. Allerdings hatte sie häufig mehr Verständnis für Sven aufgebracht als ich. Ich gab Frauke meine Adresse.

»Versprich mir, dass du die Adresse nicht weitergibst!«

»Kommst du Weihnachten nach Deutschland?«

»Weihnachten«, wiederholte ich. Ein komisches Wort, hier im Post Office auf Dominica. »Vielleicht.«

»Sven würde sich freuen«, lockte Frauke.

»Da wäre ich mir nicht so sicher«, zweifelte ich.

»Doch, er würde sich freuen. Er ist ein ganz toller Mann, Lara.«

»Ja, bestimmt«, sagte ich unsicher. Wieso sagte Frauke das?

»Hast du viel Kontakt zu ihm?«, fragte ich.

»Ich war zweimal mit ihm aus, als er fix und fertig war. Er hat mich angerufen.«

»Das ist lieb von dir«, bedankte ich mich. »Aber bitte sag ihm nicht, dass ich dich angerufen habe.«

»Großes Indianerehrenwort«, versprach Frauke.

Als ich am Schalter rund vierundsechzig Euro für das Telefonat bezahlte, bereute ich die Ausgabe kein bisschen. Diese Investition hatte sich gelohnt. Ich wusste nun, dass die Türen zu Hause für mich nicht geschlossen waren, wie ich es in meinen schlimmsten Träumen befürchtet hatte. Ich hatte mit meinem unüberlegten Verhalten meine Karriere nicht ruiniert, sondern vielleicht sogar angekurbelt.

»Noch ein Telefonat?«, fragte mich der Mann hinter dem Schalter.

Ich überlegte kurz. Meine Eltern. Sven. Noch mal in der Schlange anstellen? Dann schüttelte ich den Kopf.

»Ein anderes Mal«, sagte ich und verabschiedete mich.

13. Kapitel

Sams Pick-up war voll beladen. Kamera, Stativ, Kassetten, Mikrofon, Kabel, Lampen, Schlafsack, Isomatte, dreißig Liter Wasser in Plastikflaschen, eine Pfanne, einen Kochtopf, eine Gasflasche. Der Pick-up sah aus, als würde ich umziehen.

Mindestens zwölf Tontöpfe mit frischen Kräutern standen auf der Ladefläche, daneben eine Arbeitslampe und ein Staubsauger. Auch einen Lebensmittelgroßeinkauf hatte ich getätigt: Reis, Nudeln, Olivenöl, Tomatenmark, Kekse, Tee, Gemüse, außerdem Waschmittel, Putzutensilien, Schrubber, Seifen, Moskitonetz und so weiter. Die mit Abstand teuerste Anschaffung war der Laptop von Apple. Ich hatte ihn auf Martinique bestellt, und er war eingeflogen worden – leider zwei Tage später als versprochen. Und natürlich zu einem völlig überhöhten Preis. Aber es musste sein. Ich hatte mir schließlich erst zwei Paar Schuhe gekauft, Badeschlappen und Turnschuhe.

Vor lauter Besorgungen hatte ich nur wenig Zeit gehabt, mich mit der Kamera vertraut zu machen, einer DV-Panasonic, schon etwas betagt. Das Objektiv schien ausgetauscht worden zu sein und passte nicht richtig. Zuerst hatte mich das beunruhigt, mittlerweile vertraute ich dem Ungetüm. Sieben Kassetten hatte ich bereits verfilmt. Ich war nicht nur im Caribbean-Reservat gewesen und an vielen Orten auf der Insel, die ich für besonders beeindruckend hielt. Einen ganzen Tag lang hatte ich auf dem Flughafen in Canefield verbracht, um landende und startende Flugzeuge zu filmen.

Das war gar nicht so einfach mit einer kleinen Kamera. Und ich hatte nicht viel Gelegenheit, denn täglich gab es

Canefield, der kleinere der beiden Flughäfen auf Dominica.

vielleicht gerade mal ein Dutzend Flugbewegungen auf dem Flughafen. Doch ich wollte unbedingt Flugzeuge filmen, um den Sendern das Thema schmackhaft zu machen.

Ich interviewte Piloten und filmte die Gepäckabfertigung. Ich saß vor einem Maschendrahtzaun und dachte an Rainstar und seine Leidenschaft für Flugzeuge. Vielleicht war er hier auch schon oft gesessen auf Beobachtungsposten am Rand des Flugfeldes. Manchmal fand ich mich so bescheuert, dass ich in heftiges Lachen ausbrach. Was für eine Zeitverschwendung!

Wäre ich noch in meinem alten Job, hätte ich innerhalb einer Stunde die passenden Aufnahmen aus dem Archiv erhalten.

Flugzeuge – kein Problem. Start, Landung, Morgenlicht, Abendlicht – alles, was das Herz begehrt. Hier mußte ich jedes Bild mühsam einfangen. Und einfangen war angesichts des kleinen Suchers der Kamera genau das richtige Wort.

Ich filmte Sonnenaufgänge und Sonnenuntergänge, Fischerboote und den Obstmarkt, besuchte Rainstar in seiner Schule, interviewte ihn im Kreis seiner Kameraden, die ihn alle bewunderten, weil er mit Daniel ein Flugzeug baute und Pilot werden würde. Ich filmte Brian in seinem Eisenwarenladen und ließ ihn erzählen, warum Daniel so ein besonderer Mensch war. Brian sprach eine ganze Kassette voll.

Dann funkte er Daniel an und kündigte meinen Besuch an. »Frag ihn, ob ich eine zeitlang bei ihm wohnen kann«, bat ich Brian.

»Okay.«

Ich bekam die Starterlaubnis.

Nun befand ich mich auf dem Landeanflug. Bei Brian hatte ich Werkzeug und eine knallrote Werkzeugkiste für Daniel gekauft; Brian wusste genau, was Daniel brauchte. Ich entschied mich, noch ein wunderschönes Windspiel zu kaufen, das sich bestimmt hervorragend auf der Veranda machen würde, und hatte acht Flaschen Rotwein im Gepäck, dieselbe Sorte, die Sam damals mitgebracht hatte. Daniel trank zwar keinen Alkohol, doch er machte Ausnahmen. Dann wurde er gern redselig, das hatte Sam mir verraten. Drei, vier Kurven nach dem letzten Tal, dann die holprige Straße entlang, die ins Nichts zu führen schien. Nirwana.

Ich fühlte mich, als würde ich nach Hause kommen. Dort stand es, auf einer freien Wiese inmitten des saftigen Grüns der verschiedensten Dschungelpflanzen: Daniels Haus. Die Garagentore weit offen, davor parkte die Ente. Ich stellte Sams Pick-up daneben. Daniel stakste aus der Garage; er trug ein dunkelgraues, kariertes Hemd, das am Ärmel zerrissen war, eine blaue Arbeitshose, die an seinen dünnen Beinen schlotterte, und schien soeben ein Ölbad genommen zu haben. Auch sein Gesicht zierten schwarze Flecken.

Als er mich erkannte, was eine Weile dauerte, lächelte er mich an. Dann schaute er auf die Ladefläche des Pick-up und stutzte. Er nahm sein schwarzes Käppi ab, fuhr sich mit dem Unterarm über die Stirn, als müsse er eine Halluzination vertreiben, setzte das Käppi wieder auf, stemmte die Hände in die Taille, kam langsam näher.

»Hi Daniel.«

»Well«, sagte er. Sein Blick hing an dem Schrubber, der seitlich aus dem Pick-up ragte. Und dann schaute er mich an.

»Was verdammt noch mal ist das?«

»Ein Schrubber«, erwiderte ich wahrheitsgemäß.

»Wozu?«

»Ein Schrubber ist ein Werkzeug, mit dem man putzen kann«, erläuterte ich.

»Wo willst du putzen?«

»Im Haus«, erwiderte ich knapp. Oje. Das war kein guter Beginn!

»Ich brauche keine Putzfrau. Ich komme gut zurecht.«

Ich schluckte und bemühte mich um einen lockeren Tonfall.

»Klar. Aber ich will doch länger bleiben. Brian hat es dir doch gefunkt, oder?«

»Ja, ja.«

»Und da dachte ich, ich mache es uns ein bisschen gemütlich.«

»Ich finde, es ist gemütlich bei mir.«

»Ja, schon. Aber … also, es könnte noch ein kleines bißchen gemütlicher sein.«

»So, so, gemütlicher«, wiederholte Daniel und umkreiste den Pick-up.

»Ist das nicht Sams Wagen?«, fragte er endlich. »Habt ihr inzwischen geheiratet?«

Ich biss mir auf die Unterlippe und sagte dann mühsam:

»Nein! Sam hat mir den Wagen geliehen, weil …«

»Interessiert mich doch nicht, was ihr da miteinander habt«, blaffte Daniel. »Hast du die Kamera dabei?«

Ich nickte.

Daniel entdeckte das Glockenspiel. »Metall! Das ist gut! Das kann ich brauchen. Der Durchmesser der Röhre könnte passen, wenn ich …«

»Nein!«, rief ich.

»Nein?«, wiederholte er irritiert.

»Das ist ein Geschenk, Daniel.«

»Ein Geschenk?«

»Ja! Für dich!«

Ich zog das Windspiel hervor und reichte es ihm. Schade, dass uns niemand filmte, fuhr es mir durch den Kopf. Wir mussten einen selten schrägen Anblick bieten. Ich in meinem Sommerkleid vor dem verdreckten Daniel, der die Arme ausstreckte, als würde ich ihm einen Säugling hineinlegen.

»Ein Windspiel«, sagte Daniel, räusperte sich, schlug an die Metallröhren, nickte.

»Ich habe noch mehr!«, rief ich. Und dann lud ich aus. Die knallrote Werkzeugkiste, alles, was Brian mir mitgegeben hatte, den Staubsauger, den Wein, die Glühbirnen, die Lebensmittel. Daniel stand bewegungslos da und starrte mich an. Ich stellte alles auf den Boden vor ihn und kam mir immer verrückter vor. Als wäre Daniel ein Heiliger, den ich mit meinen Gaben zu besänftigen versuchte. Daniel rührte sich nicht. Starrte nur auf die Mitbringsel. Endlich bückte er sich nach der Werkzeugkiste, strich darüber. Seine Hand zitterte ein wenig. Oder bildete ich mir das ein? Er fuhr sich über die Augen, als hätte der laue Wind ihm ein Sandkorn hineingeweht. Dann räusperte er sich. »Schade, dass Rainstar nicht da ist.«

»Wann kommt er denn wieder?«

Daniels Stimme klang rau und ungelenk.

»Erst in ein paar Tagen. Er hat Prüfungen. Und danach muss er sich mal wieder bei seiner Familie blicken lassen.«

Daniel wandte sich abrupt ab. Zuckten seine Schultern oder bildete ich mir das ein? Als er sich wieder zu mir drehte, lächelte er.

»Na, dann lass uns mal das Zeug reintragen«, sagte er.

Schweigend ging ich hinter ihm her.

»Kommst du denn zurecht ohne Rainstar?«, fragte ich, um irgendetwas zu sagen.

»Du kannst mir bestimmt auch helfen«, erwiderte Daniel und seine Stimme klang wieder wie immer.

»Hast ja schöne kleine Hände.«

Die nächsten drei Stunden verbrachte ich mit Putzen. Ich kümmerte mich vor allem um die Küche und das Zimmer, in dem ich schlafen wollte. Das Bad war relativ sauber, wie ich verwundert feststellte. Anscheinend hatte Daniel sich auf meinen Besuch vorbereitet. Das freute mich sehr. Daniel allerdings stritt das ab, denn als ich ihn fragte, ob er geputzt hätte, ranzte er:

»Wieso?« »Es sieht anders aus als beim letzten Mal.«

»Einmal im Jahr mache ich hier eine Art Schachtelausräumung. Ich habe nach Fotos gesucht. Da habe ich die Sachen ein bisschen hin und her geschoben. Passt dir das nicht?«

»Doch, doch«, versicherte ich ihm.

»Also eins sag ich dir gleich«, warnte Daniel mich, »ich lasse mich hier nicht rauswerfen!«

»Rauswerfen?«, wiederholte ich irritiert.

»Meine Exfrau hat mich immer rausgeworfen, wenn sie geputzt hat. Ich hätte zwei linke Hände. Ich würde dauernd was kaputt machen beim Putzen. Also, ich habe es ausprobiert und ich habe nichts kaputt gemacht.«

»Seit wann bist du geschieden?«, wollte ich wissen.

»Fast fünfundzwanzig Jahre.«

»Habt ihr noch Kontakt?«

»An unseren Geburtstagen rufen wir uns an und manchmal an Weihnachten.«

»Und wo wohnt deine Exfrau?«

»In der Nähe von Berlin.«

»Und wieso habt ihr …«

»Also, ich geh dann mal wieder in die Garage«, beendete Daniel das Gespräch.

Am frühen Nachmittag versuchte ich den gleichen Salat zuzubereiten, wie Daniel ihn beim letzten Mal serviert hatte. Mit Nüssen, Sprossen, Karotten, Schafskäse und vielen Köstlichkeiten aus Daniels Garten. Während ich putzte, hatte ich sogar eine Kürbissuppe gekocht. Als der Tisch auf der Veranda gedeckt war, lief ich die Treppe hinunter in die Garage.

»Daniel, das Essen ist fertig!«

»Um diese Uhrzeit esse ich nicht.«

»Es ist aber jetzt fertig und wird kalt.«

»Warm esse ich sowieso nicht.«

»Es ist eine Suppe«, sagte ich zunehmend ärgerlich.

»Ich kann ja mal schauen«, brummte Daniel.

Wütend lief ich wieder nach oben. Ein paar Minuten später erschien Daniel. Er stand auf der Veranda, als wäre er hier fremd und schaute verlegen auf den Tisch.

»Hände waschen!«, befahl ich, und ohne Widerrede verschwand er im Bad.

Drei Minuten später wollte er wissen, woher die Töpfe kommen.

»Habe ich mitgebracht.«

»Und der Kocher?«

»Von Brian.«

»Die Gasflasche war doch leer.«

»Habe eine neue besorgt. Auch von Brian.«

»Hättest uns in die Luft sprengen können.«

»Habe bei Brian gefragt, wie ich es machen muss. Linksgewinde.«

»So, so. Da warst du ja ganz schön lange bei Brian.«

Ich schwieg.

»Hast du mit dem auch ein Verhältnis?«

»Ein sehr explosives!«, kicherte ich.

Plötzlich landeten zwei schwarze Vögel auf der Balustrade. Sie sahen aus wie Beos, mit einem gelben Ring um den Hals und schwarzen Schnäbeln.

»Na, ihr«, begrüßte Daniel sie liebevoll und warf ihnen ein paar Nüsse zu, die sie aufpickten. Einer der Vögel hüpfte auf Daniels Schulter und schnäbelte zärtlich an seinem Ohr herum. Daniel lächelte. Wie weich er plötzlich aussah. Ich konnte es kaum fassen.

»Na, haste großen Hunger? Ja, ja, war ja gestern nich' da. Haste mich vermisst, oder? Aber jetzt bleib ich da. Die Woche fahr ich nich' mehr runter, kannst jeden Tag zum Essen kommen. Wo haste denn heute deine Sippe gelassen? Bist ja bloß mit deiner Frau da!«

Daniel steckte sich eine Nuss in den Mund und der schwarze Vogel pflückte sie behutsam von seinen Lippen. Ich traute meinen Augen kaum. Und meinen Ohren sowieso nicht. War das derselbe ruppige Kauz, der mir eben noch ein Verhältnis mit Brian unterstellt hatte? Daniel bemerkte meine Blicke.

»Das ist meine Familie«, stelle er mir die Vögel vor.

»Hi«, sagte ich.

»Hast du auch eine Familie?«, wollte Daniel wissen.

»Meinst du Vögel?«, fragte ich unsicher.

»Nein, Menschen.«

»Ja.« »Und wen?«

»Interessiert dich das wirklich?«

»Sonst würde ich ja nicht fragen.«

»Ich habe meine Eltern. Die sind ganz nett, aber verstehen tun sie mich nicht. Sie finden mich ziemlich verrückt, glaube ich. Mein Vater war Arzt und meine Mutter war früher bei der Swissair und ...«

»Bei der Swissair, der Schweizer Fluggesellschaft!«

»Ja. Sie haben sich im Krankenhaus kennen gelernt – oder am Flughafen.«

»Am Flughafen!«, rief Daniel. Seine türkisfarbenen Augen blitzten.

Ich nickte.

»Ich habe meine Frau auch am Flughafen kennengelernt. Sie war beim Bodenpersonal Fremdsprachenkorrespondentin.«

»Meine Mutter auch!«, rief ich

Wir lachten beide ein bisschen.

»So ein Zufall«, sagte ich.

»Ja«, nickte Daniel. »Es war in München. Ich flog damals für die Bavaria Fluggesellschaft.«

»München! Da kommen meine Eltern her.«

»Tatsächlich?«

»Ja!«, rief ich viel zu begeistert. Ich konnte Daniel nicht einschätzen. Ständig hatte ich das Gefühl, auf einem Pulverfass zu sitzen. Immerhin hatten wir nun zusammen gelacht, doch so richtig entspannt fühlte ich mich nicht.

»Das war eine tolle Zeit in München«, erinnerte Daniel sich.

»Ich war auf vielen Empfängen. Wurde herumgereicht wie ein Star, weil ich so viel erlebt habe. Da habe ich auch Heinz Rühmann kennengelernt. Ich mochte ihn sehr. Brigitte auch. Brigitte ist meine Frau. Wir haben uns angeschaut und dann ist es passiert. Liebe auf den ersten Blick. Schwarze Haare, blaue Augen und deine Figur. Sie erinnert mich überhaupt an dich. Sie ist so schnell. Und sie hat immer geputzt. Brigitte ist auch sehr mutig.«

»Woher willst du wissen, dass ich mutig bin?«, fragte ich.

»Du wagst dich hierher«, sagte Daniel.

Ich nahm einen großen Schluck Wasser. Schon wieder hatte er mich überrascht. Kaum hatte ich ein Bild von ihm, zerschlug er es. Dieser Mensch war ein Rätsel für mich. Ich hielt ihn für unsensibel, und dann las er meine Gedanken. Ich hielt ihn für gefühllos, und dann weinte er über eine rote Werkzeugkiste.

»Brigitte war so lebenstüchtig. Was sie alles gewusst hat. Und ihre Augen. So blau. Ich habe sie sofort zum Mittag essen eingeladen. Alle haben mich beneidet. Sie war wunderschön. Und mit mir ist sie Essen gegangen. Das war mein erstes richtiges Date in Europa. Ich war lange fort gewesen. Und dann haben wir geheiratet. Eineinhalb Jahre später.«

»Wann war das?«

»1964.«

»Und wie lange wart ihr verheiratet?«

»Bis 1974. Aber wir haben auch noch nach der Scheidung zusammen in einer Wohnung gelebt.«

»Warum habt ihr euch dann überhaupt getrennt?«

»Wir waren verschieden.«

»Wie verschieden?«

»Wie wenn du einen Bootsmotor in ein Flugzeug einbauen wolltest. Sie ist nur wegen mir gereist und Ski gefahren und geflogen. Am liebsten war sie daheim und hat gekocht und gebacken und sich um das Haus gekümmert. Sie ist nur wegen mir ausgegangen, mitgekommen. Das geht nicht. Man kann nicht immer nur etwas für den anderen tun. Und deshalb mussten wir uns trennen.«

»Warst du dann traurig?«, fragte ich.

»Ich muss wieder nach meinem Baby sehen«, sagte Daniel, stand auf und verschwand in der Garage.

Nachdenklich räumte ich den Tisch ab. Ein hartes Stück Arbeit lag vor mir. Ich musste diesen Einsiedler zum Reden bringen – sonst konnte ich mein Filmprojekt vergessen. Und vor allem musste ich ihn fragen, ob er überhaupt einverstanden war, die Hauptrolle in meinem Film zu spielen. Das hatte ich ihn beim Essen fragen wollen. Ich hatte es nicht geschafft. Das Gespräch war mir entglitten.

»Sehr schlecht, Lara«, kritisierte ich mich.

Wie nur sollte ich mit diesem unberechenbaren Menschen umgehen? Offensichtlich war er auch noch eifersüchtig, dabei war er ungefähr fünfzig Jahre älter als ich. Da konnte er sich doch keine Hoffnungen machen! Und wenn doch: Wie sollte ich darauf reagieren? Wir schliefen unter einem Dach. Als ich die Küche aufgeräumt hatte, setzte ich mich mit meinem neuen Laptop auf die Veranda und tippte die Informationen ein, die ich beim Essen gesammelt hatte.

Daniels Vater war Pastor, seine Mutter Englischlehrerin. Sie war per Schiff durch die halbe Welt gereist, bis nach Ägypten. Dieses Land hatte sie so sehr beeindruckt, dass sie dem kleinen Daniel einige Brocken Arabisch beibrachte, die er heute noch mit großem Stolz wiedergab, am liebsten nach einem Gläschen Rotwein. Daniel war auch einmal verheiratet gewesen.

Vielleicht würde er sich weigern, vor der Kamera über seine Ehe zu sprechen. Dann musste ich mir das alles merken und notieren und überlegen, wie ich diese Informationen trotzdem im Film unterbringen könnte – wenn sie überhaupt von Bedeutung wären. Jetzt ging es darum, Stoff zu sammeln, so viel Stoff wie möglich. Und Daniels Vertrauen zu gewinnen.

Vielleicht sollte ich aber auch nicht groß fragen, vielleicht sollte ich einfach damit beginnen, ihn zu filmen?

Als ich mit der Kamera in der Werkstatt auftauchte, begrüßte Daniel mich mit einem »Endlich!«.

»Wieso?«

»Ich dachte schon, du hörst gar nicht mehr auf zu putzen. Du bist doch hier, weil du einen Film machen willst, oder?«

»Äh, ja.«

»Dann halt dich mal hier drauf. Das ist wirklich interessant. Siehst du diese Kabel?«

»Ja.«

»Film das mal. Das ist wichtig.«

Ich schaltete die Kamera ein. Nach einer Weile führte Daniel mich zu einem anderen Detail und so fuhr er fort. Ich filmte eine ganze Kassette voller Details, von deren Bedeutung ich keine Ahnung hatte. Daniel war hochzufrieden und ich beschloss, nicht zu fragen, sondern einfach zu tun, was er wollte. Das war für mich auch ein gutes Training. Die Lichtverhältnisse in der Garage waren optimal. Ich würde kein Licht setzen müssen, zum Glück. Mehr als ein Basiswissen hatte ich nicht. Als Daniel mir keine Anweisungen mehr gab, filmte ich einfach, wie er Drähte zusammenlötete, an der Werkbank feilte und hämmerte. Es war schön, ihn zu beobachten.

Er bewegte sich vorsichtig und mit großer Behutsamkeit an den eng aufgestellten Regalen vorbei. In seinen Bewegungen lag eine tiefe Sicherheit, eine Ruhe und eine große Zärtlichkeit, als würde er alles in diesem Raum wertschätzen.

Er wusste genau, was er tun wollte. Kein Zögern, kein zaudern. Souveränität und Klarheit. Er strahlte eine große Freude aus, er leuchtete geradezu. Hier arbeitete ein Mensch an seinem Traum. Das machte ihn jung und schön und leicht und frei – und mich als Zuschauerin auch.

Ich kam mir vor wie in einer Kirche und betrachtete den Priester andächtig. Erst als Daniel mich rief, merkte ich, dass meine Füße eingeschlafen waren. Ich legte die Kamera ab und hinkte zu ihm.

»Kannst du mir mal helfen?«

»Gerne.«

»Halte die Mutter hier mit diesem Schlüssel fest. Ich ziehe von der anderen Seite an. Die Mutter soll sich nicht bewegen.«

Ich hielt den Schraubenschlüssel fest. Manchmal berührte Daniels Hand die meine. Es war ein schönes Gefühl und überhaupt nicht merkwürdig, obwohl an dieser Hand ein Finger fehlte. Es war ein Wunder, dass Daniel überhaupt zurechtkam. Gicht hatte seine Hände verformt, die Finger waren gebogen und bestimmt litt Daniel unter Schmerzen. Doch das merkte man nicht, denn er bewegte die Finger anmutig und geschickt. Wenn er nach einer Schraube griff und sie vorsichtig zwischen zwei Finger klemmte, war das eine liebevolle Geste. Daniel genoss, was er tat. Fünfzig Jahre Altersunterschied schmolzen dahin. Daniel kam mir immer jünger vor, so vital und energiegeladen.

Eine tiefe Zufriedenheit überkam mich, hier neben ihm, mit dem Schraubenschlüssel in der Hand. Daniel zeigte auf die nächste Mutter, und auch hier setzte ich den Ringschlüssel an und hielt fest. Er drehte auf der anderen Seite, und in diesem Moment war alles in einer perfekten Balance. Wir atmeten im selben Rhythmus, wir schauten in eine Richtung, wir arbeiteten an derselben Sache. Ich hätte weinen können; und diesmal war ich es, die diese tiefen Gefühle nicht mehr aushielt.

»Wie bist du auf die Idee gekommen, dir ein Flugzeug zu bauen?«, unterbrach ich unser schweigendes Einverständnis.

»Weil ich eines mit abnehmbaren Flügeln brauche. Wegen der Hurrikans. Nur wenn ich eins mit abnehmbaren Flügeln habe, passt es in die Garage.«

Prüfend musterte ich ihn. War das ein Witz? Daniel lächelte.

»Ich habe in meinem Leben alles erreicht, was ich wollte. Ich war insgesamt fast drei Jahre in der Luft. Habe alle möglichen Flugzeugtypen geflogen und Könige und Prominente rund um den Globus transportiert. Hatte Notlandungen und gefährliche Situationen und habe eine Menge erlebt. Ein letzter Traum blieb mir noch: ein eigenes Flugzeug zu bauen und damit zu fliegen. Das mache ich jetzt. Früher fehlten mir die Möglichkeiten. Meistens hatte ich keine Zeit. Jetzt habe ich die Zeit und den Ort gefunden. Nun verwirkliche ich mir diesen Lebenstraum.«

Ich schluckte. Daniels Worte hatten mich sehr berührt. Ich wollte etwas sagen, da nahm er mir den Schraubenschlüssel ab. »Danke. Jetzt brauche ich dich nicht mehr. Du kannst wieder filmen oder was anderes machen. Ich bin heute nicht so weit gekommen, wie ich wollte. Das Essen hat zu lange gedauert. Morgen muss das schneller gehen.«

Ich fühlte mich wie ein getadelter Hund.

Daniel räusperte sich. »Ich muss mich beeilen, weißt du.«

Tat ihm seine Abfuhr etwa leid?

»Wieso?«, fragte ich.

»Sonst komme ich nicht nach Florida.«

»Florida?« Ich starrte ihn begriffsstutzig an.

»Rainstar und ich wollen beim Sun and Fun Festival in Florida starten. Das ist das zweitgrößte Flugfestival auf der Welt für selbstgebaute Flugzeuge. Rainstar und ich wollen einen Preis gewinnen. Seit vielen Jahren will ich dort mitfliegen. Aber erst jetzt, wo ich Rainstar getroffen habe, konnte ich mit der Arbeit beginnen. Wir haben nicht mehr viel Zeit. Wir haben viele Probleme gehabt.

Teile sind nicht gekommen oder haben nicht gepasst. Es wird knapp.«

»Ich verstehe«, sagte ich langsam.

»Und deshalb muss ich morgen ganz früh anfangen.«

»Wir werden schneller essen«, nickte ich.

»Sehr gut«, lächelte Daniel.

»Wo hast du Rainstar eigentlich kennengelernt?«, wollte ich wissen.

»Sein Modellflugzeug ist an meine Garagentür gedonnert. Erst war ich sauer, dann habe ich es repariert. Dabei sind wir ins Gespräch gekommen. Ich habe ihm ein bisschen von meinem Leben erzählt, er hat mir erzählt, dass er Pilot werden will.«

»Da haben sich ja die zwei Richtigen getroffen.«

»Wir sind seelenverwandt«, sagte Daniel, und ich verstand ihn.

»Wann war das?«

»Vor zwei Jahren. Rainstar hat dann ziemlich viel Ärger bekommen, weil die anderen ihn gesucht haben. Er war mit einem Freund und dessen großem Bruder hier oben. Rainstar ist wiedergekommen. So haben wir begonnen. Wir mussten sehr lange planen. Sam und Brian und viele andere haben uns geholfen. Und nun geht es richtig los. Drei Wochen bevor ich dich kennengelernt habe, konnten wir die ersten Teile zusammensetzen. Die Zeit läuft uns davon. Alles dauert viel länger, als ich angenommen hatte, es kostet viel mehr Geld, als ich geplant hatte, und überall tauchen Probleme auf.«

»Und woher kennst du Sam?«

Daniel schwieg und ich dachte, er würde die Frage ignorieren. Dann sagte er doch etwas. »Habe ihn manchmal bei Brian getroffen. Dann hat er mit mir über Haile Selassie geredet. Und mich besucht. Immer wieder. Besuchen mich nicht so viele hier oben. Sam ist ein ehrlicher Kerl. Er geht seinen Weg.«

»Wie meinst du das?«

Daniel musterte mich prüfend. Es sah aus, als müsste er sich einen Ruck geben, dann sagte er:

»Früher ging es Sam nicht gut. Er kommt aus schlimmen Verhältnissen. Es freut mich, dass der Junge nun seinen eigenen Weg macht. Er hat studiert und ist erfolgreich mit seiner Firma. Sam hat mit seiner Vergangenheit abgeschlossen. Und er besucht mich noch immer, obwohl er wenig Zeit hat.«

»Ah ja«, sagte ich, so als würde mich das überhaupt nicht interessieren.

»Langsam kriege ich Hunger«, stellte Daniel fest.

»Dann kümmere ich mich mal um die Küche«, lächelte ich und ging nach oben.

Nachts saßen wir lange auf der Veranda. Immer wieder mal überlegte ich, ob ich Daniel ein wenig über Sam ausfragen sollte. Was hatte er gemeint mit den schlimmen Verhältnissen und der Vergangenheit? Ich entschied mich dagegen. Sam und Daniel, das waren zwei völlig verschiedene Filme. Und außerdem konnte ich das alles Sam selbst fragen.

Daniel schimpfte nicht mehr über die Blumentöpfe mit den Kräutern, er fand sogar, dass sie sich gut machten. Er mochte auch die Suppe und aß sogar ein Stück Fladenbrot. Und dann fragte ich ihn endlich. Hundert Mal hatte ich ihn fragen wollen und hundert Mal war etwas dazwischengekommen. Die Vögel und ein Windstoß, ein Hustenanfall oder ein anderes Thema.

»Daniel«, fragte ich und kam mir vor wie bei einem Heiratsantrag.

Ich hatte feuchte Hände und mein Herz begann, schneller zu schlagen. Immerhin war Daniels Zustimmung die Voraussetzung dafür, dass ich mir meinen Traum erfüllen konnte.

»Bist du damit einverstanden, dass ich einen Film über dich und dein Leben drehe?«

Kurzes Schweigen.

»Über mich?«, rief Daniel.

»Über dich und dein Baby«, bestätigte ich.

Es gelang Daniel nicht, seine Freude zu verbergen.

»Wie geht das?«, fragte er.

»Nun, ich werde dich filmen bei der Arbeit und im Haus. Am besten, du beachtest mich gar nicht. Es soll ein Dokumentarfilm über dich und dein Leben werden. Du erzählst aus deinem Leben und …«

»Rainstar?«

»Kommt auch vor.«

»Das ist wichtig! Wegen seiner Oma!«

»Ich weiß«, lächelte ich. »Doch du bist die Hauptperson des Films.«

»Und mein Baby.«

»Und dein Baby«, nickte ich.

14. Kapitel

Die folgenden Tage verliefen fast alle gleich. Daniel stand jeden Morgen sehr früh auf, manchmal sogar schon um fünf. Ich schlief tief und fest, meistens bis sechs, halb sieben. Wenn ich dann aufstand, sah ich Daniel noch lange nicht, denn er nahm sich Zeit, um zu meditieren und Yoga zu machen. Wir frühstückten zusammen. Nur Früchte. Daniel trank nichts dazu, er trank überhaupt sehr wenig, ich stellte trotzdem jeden Morgen eine Tasse Tee für ihn auf den Tisch. Nach dem Frühstück, bei dem wenig gesprochen wurde, weil Daniel in Gedanken schon bei seinem Baby und den anstehenden Arbeiten war, ging er sofort in die Garage.

Unsere Vertrautheit wuchs, besonders, wenn wir zusammen schwiegen.

Wenn ich die Küche aufgeräumt hatte, setzte ich mich auf die Veranda an mein Treatment. Ich war glücklich inmitten dieser wunderschönen Landschaft und lauschte den Grillen und Vögeln, dem sanften Rauschen des Windes – und dem Hämmern und Bohren aus der Garage. Die Ideen sprudelten nur so aus mir heraus. Daniels Haus war ein Ort der Inspiration für mich. Eines morgens kam sogar einer von Daniels Vögeln zu mir, blieb lange auf der Balustrade sitzen, wo er mich mit schräg geneigtem Kopf interessiert – oder amüsiert – beobachtete.

»Na du«, begrüßte ich ihn, und er zwinkerte mir zu.

»Das hättest du wohl nicht gedacht, dass ich mich hier so wohl fühle, oder? Ehrlich gesagt hätte ich es auch nicht geglaubt, aber die Wahrheit ist, dass es mir schon lange nicht mehr so gut gegangen ist wie hier.«

»Du redest mit Vögeln?«

Ertappt fuhr ich herum. Ich hatte Daniel nicht kommen hören. Hitze stieg in mein Gesicht. Noch ehe ich etwas sagen konnte, war Daniel schon wieder verschwunden. Diese Begegnung brachte mich ein wenig durcheinander, und ich beschloss, einen Spaziergang zu machen und meine Gedanken schweifen zu lassen. Manche meiner Ideen für den Film hatte ich auch in Zeichnungen festgehalten.

Ich würde voller guter Einfälle nach Deutschland zurückkehren und sicher würde es mir gelingen, Geldgeber zu finden. Ich konnte mir nicht vorstellen, dass jemand nicht begeistert von Daniel und meinem Film sein könnte.

In Deutschland lag nun bestimmt Schnee, und bald schon würde ich mit Mütze und Handschuhen durch deutsche Straßen laufen. Am liebsten wäre ich Weihnachten zu Hause – oder spätestens Silvester.

Wie Sven wohl schauen würde, wenn ich am 24. Dezember klingelte? Ich würde klingeln, nicht aufsperren. Ich hatte nicht mal mehr einen Wohnungsschlüssel, der war irgendwo verlorengegangen. Wenn Sven nicht da wäre, würde ich zu meinen Eltern fahren. Mit dem Zug von Köln nach München.

Autoschlüssel hatte ich auch keinen mehr. Der lag in der Wohnung. Wenn dort noch alles am selben Platz war … Und wenn Sven bei meinen Eltern feierte? Wo sollte er sonst sein? Meine Mutter und er waren ein Herz und eine Seele.

An den Feiertagen könnten sie sich gemeinsam über die mißratene Tochter und Gattin beklagen – die dann plötzlich vor der Tür stünde. In Badeschlappen. Eine lustige Vorstellung! Wenn ich Dominica demnächst verließ, durchfuhr es mich plötzlich, konnte ich vielleicht wirklich an Weihnachten zu Hause sein. Bestimmt würde ich

Sven sehr gefallen. Seit Jahren hatte ich nicht mehr so gut ausgesehen wie jetzt; meine Augen glänzten, meine Haut leuchtete fast so schön wie die von Clemo und Sam, und ich sah richtig erholt aus, obwohl ich wenig schlief und viel arbeitete. Vielleicht lag das auch an der guten Ernährung. Und am festen Tagesrhythmus. So etwas tat mir gut, mochte es nun deutsch oder spießig sein, ich brauchte eine feste Zeiteinteilung. Und ich konnte mich auf meine Arbeit konzentrieren, niemand störte mich hier.

Eher störte ich Daniel, wenn ich ihn zu einem Interview bat oder ihm eine Geschichte aus der Nase zog. Anfangs erzählte er widerwillig, weil er keine Zeit hatte. Rainstar war nicht da, also musste Daniel für zwei arbeiten. Und das tat er auch. Bis auf mich hielt ihn niemand von der Arbeit ab. Nur ein einziges Mal war ein Nachbar vorbeigekommen, Desmond, und hatte ein paar Kokosnüsse gebracht. Desmond wollte es sich auf der Veranda gemütlich machen, doch Daniel wollte seine kostbare Zeit nicht mit ihm verbringen. Das war nicht unhöflich. Ich begann Daniel zu begreifen. Er wollte seinen Traum verwirklichen und hatte dafür genauso wenig Zeit wie ich. Deshalb wirkte er manchmal unhöflich. Er arbeitete ohne Rücksicht von sieben Uhr morgens bis sieben Uhr abends. Das war auch ein Problem für mich – obwohl ich ihn verstand. Daniel hatte zu wenig Zeit für die Interviews, deshalb war es nicht sicher, ob ich Weihnachten in Deutschland verbringen könnte. Nur mittags nahm Daniel sich eine Stunden Zeit – und natürlich auch noch abends. Aber da war das Licht nicht gut, und ich war schon ein bisschen müde. Außerdem tranken wir abends gern ein bis zwei Gläschen Wein, und das vertrug sich nicht mit konsequenter Arbeit. Wenn mein Team eintraf, würde ich keine Zeit mehr für solche Abende haben.

Nachmittags filmte ich Daniel in der Werkstatt. Als er ein Dutzend alter Kompasse, die ihm Brian besorgt hatte, auseinanderbaute, tat es mir fast körperlich weh, dass mein Filmteam noch nicht hier war. Was für tolle Aufnahmen gingen mir verloren!

Da Daniel wenig Geld hatte, versuchte er sich mit Schrottteilen zu helfen. Aus diesem Grund lag auch das Flugzeug im Garten. Daniel schlachtete es aus. Vor ein paar Jahren war die Maschine auf der Insel notgelandet. Daniel hatte sie für einen Spottpreis ergattert und zu sich nach Hause geschafft. Sie sah nicht glücklich aus, dort hinter dem Haus unter den Palmen. Ihr Name war Bonanza, das immerhin wusste ich schon. Und ihr Herz, also ihr Motor, war sehr kräftig – genau das, was Daniels Baby brauchte.

Aus den Teilen der alten Kompasse, die Daniel zerlegte, wollte er sich ein Armaturenbrett zusammenstellen. Immer wieder schaute er mal hoch und lachte in die Kamera, ein Leuchten im Gesicht, aber die Amateurkamera konnte diese wunderbaren Szenen nicht so einfangen, wie ich es mir vorstellte.

Hoffentlich waren all diese Momente wiederholbar. Hoffentlich würden sie später, wenn ich mit meinem Filmteam arbeitete, nicht gestellt wirken!

Zum Glück war Daniel im Moment noch mit Vorarbeiten beschäftigt. Erst im Frühling würde er damit beginnen, das Flugzeug wirklich zusammenzubauen. Das musste ich meinen Geldgebern in Deutschland klarmachen; Daniel würde nicht auf mich warten. Er würde unter Hochdruck weiterarbeiten. Wenn ich das dokumentieren wollte, hatte ich mich seinem Tempo anzupassen.

Am Sonntagnachmittag schaffte ich es, Daniel auf die Veranda zu locken. Fünfmal hatte ich ihn schon gebeten, etwas

Ordentliches anzuziehen, nicht immer sein kariertes oder schwarzes Hemd. Kariert und schwarz flimmerten im Bild.

»Bitte nichts Schwarzes oder Kariertes oder Weißes«, das war der Standardsatz für Studiogäste beim Fernsehen.

»Ich bin doch kein Fotomodell«, wehrte Daniel ab und setzte seinen Strohhut auf.

»Hey, der sieht gut aus!«

»Findest du?«

»Ja, sicher. Jetzt bitte zieh doch noch ein anderes Hemd an.«

»Hab nichts.«

»Das glaube ich nicht!«

»Doch!«, behauptete Daniel, stand auf, nahm mich bei der Hand und führte mich in sein Schlafzimmer. Dort war ich nur einmal gewesen, als er mir das Kleid seiner Exfrau schenkte. Daniel öffnete die Schranktür. Das sah wirklich nicht gut aus. Es gab drei blaukarierte und drei schwarzkarierte Hemden. Und … »Was ist denn das?«

»Mein Lieblingshemd.«

»Das gefällt mir. Zieh es doch mal an.«

»Doch nicht am Nachmittag!«

»Aber warum denn nicht?«

»Ich muss jetzt wieder in die Garage.«

»Ziehst du es heute Abend an?«, fragte ich.

»Wenn du das Kleid von Brigitte anziehst!«

»Was hat denn das damit zu tun.«

»Wieso soll bloß ich mich ausstaffieren.«

»Aber ich filme dich doch.« »Na und.«

»Okay, okay«, sagte ich.

»Und sag jetzt nicht, du hättest das Kleid nicht dabei, ich habe es bei deinen Sachen gesehen!«

Und so saßen wir uns am Abend gegenüber, ich in Brigittes Minikleid mit Blümchen und Rüschen, Daniel in seinem blauweiß-roten Ethnohemd mit V-Ausschnitt und Strohhut. Die dunkelblaue Arbeitshose mit den Ölflecken hatte er anbehalten, aber die sah man ja nicht, ich filmte ihn am Tisch sitzend. Jung wirkte Daniel mit diesem Strohhut und ich hoffte, die Kamera würde das transportieren. Ich hatte nur eine Handlampe, noch schlechter als eine Jani-Beam, die man für kleine Drehs wie auch bei Dokumentarfilmen zum Lichtsetzen verwendete. Das hatte mir mal ein Filmemacher erklärt.

»Erzähl mir mal, wo du dieses Hemd gekauft hast«, begann ich das Interview in der Hoffnung, so auf eine Geschichte zu stoßen.

»Es ist doch ganz praktisch, dass du hier bist. Die Wäscheberge werden kleiner.« Ein Lächeln huschte über sein Gesicht.

Ich stoppte die Aufnahme.

»Ich meine, ich würde das Hemd hier ja gar nicht anziehen.«

»Was hat das mit deiner Wäsche zu tun?«

»Du hast doch einmal gewaschen, oder?«

»Ja«, nickte ich ertappt. Ich hatte tatsächlich vorgestern die Waschmaschine dreimal laufen lassen.

Daniel lehnte sich zurück. Zufrieden sah er aus. »Es ist wirklich sehr gemütlich mit dir«, lobte er mich. »Auch deine Salate schmecken gut und hin und wieder ein Gläschen Wein am Abend, daran könnte ich mich direkt gewöhnen. Es ist auch sehr sauber hier. Kurzum: Vielleicht fehlt mir doch eine Frau?«

Ich fuhr hoch: »Was?«

»Ja«, erwiderte Daniel friedlich. Wahrscheinlich merkte er gar nicht, dass seine Worte nicht nur als Kompliment, sondern auch als Beleidigung aufgefasst werden konnten.

»Wenn man Leid teilt, ist es halbes Leid, und wenn man Glück teilt, verdoppelt sich das Glück. Deshalb wäre es schön, wenn ich eine Frau hätte, die mit mir leben würde. So eine wie du.«

»Äh ja«, stotterte ich. Dann fiel mir eine elegante Überleitung ein. »Erzähl noch mal von Leila«, forderte ich Daniel auf. »Sie war doch deine große Liebe, oder?«

Leilas Name war schon einige Male gefallen, und wie jedes Mal lächelte Daniel. »Oh ja! Leila war eine wunderschöne Frau mit grünen Augen, schwarzen Haaren und einer tollen Figur.«

»Hatte Sie auch einen Charakter?« Diese Frage konnte ich mir nicht verkneifen.

»Oh ja«, beteuerte Daniel. »Vor allem hat sie keine blöden Fragen gestellt.«

»Wie bitte?«, rief ich. Dann entdeckte ich den Schalk in Daniels Augen und wir lachten einfach los, obwohl wir noch keinen Tropfen Rotwein getrunken hatten. Es gab keinen Ort auf der Welt, an dem ich in diesem Augenblick lieber gewesen wäre als hier mit Daniel im Dschungel.

Als wir uns wieder beruhigt hatten, führte Daniel seine Gedanken aus. »Wenn eine Frau da wäre – also mal rein theoretisch. Da hätte ich keine Zeit mehr für mein Baby. Ich müsste doch dauernd putzen!«

»So ein Quatsch!«, widersprach ich.

»Na gut, dann muss ich eben nicht putzen, sondern was anderes machen. So ist es doch immer, wenn man eine Beziehung hat. Wenn jemand so wie ich seine Träume leben will, dann muss er alleine sein. Das ist der Preis, den ich dafür zahle.«

»Glaubst du das wirklich?«

»Ja, das meine ich ernst. Und ich weiß genau, wovon ich spreche. Immer wieder hat es Zeiten in meinem Leben gegeben, in denen ich Großes erreicht hatte und vielleicht sogar noch einen Schritt weitergehen wollte. Das gelang mir aber nur, wenn ich alleine war. Sobald ich eine Frau an meiner Seite hatte, bremste sie mich. Und das Schlimme war, dass ich es gar nicht merkte. Ich ließ mich bremsen. Wenn ich es dann merkte, war es zu spät, ich war schon völlig frustriert. Glaub mir: Wenn du deine Träume verwirklichen willst, dann musst du alleine sein, weil du keine Rücksicht nehmen kannst. In einer Beziehung mußt du Rücksicht nehmen. Das ist nun mal so, und das ist auch gut so. Aber man muss sich eben entscheiden, und ich habe mich entschieden.«

»Ich glaube, das siehst du zu starr«, widersprach ich, ohne wirklich überzeugt zu sein. Ich wollte nicht, dass Daniel recht hatte. Ein Leben ohne Sven?

»Ich kann natürlich nur von meiner Erfahrung sprechen, aber ich weiß, dass ich kein Einzelfall bin. Ich habe mich oft genug mit anderen unterhalten«, plauderte Daniel ungewöhnlich offen. »Ohne Partnerin konnte ich tun, was ich wollte. Ich habe Krokodile gejagt, bin um die Welt geflogen, war in Goldminen, konnte essen, was ich wollte, schlafen wann ich wollte, auch mal einen über den Durst trinken. Oder mit Freunden spontan zum Socken kaufen fliegen. Ich konnte tun, worauf ich Lust hatte. Weil ich niemandem Rechenschaft ablegen musste. Ich war frei. Musste nicht Bescheid sagen, wann ich komme, warum ich nicht komme, warum ich zu spät komme, musste nicht schreiben, konnte einfach tun, was ich wollte.«

»So wie jetzt.«

»Ja, ja. So wie jetzt.«

»Also ist doch alles gut für dich.«

»Ja, ja. Es ist nur … wo du jetzt da bist … Ich meine, da denke ich manchmal darüber nach, wie das wäre, wenn eine Frau hier wäre. Für länger.«

»Dann würdest du bestimmt nicht rechzeitig mit deinem Baby fertig werden«, erinnerte ich ihn.

Das Thema behagte mir nicht. Besonders nicht, weil ich in Brigittes Kleid steckte. Es hatte schon öfter Momente gegeben, in denen Daniel und ich wie ein altes Ehepaar wirkten.

Daniel nickte. »Ja. Deshalb hab ich mich entschieden. Keine Rücksicht mehr zu nehmen. Und mich nicht mehr ablenken zu lassen. Das mit Brigitte zum Beispiel. Meiner Frau. Ich fühlte mich vereinnahmt. Ich flog nur noch die Touren zwischen europäischen Städten. Nicht mehr richtig weit weg. Für Brigitte halt, damit wir uns sehen konnten. Ich will mich nicht beschweren. Wir hatten ein schönes Haus, ich habe ja sehr gut verdient. Nach außen hin, da war alles in Ordnung. Doch ich kam mir vor wie ein eingesperrter Vogel. Ich flog zwar jeden Tag ein bisschen herum, doch das war wie auf Gleisen. Als würde ich in einem Zug sitzen. Nicht in einem Flugzeug.«

Ich schluckte. »Oder in einer Straßenbahn«, warf ich ein.

»Ja, von mir aus auch in einer Straßenbahn. Ich war kein Pilot mehr, ich war wie ein Beamter. Meine Kreativität, wie weggeblasen. Ich hab nur noch funktioniert. Also bin ich ausgebrochen.«

»Wie?«, fragte ich, und mein Herz pochte.

»Wir haben uns getrennt.«

»Aber es muss doch auch anders gehen!«, rief ich.

Daniel musterte mich erstaunt. Er schüttelte den Kopf.

»Glaub ich nicht. Man muss sich entscheiden.«

Ich schwieg.

»Wolltest du mich nicht interviewen?«, fragte Daniel nach einer Weile.

»Heute nicht mehr«, sagte ich kurz angebunden. »Ich bin ziemlich müde.«

Daniel widersprach nicht, sondern wünschte mir höflich gute Nacht, als ich kurz darauf in mein Zimmer ging.

Er schaute besorgt. Ich ärgerte mich über mich selbst. An Schlaf war nicht zu denken. Ich hätte den Abend in die Hand nehmen sollen. Ich hätte Daniel leiten müssen; ich war schließlich die Regisseurin des Films über sein Leben, nicht irgendeine flüchtige Bekannte, vor der er sein mißglücktes Beziehungsleben ausbreiten sollte. Ich wollte das alles gar nicht hören. Was wusste dieser Einsiedler schon von Beziehungen!

Natürlich war es möglich, sich selbst zu verwirklichen UND in einer Beziehung zu leben. Es musste einfach möglich sein. Und wenn es mit Sven nicht funktionierte, dann würde ich einen anderen Mann finden, irgendwann. Bis dahin konnte ich auch alleine sein.

»Aber genau das ist es doch, was Daniel meint«, sagte eine Stimme in mir, die ich nicht hören wollte.

Und Sam? Der gehörte auch irgendwie hierher. Und irgendwie nicht. Sam hatte mich nicht blockiert, er hatte mir geholfen, zum Beispiel mit seinem Auto. Und auch damit, dass er mich in Ruhe ließ. Bei dem Gedanken an ihn bekam ich Gänsehaut.

»Hey Sam«, flüsterte ich in die Dunkelheit.

»Es wäre schön, in deinen Armen zu liegen. Jetzt.«

15. Kapitel

Am nächsten Morgen tauchte Daniel früher auf als gewöhnlich. Ich war gerade dabei den Tisch zu decken. Kaum hatten wir Platz genommen, fragte er mich:

»Und du? Wovor bist du weggelaufen?«

Fast fiel mir der Löffel aus der Hand, so sehr überraschte mich seine Frage. Und das auch noch zu dieser Uhrzeit; morgens war Daniel normalerweise wortkarg.

»Ich bin nicht weggelaufen«, erwiderte ich.

»Und wieso tauchst du dann hier einfach auf. Bist du vom Himmel gefallen?«

Ich zuckte mit den Schultern.

»Niemand geht einfach so in die Einöde, wenn er nicht einen triftigen Grund hat. Außer man geht in Rente.«

»Ist das ein Verhör oder was?«, fragte ich. Ich wollte dieses Gespräch nicht. Ich war die Regisseurin. Ich würde fragen, nicht antworten. Und außerdem war es noch viel zu früh für solche Gespräche. Dies war ein Abendthema, keines fürs Frühstück. Und selbst am Abend hätte ich überlegen müssen, ob ich Daniel meine Geschichte erzählen wollte.

In seinem Blick las ich Mitgefühl und Wärme. Ich nahm einen Schluck Tee, räusperte mich.

»Weiß nicht, ob dich das wirklich interessiert«, sagte ich, und meine Stimme klang ein bisschen rau.

Ich redete schon wie Daniel.

Er hatte auch die Angewohnheit, das »Ich« zu verschlucken, sobald es persönlich wurde. Hatte eine knappe Woche gereicht, mich zur kauzigen Zweisiedlerin werden zu lassen?

»Interessiert mich«, lud Daniel mich ein zu erzählen.

»Ist 'ne lange Geschichte«, sagte ich.

»Glaube ich«, nickte Daniel. »Solche Geschichten sind meistens lang.«

»Um es kurz zu machen«, sagte ich. »Ich habe mich so ähnlich gefühlt, wie du es gestern Abend erzählt hast.«

»Blockiert?«

»Wie im goldenen Käfig.«

»Also golden war meiner nicht«, korrigierte Daniel. »Aber ich bin ja auch keine schöne Frau.«

Obwohl mir nicht danach zumute war, musste ich lächeln.

»Ich verstehe dich schon«, fügte Daniel hinzu.

»Ich habe einen Mann zu Hause«, begann ich. »Er heißt Sven.«

»Sam?«

»Nein, Sven«, schmunzelte ich. Meine erste Begegnung mit Sam fiel mir ein, da hatte ich die beiden Namen auch verwechselt.

»Lange nicht mehr einen solchen Namen gehört«, sinnierte Daniel. »Woher kommt er? Klingt skandinavisch.«

»Er ist Deutscher.«

»Wieso bist du allein hier? Wenn du meine Frau wärest: Ich würde dich nicht weglassen.«

»Er hat mich nicht so richtig weggelassen. Ich bin selber gegangen.«

»Anderer Kerl?«, fragte Daniel knapp.

»Quatsch! Ich bin von zu Hause weg, weil es um meine Freiheit ging.«

»Du wolltest raus aus dem goldenen Käfig.«

»Ja. Aber der Käfig war auch mein Job. Ich habe immer nur gearbeitet. Beim Privatfernsehen als Moderatorin gejobbt, auch im Radio moderiert, Interviews gemacht, neue Fernsehsendungen entworfen, delegiert und jede Menge Prominente und weniger prominente Leute gekannt.«

»Klingt interessant.«

»War es auch. Meistens.«

Daniel grinste.

»Und es ist ein Beruf, der in der Öffentlichkeit hohes Ansehen genießt, wie man so schön sagt.«

»Wie der eines Piloten«, erwiderte ich.

Daniel nickte.

»Ich habe auch viele Politiker geflogen.«

»Doch das alles wurde immer mehr zu einem Alptraum für mich. Ach, ich will gar nicht darüber nachdenken, sonst wird mir nur schlecht. Jetzt bin ich hier, und hier geht es mir richtig gut.«

Plötzlich lag eine warme Hand auf meiner. Das hatte Daniel noch nie gemacht. Kurz zuckte ich, dann ließ ich die Hand liegen. Sie tat mir gut.

»Kannst nicht davonlaufen«, sagte Daniel leise. »Glaub mir, das geht nicht. Je weiter du wegrennst, desto schneller holt es dich ein. Es wird immer größer. Das weiß ich aus eigener Erfahrung. Bin ja ein kleines Stück älter als du. Und ich war verdammt gut, wenn es ums Abhauen ging. Trotzdem habe ich es nicht geschafft.«

»Ja, und was soll ich deiner Meinung nach tun?«, rief ich und hörte die Tränen in meiner Stimme.

Bloß nicht heulen! Nicht vor Daniel. Ich war die Regisseurin. Ich musste die Kontrolle behalten!

»Du musst gar nichts tun. Du musst dir nur im Klaren darüber sein, dass diese Art von Flucht nicht klappt. Du musst in deinem Leben aufräumen.«

»Aufräumen, das sagst gerade du!«

»Ja. Und ich weiß sehr genau, wovon ich spreche, denn ich habe es lernen müssen und das war verdammt schwer.«

Fast achtzig Jahre alt und ein Seelenverwandter: Daniel, mein väterlicher Freund.

»Also muss ich nach Deutschland fliegen?«

»Ja. Aber du musst ja nicht da bleiben. Du solltest nur aufräumen. Denn wenn du geflohen bist, hast du wahrscheinlich ein wenig Unordnung zurückgelassen. Was ist mit deinem Mann?«

»Er liebt mich noch. Das glaube ich zumindest.«

»Und du?«

Ich schwieg.

»Und du?«, fragte Daniel erneut. Was war denn heute mit ihm los?

»Also wenn ich ganz ehrlich bin«, begann ich zögernd. »Also, ich mag ihn schon sehr gern. Vielleicht liebe ich ihn auch. Aber ich habe Angst, dass Sven mir wieder so viel Energie wegnimmt. Genauso wie du es gestern von Brigitte erzählt hast. Sie hat dich doch auch daran gehindert, deine Träume zu verwirklichen …«

Daniel hob die Hand, als wäre er ein Verkehrspolizist.

»Ich habe ihr erlaubt, mich zu blockieren«, korrigierte er.

»Wo ist da der Unterschied?«

»Der Unterschied ist entscheidend: Machst du dich zum Opfer oder nimmst du dein Leben selbst in die Hand? Machst du andere für dein Glück verantwortlich, oder bist du selbst dafür zuständig?«

»Aber Sven hat mich wirklich blockiert!«

»Man kann niemanden blockieren, der sich nicht auch ein kleines Stück blockieren lässt, wenigstens in diesem Zusam- menhang. Etwas anderes wäre es, wenn ich eine Metallstange in einen Motor schiebe und …«

»Du meinst also, ich bin selbst daran schuld?«

»Schuld, das ist ein großes Wort. Das Leben ist einfach so. Nenne es doch einfach Verantwortung.«

Ich starrte Daniel mit offenem Mund an.

»Glaube nicht, dass ich all das, was ich jetzt so klug von mir gebe, auch in die Praxis umsetze«, versicherte er mir. »Früher war ich unfähig. Heute geht es etwas besser. Jedenfalls bin ich überzeugt davon, dass man nicht weglaufen kann. Ich will nur, dass du einen guten Film machst. Einen freien Film. Lass deine Zukunft einfach kommen. «

»Daniel, du bist ja ein Philosoph!«

Daniel lächelte verlegen.

»Du meinst, ich soll meinen Mann anrufen und dann nach Deutschland fliegen und dort aufräumen?«

»Ich dachte eigentlich, du bleibst über Weihnachten hier. Wir könnten es uns richtig gemütlich machen.«

»Und ich dachte, ich bin über Weihnachten zu Hause und komme danach wieder«, erklärte ich.

»Du kommst wieder?«, fragte Daniel das, was für ihn vielleicht am wichtigsten war.

»Ich werde dir noch richtig auf die Nerven gehen«, drohte ich ihm und spürte eine klitzekleine Angst, Daniel zu enttäuschen, die hoffentlich nicht wachsen würde. Ich hatte mir Großes vorgenommen. War ich wirklich erwachsen genug dafür?

»Darauf freue ich mich«, sagte Daniel mit einem Charme, den ich so noch nie bei ihm entdeckt hatte.

16. Kapitel

Im einzigen Reisebüro von Roseau erfuhr ich, dass es zweimal in der Woche Flüge von Martinique nach Deutschland gab und meine Chancen sehr gut standen, da die meisten Leute derzeit in die Karibik kamen und nicht aus der Karibik wegflogen. Ich würde mit ziemlicher Sicherheit einen Sitzplatz bekommen.

»Wie sieht es denn mit dem Flug morgen aus?«, fragte ich den Chef des Reisebüros, der mich bediente.

»Noch vier Plätze«, antwortete er.

»Bis wann müsste ich Bescheid geben, ob ich einen davon möchte?«, fragte ich.

»Theoretisch können Sie das am Flughafen klarmachen oder das Ticket hier bei uns kaufen. Bis acht Uhr sind wir heute da.«

»Ich überlege es mir«, sagte ich.

Als ich wieder auf der Straße stand, kam es mir vor, als wäre ich mit einem Fuß schon in Deutschland. Wie nah mir die Heimat plötzlich rückte. Gestern noch erschien sie Welten entfernt und nun war der Abstand zusammengeschrumpft. Ich würde ihn noch verkleinern, indem ich im Hotel auscheckte. Das Zimmer weiterhin zu behalten, wäre pure Geldverschwendung gewesen, denn ich fühlte mich ja sehr wohl bei Daniel.

An der Rezeption stieß ich fast mit Brian zusammen, der ein Metallrohr unter dem Arm trug.

»Da bist du ja«, begrüßte er mich mit einem Überschwang, der in keinem Verhältnis zu unserer Bekanntschaft stand.

»Daniel hat mich angefunkt. Ich soll dir das geben.« Er schwenkte das Metallrohr durch die Luft. Wie ein Flötist sah er aus, der seinem Publikum winkt. Dann lachte er und drückte mir die Hand.

»Wie geht es dir denn so da oben?«

Die Ohren des Mannes an der Rezeption wuchsen in Sekundenschnelle auf Elefantengröße an.

»Sehr gut.«

»Tja, wer hätte das gedacht«, lachte Brian. »Wenn du willst, kann ich dir einen Grill bringen. Und bei Littlejohn ist vorhin geschlachtet worden. Ich meine, bei Daniel gibt es nur Früchte. Du musst halb verhungert sein! Das nächste Steak wird dir wirklich gut schmecken.«

Wahrscheinlich war er selbst leidenschaftlicher Fleischesser. Ich kniff ihn in den Arm. »Keine Sorge, Brian. Ich verhungere nicht. Ich teile Daniels Essensgewohnheiten sogar recht gern. Es tut mir gut.«

»Ich dachte – weil du doch Deutsche bist.«

»Ja?«

»Esst ihr nicht sehr viel Fleisch?«

»Keine Ahnung, wie das statistisch aussieht.«

»Kommst du auch aus Berlin?«

»Wieso auch?«

»Na, Daniels Sohn wohnt doch dort.«

»Daniels Sohn?«

Brian räusperte sich und verzog das Gesicht.

»So ein Mist«, murmelte er.

»Daniel hat einen Sohn?«, fragte ich.

»Das wusstest du nicht?«

»Nein!«

»Sie haben nicht so viel Kontakt. Ich glaube, da ist mir was rausgerutscht.«

»Ist seine Exfrau Brigitte die Mutter?«

»Ja, ja. Aber das hätte ich dir wohl nicht sagen sollen. Ich meine, es ist kein Geheimnis. Aber das wird Daniel dir dann schon selbst erzählen.«

»Klar doch«, beruhigte ich Brian, dem das Ganze sichtlich unangenehm war. »Wir hatten eben noch keine Zeit dazu. Daniel ist ja immer so beschäftigt, dass wir kaum zum Reden kommen.«

»Ja, daran wird es liegen. Er erzählt es dir bestimmt noch.«

»Und wie alt ist sein Sohn?«

»So um die vierzig, keine Ahnung.«

»Ist ja auch nicht wichtig«, bagatellisierte ich diese Sensation.

»Eben. Macht ja nichts«, stieg Brian darauf ein. »Ja dann. Also, ich geh dann mal wieder in den Laden. Habe nur schnell zugesperrt, um dir das Teil zu bringen. Muss jetzt wirklich los.«

»Komm uns doch mal besuchen«, sagte ich. Uns. Als wären Daniel und ich ein altes Ehepaar.

An der Rezeption erwartete mich die nächste Überraschung. Sie war gelb und sah aus wie ein deutsches Normpaket von der größeren Sorte.

»Das kann nicht für mich sein«, wies ich es zurück.

»Doch, das ist für Sie.«

Als ich die Handschrift meiner Mutter erkannte, wäre ich beinahe umgekippt.

So wurde mein Abschied von meiner ersten Bleibe auf der Insel ein deutscher Abschied. Ich packte aus: Lebkuchen, Stollen, Adventskalender, Seife, Aprikosenshampoo, Parfum, ein Badehandtuch, eine Weihnachts-CD und dreihundert Dollar. Ich heulte bei jedem einzelnen Geschenk, und es wurde immer schlimmer. Ganz unten fand ich zwei Kuverts. Im ersten befand sich ein Foto meiner Eltern. Es stach mir ins Herz. Mama und Papa und Biggi, der Hund unserer Nachbarn – vor dem Haus. Schnee. Die Haustür stand offen. Wahrscheinlich war das die Idee meines Vaters:

»Lassen wir die Tür offen, damit sie sieht, dass sie jederzeit willkommen ist.« Biggi machte Männchen, obwohl sie das hasste. Es musste ziemlich lange gedauert haben, bis das Foto zustande kam. Ich hörte die Stimme meines Vaters:

»Mir ist kalt!«

»Biggi, bitte mach Männchen«, bat meine Mutter.

Biggi winselte.

Sven – es musste Sven gewesen sein, der das Foto aufgenommen hatte, drückte meiner Mutter das Schild in die Hand, das sie mit einem unsicheren Lächeln hochhielt.

»Wir sind deine Heimat.«

Oh verdammt, tat das weh. Meine Eltern trugen rote Anoraks. Die kannte ich gar nicht. Partnerlook. Ob sie enger zusammengerückt waren, seit ihre egozentrische Tochter die Flucht ergriffen hatte?

Ich legte das Foto weg. Es erfüllte seinen Zweck. Ich fühlte mich schlecht. Und ich hatte Sehnsucht. Am liebsten hätte ich sofort im Reisebüro angerufen, obwohl mir noch einiges an Material für den Trailer fehlte. Bevor ich das letzte Kuvert öffnete, riss ich ein weiteres Geschenk auf. Es war eine CD. Darauf ein gelber Zettel mit der Handschrift meiner Mutter:

Das ist von Sven. Ich soll es dir in dieses Päckchen legen.

Er wünscht dir auch schöne Weihnachten. Auf der CD sind seine neuesten Stücke. Das dritte hat er Dir gewidmet.

Lang hielt ich die CD in Händen. Sie kam mir vor wie eine Bombe. Sollte ich es wagen? Es war doch sowieso schon egal. Zittrig schob ich sie in den CD-Player und ließ mich aufs Bett fallen. Svens Stimme. Mir war schlecht. Und es tat so weh. Das nächste Geschenk war ein sehr schönes Tagebuch. Darauf wieder ein gelber Zettel mit der Handschrift meiner Mutter:

Hier kannst du deine Sorgen hineinschreiben. Weil du doch in der Fremde niemanden hast, der dir zuhört. Eine kleine Freundin für schwere Stunden.

Für alle deine Probleme, von denen du ja anscheinend eine Menge hast. Damit du nicht so einsam bist.

Und denk auch an uns. Es gibt uns auch noch. Papa und mich. Und Sven. Wir sind für dich da.

Es wurde immer schrecklicher! Ich stellte den CD-Player ab. Sicher, sie meinten es gut mit mir. Aber konnten sie sich nicht vorstellen, wie das alles bei mir ankam? Und die roten Kerzen, die Tannenzweige, die drei bunten Weihnachtskugeln, die Tüte mit den selbstgebackenen Vanillekipferl, die nur noch als Brösel angekommen waren. Es roch gar nicht mehr nach Urlaub in meinem Bungalow, es roch nach Christbaum. Ich riss ein verpacktes Buch auf à la: ›Warum Männer ihre Gefühle

nicht zeigen können und Frauen sie trotzdem lieben sollten‹.

Ich kicherte ein bisschen und heulte dann weiter. Biss in einen Lebkuchen. Die Schokolade war schon geschmolzen. Musste wieder lachen, weil das so überhaupt nicht zusammenpasste.

Lebkuchen und Palmen. Das stärkte mich für den Rest. Ich riss das letzte Kuvert auf. Es enthielt ein Flugticket von der *Air France*. Ein Jahr Gültigkeit. Dominica–Köln.

Liebe Lara!

Sehr schöne Weihnachten an einem karibischen Strand wünschen dir Papa und Mama. Wir denken oft an dich. Du bist immer willkommen, egal, was geschehen ist. Du bist unsere Tochter. Wir hoffen, es geht dir gut und lass bald einmal von dir hoeren.

Hier ist alles beim Alten. Es hat viel Schnee in diesem Jahr und Frau Mailänder ist im November gestorben. Biggi hat sich die Pfote aufgeschnitten und musste zwei Wochen mit einem Schuh herumlaufen. Wir haben uns wieder gegen Grippe impfen lassen, damit es uns nicht noch mal so erwischt wie im letzten Jahr. Sven lässt dich auch grüßen. Ich habe deine Adresse von Frauke. Ich habe sie Sven nicht gegeben. Frauke hat mich darum gebeten. Sie hofft, du bist ihr nicht böse. Ich finde, dazu hast du keinen Grund. Wir finden, Eltern sollten immer wissen, wo sich ihre Kinder aufhalten. Und genauso die Ehemänner. Sven hat sich sehr verändert. Vielleicht tut euch die Trennung ja gut. Dann könnt ihr von vorne beginnen. Man wirft so eine Beziehung nicht einfach weg. Glaub nicht, Papa und ich hätten keine Probleme gehabt. Man muss sie gemeinsam durchstehen. Das schweißt einen auch zusammen. Früher ist man länger bei der Stange geblieben. Heute lässt man sich einfach scheiden. Als wäre eine Ehe nichts wert. Bitte bedenke deine Schritte sorgfältig. Sven ist doch immer gut zu dir gewesen. Etwas Besseres als Sven wirst du nie finden. So ein ehrlicher und feiner Mensch. Er hat dich immer unterstützt. Für dich ist er nach Köln gezogen. Für dich hat er seine Karriere geopfert. Da kannst du ihn doch nicht einfach sitzenlassen! Papa ist übrigens ganz meiner Meinung.

Wir lieben und grüßen dich.

Und darunter die Handschrift meines Vaters:

»Unsere Einstellung der Zukunft gegenüber muss sein: Wir sind jetzt verantwortlich für das, was in der Zukunft geschieht.

Karl Popper.«

Der Regenwald versperrt die Sicht, selbst die Hauptstraßen sind eingewachsen.

Und dann fand ich noch zwei Artikel aus der Süddeutschen Zeitung: ›Erst Probleme machen Ehen glücklich‹ und ›Wenn Frauen in die Midlifecrisis kommen‹. Mein Papa! Hunderte, Tausende von Artikeln hatte er mir früher auf den Tisch gelegt, später per Post geschickt. Rot unterstrichen, voller Kommentare an den Rändern. Da er am liebsten rote Tinte verwendete, waren die Artikel zum Teil gar nicht mehr lesbar. Mein Papa.

Völlig verheult checkte ich im Hotel aus. Am liebsten wäre ich einfach verschwunden, doch der Hotelmanager persönlich wollte wissen, ob etwas nicht stimme.

»Alles wunderbar«, sagte ich.

»Verzeihen Sie, Madam, Sie machen nicht den Eindruck, zufrieden zu sein. Haben Sie an unserem Service etwas auszusetzen? Oder hat es Ihnen nicht geschmeckt in unserem Restaurant?«

»Doch, alles bestens.«

»Vielleicht sind Sie …«

»Es ist Weihnachten!«, unterbrach ich den Manager.

Er musterte mich irritiert und nickte dann bekümmert, als wäre Weihnachten ein schreckliches Ereignis, zu dem man am besten kondolierte.

»Es geht schon wieder«, sagte ich.

Während ich durch den tropischen Dschungel fuhr, die Fenster heruntergekurbelt, ließ ich die Weihnachtslieder mit voller Lautstärke laufen und sang auch noch mit.

17. Kapitel

Vor Daniels Haus erwartete mich eine ganz besondere Erscheinung – ein Mann, Mitte vierzig, mit einem sportlichen Kurzhaarschnitt und einer Pilotensonnenbrille.

Er trug edle sandfarbene Klamotten, die seine sehr muskulöse Figur vorteilhaft betonten. Und er strahlte. Sehr braune Haut. Sehr weiße Zähne. Und sehr blaue Augen, wie ich erkennen konnte, als er seine Sonnenbrille abnahm und mir die Hand entgegenstreckte.

»Hi. Ich bin Bill*.«

»Ja, stell dir vor, Lara, Bill ist da!« Nun sah ich auch Daniel, der ein wenig verblasste neben dieser Erscheinung.

»Das ist also die kluge, mutige, attraktive Regisseurin, mit der du dir die Zeit vertreibst«, lachte Bill und schüttelte meine Hand. Er konnte zupacken, kein Zweifel. Und seine Hände waren sehr schön.

»Toll, dass du einen Film über Daniel drehst. Endlich kommt mal jemand in diese Einöde und findet Superman, stimmt's, Daniel?«

Daniel hob seine Hände und Schultern und war sichtlich verlegen. Jetzt erst fiel mir auf, dass auch er strahlte. Die Freude über diesen Besuch war ihm wirklich anzusehen. Ich war neugierig auf Bill und wurde noch neugieriger, als Daniel verkündete:

»Für heute habe ich genug gearbeitet.«

Bill musste wirklich etwas ganz Besonderes sein. Und genau das bestätigte mir Daniel, während wir in der Küche einen kleinen Imbiss zubereiteten.

»Bill ist Pilot. Ich habe ihn auf dem Flugplatz in Canefield kennengelernt. Er ist manchmal hier auf der Insel, weil er die Leute von der Bank fliegt.«

»Ach, diese Privatbank in Canefield?«

Daniel nickte.

»Genau die. Heute fliegt Bill meistens Privatjets. Früher hat er die großen Dinger geflogen und ist durch die ganze Welt gedüst. Obwohl er so wenig Zeit hat, vergisst er mich nicht. Was glaubst du, wer mir den technischen Zeichner für meine Pläne besorgt hat?«

»Bill?«

»Well! Und er hat noch viel, viel mehr getan und mir auch geholfen, als ich im letzten Monat eine falsche Lieferung aus Kansas bekam. Die Banditen dort wollten das Material nicht zurücknehmen. Ein Anruf von Bill – und alles lief wie am Schnürchen.«

Bill, der auf der Veranda saß und unser Gespräch mithörte, hob abwehrend die Hände. Keine glaubwürdige Geste. Es gefiel ihm sichtlich, wie Daniel ihn anpries, wobei er das überhaupt nicht nötig hatte.

Bill war ein richtiger Kracher, wie Frauke das wohl nennen würde. Ich traute meinen Augen nicht, als Daniel Tee zubereitete. Diese Ehre hatte er mir noch nie erwiesen, doch dann beruhigte ich mich, weil Daniel das Teewasser vergaß. Er vergaß auch, dass er eigentlich einen Imbiss hatte vorbereiten wollen. Er war einfach völlig aus dem Häuschen über Bills Besuch. Ich freute mich mit ihm. Die Tannenbäume und die klingenden Glöckchen, die stillen und heiligen Nächte und den leise rieselnden Schnee hatte ich hinter mir gelassen. Ich war wieder ganz hier, nicht mehr zwischen zwei Welten zerrissen. Ich freute mich, einen großen Salat und Früchte anzurichten. Als Bill zwischendurch aufsprang und mehrmals zu seinem Wagen ging, um kistenweise Lebensmittel, Bücher und Zeitschriften und vor allem Werkzeug für Daniel auszuladen, erkannte ich, dass er ein wirklicher Freund war. Und ein außerordentlich gut aussehender Mann. Mich behandelte er wie einen Kumpel, dafür vergaß Daniel völlig, dass ich da war. Er saß neben Bill und redete so schnell und mit so viel Nachdruck, wie ich es noch nie erlebt hatte.

»Alles dauert viel länger als geplant. Ständig tauchen neue Probleme auf. Wenn ich alles hier bei mir hätte, käme ich schneller voran. Das Schwierigste ist, alles zu bestellen. Und immer abhängig von den Lieferanten. Was glaubst du, wie oft ich schon die falschen Teile geschickt bekommen habe? Und das dauert dann. Ich muß jedes Mal runter und rauf – endlose Fahrerei. Wenigstens habe ich jetzt den Propeller bestellt. Bei dieser Firma in den Staaten, wie du mir geraten hast. Allerdings wissen sie nicht, wann sie liefern können. Ich frage mich, was passiert, wenn er nicht passt. Und außerdem frage ich mich, wovon ich ihn bezahlen soll.«

»Wie hast du das mit den Gewichten hingekriegt?«, wollte Bill wissen.

»Also ich habe mir Folgendes überlegt …«

Ich ging in den Garten, um ein paar Papayas vom Baum zu pflücken. Ich konnte mir gut vorstellen, wie das Gespräch nun weiterlief und ließ den beiden Zeit. Als ich zurückkam, waren sie noch immer beim Propeller. Was es da nicht alles zu erörtern gab!

»… hinten einen Sandsack reinlegen«, schlug Daniel gerade vor, als ich begann, das Essen zu servieren. Bill hatte neben vielen anderen Delikatessen Salat, Tee, frisches Fladenbrot und Ziegenkäse mitgebracht, und als wir uns einen guten Appetit gewünscht hatten, beschloss ich, das Gespräch ein wenig zu steuern.

»Ihr kennt euch also vom Flugplatz?«, fragte ich.

Bill antwortete. »Ich habe schon vorher gewusst, dass hier irgendwo so ein verrückter alter Pilot wohnt. Ich erinnere mich nicht, wer es mir erzählt hat. Die Legende Daniel lebte, lange bevor ich ihm persönlich begegnete.«

Daniel schüttelte den Kopf. »Legende Daniel! Wie das klingt!«

»Es klingt so, wie es ist«, sagte Bill ernst. Solch eine Ernsthaftigkeit hatte ich ihm gar nicht zugetraut. »Das bist du. Und jetzt, wo das endlich auch einer breiten Öffentlichkeit zugänglich gemacht werden soll, kann ich dir ja verraten, dass ich und Samantha*«, er wandte sich an mich, »das ist meine Frau, also dass Samantha und ich schon einmal darüber nachgedacht haben, ob wir nicht ein solches Projekt ins Rollen bringen sollten. Wie du weißt, hat Samantha hervorragende Kontakte bis nach Hollywood und ...«

»Hollywood! Um Himmels willen!« Daniel hörte gar nicht mehr auf, seinen Kopf zu schütteln.

»Wo ist eigentlich Rainstar?«, wollte Bill wissen.

»Ach, das ist das nächste Problem«, jammerte Daniel. »Also, eigentlich ist es kein Problem, wir sind ein erstklassiges Team, aber leider hat Rainstar zu wenig Zeit. Er muss viel lernen. Tja, und dann hat er noch keinen Führerschein. Das heißt, er braucht jedes Mal jemanden, der ihn herbringt und wieder abholt.«

»Wie wäre es mit einem Moped für Rainstar?«, fragte Bill.

»Kein Geld«, erklärte Daniel knapp.

»Lass mich das mal regeln«, lächelte Bill und schaffte es tatsächlich, uns das Gefühl zu vermitteln, Rainstar sei schon in diesem Moment auf seinem neuen Moped unterwegs zu Daniel.

»Und du, Lara«, wandte sich Bill an mich, »ich darf doch Lara sagen?«

»Es macht nicht den Eindruck, als hättest du daran auch nur einen Moment gezweifelt«, erwiderte ich.

Bill lachte. Er war ein Womanizer, ohne Frage.

»Hast du schon genug Stoff für deinen Film?«, fragte Bill.

»Ich bin mitten in den Vorbereitungen. Derzeit sammle ich einfach nur Material. Demnächst werde ich nach Deutschland fliegen, um dort einen Trailer zu schneiden. Und dann werde ich wiederkommen und ...«

»Das heißt, du hast noch keinen Produzenten oder Sender im Rücken, wenn du jetzt erst einen Trailer schneidest?«, fragte Bill.

Ich schluckte. Es passte zu Bill, dass er sich im Filmgeschäft auskannte. Wahrscheinlich kannte er sich überall aus. Genau der Typ Mann war er. Es gab solche. Dass ich einem von ihnen im Dschungel begegnen sollte, hätte ich nicht vermutet.

»Das ist richtig«, antwortete ich ehrlich und hoffte, Daniel würde mir das nicht übelnehmen. Er hatte mich nie danach gefragt, doch Daniel erkannte die Tragweite meiner Antwort gar nicht.

»Wahrscheinlich wirst du damit keine Schwierigkeiten haben, oder?«, fragte Bill und zog eine Augenbraue hoch.

»Das glaube ich auch nicht«, sagte ich.

»Daniel, hast du Lara schon von deinen Notlandungen erzählt?«, wollte Bill wissen.

»Ja, ein bisschen.«

»Nein, Daniel, das hast du nicht!«, rief ich.

»Oh, dann muss ich das wohl noch tun.«

»Unbedingt!«, bekräftigte Bill. »Und hast du ihr schon von dem Trip erzählt, bei dem ihr das zweite Flugzeug praktisch verloren habt?«

»Ich weiß nicht«, sagte Daniel.

»Nein«, erwiderte ich knapp.

»Von den Löwen?«

»Rainstar hat das mal erwähnt. Oder Sam«, sagte ich.

»Welcher Sam?«, fragte Bill und lieferte den letzten Beweis für seinen todsicheren Instinkt.

„Sam, Sam, Sam", wiederholte Daniel genervt.

Ich grinste. Bill auch. Dann schlug er mit der Faust auf den Tisch.

»So geht das nicht, Daniel! Du musst mehr erzählen! Lara weiß doch gar nicht, wonach sie dich fragen kann!«

Ich fand Bills Reaktion übertrieben.

»Das wird schon noch«, nahm ich Daniel in Schutz.

Er dankte es mir mit einem lieben Lächeln.

Bill räusperte sich.

»Lara – darf ich vorstellen«, begann er und wies mit einer großen Geste zu Daniel, »Daniel Rundstroem. Einer der letzten lebenden Helden des vergangenen Jahrhunderts und Jahrtausends. Ein Mann, der sich nicht nur zu den Eingeborenen wagte, die am liebsten Genitalien von Weißen als Schmuck trugen, sondern auch unter Wasser mit einem Krokodil kämpfte und – wie wir hier sehen – diesen Kampf überlebte, was man von dem Krokodil nicht unbedingt behaupten kann.«

Ein zartes Rosé überzog Daniels Wangen. Ich hätte ihn küssen können, weil er so verlegen war! Und Bill gleich noch dazu, als Dank für seine gute Laune, für sein Engagement und dafür, dass er versuchte, Daniel klarzumachen, worum es ging. Damit half er mir sehr.

»Was war das eben mit den Genitalien?«, fragte ich neugierig. »Meint ihr Kannibalen?«

Nun räusperte Daniel sich. »Also, das war so«, begann er. »In Äthiopien war das, ja, in Dankali.«

»Verrätst du uns auch noch, wann?«, grinste Bill. »Also ... das müsste ... ich bin nicht ganz sicher, aber das müsste im Sommer 1951 gewesen sein. Ich flog einen ziemlich bekannten Fotografen über den Busch. Der hatte mich und meine Maschine sozusagen gechartert. Ich wusste das mit den Buschmännern und den Genitalien, aber ich hatte es ihm verschwiegen, um ihn nicht zu beunruhigen. Jedenfalls gingen wir irgendwo runter, weil er einen Vogel Strauß fotografieren wollte. Ich habe mich darum gekümmert, wo wir landen konnten, und war sehr konzentriert. Kaum hatten wir das Flugzeug verlassen und waren ein paar Schritte gegangen, da kamen sie auch schon aus dem Dschungel. Hunderte Buschmänner. Sie sahen nicht freundlich aus mit ihren Speeren und Messern. Der Fotograf kriegte das gar nicht mit. Er war völlig begeistert von ihrem Auftritt und fotografierte wie verrückt. Mir war klar, dass wir so schnell wie möglich wegmussten. Also bin ich ganz langsam rückwärtsgegangen zu meiner Stinson. Es gelang mir, ins Cockpit zu steigen, und ich startete das Flugzeug. Da endlich begriff der Fotograf. Die Buschmänner hoben ihre Speere. Ich rief dem Fotografen zu, er sollte sich ganz langsam bewegen, was er dann auch tat. Bis er neben mir saß. Die Buschmänner waren alles andere als in guter Stimmung. Und es wurden immer mehr. Von allen Richtungen kamen sie und standen auf dem holprigen Stück Savanne herum, das ich mir als Piste ausgesucht hatte. Es half nichts. Da mussten wir durch. Ich gab Gas und rollte einfach auf die Buschmänner zu. Sie sprangen zur Seite. Niemand schleuderte einen Speer nach uns. Tja – und so schafften wir es dann abzuheben. Und da habe ich dem Fotografen dann auch die Geschichte mit den Genitalien erzählt. Er wollte danach nie mehr in den Busch. Aber mit dieser Reportage ist er ziemlich bekannt geworden. Tolle Fotos hat er geschossen.«

»Und wie hieß der Fotograf?«, wollte ich wissen.

»Bo Dahlin. Irgendwo habe ich die Zeitschriften mit seinen Fotos. Ich könnte sie dir zeigen.«

»Ja, das solltest du in den nächsten Tagen tun«, bestärkte Bill.

»Hast du mal Buschmänner mit Genitalienschmuck gesehen?«, fragte ich Daniel.

»Ich selbst habe keine gesehen, aber ich habe gehört, dass Weiße im Busch verschwanden, und als man ihre Leichen fand, fehlte etwas.«

Daniel schaute uns an wie ein Schüler seine Lehrer. Eine kleine Unsicherheit lag in seinem Blick. So hatte ich ihn noch nie erlebt. Es schien, als wolle er fragen, ob er seine Geschichte spannend genug erzählt hatte. Ich merkte, dass Bill noch lange nicht zufrieden war. Seine Ungeduld sprang mich förmlich an, doch er gab sich große Mühe und gab Daniel ein paar Tipps, wie er besser und vor allem genauer erzählen könnte. Wann hatte etwas stattgefunden?

Wo? Wer war dabei?

»Aber wenn ich es doch nicht mehr weiß?«, fragte Daniel.

»Dann schaust du mal mit Lara in deinen Unterlagen. Du hast doch da diese wunderbaren Koffer mit Geheimnissen! Allein das Logbuch! Da findest du bestimmt noch Daten.«

»Ja, sicher. Mein Logbuch habe ich Lara schon einmal gezeigt.«

Ich wurde ein bisschen rot, als ich mich an die Szene erinnerte.

Damals war Daniel noch nicht der Daniel für mich gewesen, der er heute war, und das beschämte mich.

»Soll ich dir ein bisschen helfen?«, fragte Bill. Sein Einfühlungsvermögen überraschte mich. Ich hätte eher vermutet, er würde Daniel polternd auffordern, spritziger zu sprechen.

»Nur zu«, nickte Daniel.

»Okay – dann geht's auch gleich los. Schnallt euch gut an, es kann Turbulenzen geben, denn wir sind in Äthiopien, in den fünfziger Jahren des vergangenen Jahrhunderts. Heiß brennt die Sonne in die staubtrockene Savanne. Weit und breit kein Mensch, keine Straße, keine Infrastruktur. Nur Buschland und Steppe. Da, seht!«,

Bill zeigte nach oben, und unwillkürlich schauten Daniel und ich seiner Hand nach. Er hatte uns schon voll im Griff mit seiner tiefen, melodischen Stimme.

»Ein Flugzeug! Es nähert sich! Schon hören wir es.«

Tatsächlich hörte ich einen Flugzeugmotor. Bill könnte glatt als Hypnotiseur arbeiten.

»Es ist eine Stinson. Ah – und wen haben wir denn da? Wilde Locken, ungebändigt. Blaue Augen, die mit einem Adlerblick den Boden absuchen, und wenn sie einen treffen, dann kann man schon mal weiche Knie kriegen. Hier kommt Daniel. Direkt vom Himmel. Und wenn die Damen wüssten, wo er wäre, würde es in diesem gottverdammten Busch auch noch einen Fanclub geben.«

Ich kicherte. Daniel auch ein bisschen.

Bill fuhr fort. »Gut sieht er aus, unser Daniel. Groß, kräftig. Clark Gable ist ein mickriger Truthahn gegen ihn. Und Clark Gable ist außerdem nur ein Schauspieler, der Helden darstellt. Daniel Rundstroem ist ein Held. Sein Buschhemd, das er meistens oben offen trägt, zeigt seine muskulöse Brust. Ein Zigarillo hängt lässig in seinem Mundwinkel und cool betrachtet er die Gegend unter sich. Er weiß, er wird die Stinson hier runterbringen. Er bringt sie überall runter, denn er und seine Stinson sind eins. Tragflächen und Steuerruder sind Teile seines Körpers. Er weiß immer, was er zu tun hat. Nie verliert er die Kontrolle. Und auch nicht seinen eisgekühlten Humor. Kein Wunder, dass die Frauen nur so dahinschmelzen. Reihenweise.«

»Oh my god«, seufzte Daniel. Er sah aus, als könnte er stundenlang zuhören. Auch ich konnte kaum erwarten, dass Bill weitersprach.

Einheimische vom Stamm der Galla am Awash-Fluss in Äthiopien.

»Dort unten liegt der Awash, der längste Fluss Äthiopiens. Er schlängelt sich im Südosten von Addis Abeba durch die Savanne, und in seinem fruchtbaren Uferland siedeln Kleinbauern. Diese Menschen brauchen den Fluss. Sie baden im flachen Wasser, waschen ihre Wäsche dort und fahren mit Booten herum. Und nicht nur Menschen leben am Fluss. Auch Tiere. Und Reptilien: Krokodile. Anfang der fünfziger Jahre herrscht am Awash eine verheerende Krokodilplage.

Nachdem sogar einige Kleinkinder von den gepanzerten Räubern verschlungen wurden, setzte die äthiopische Regierung ein Kopf- oder Hautgeld auf Krokodile aus und blies zur Jagd. Wer die Haut eines Krokodils ablieferte, bekam einen Lohn im Gegenwert von fünfzehn US-Dollar. Ein gefundenes Fressen für all jene, die nicht gefressen werden wollten. Von überall her kamen Abenteurer und schwärmten aus dem nahen Addis Abeba herüber, um sich als Krokodiljäger zu beweisen. Dafür brauchten sie einen Piloten, der sie zum Awash brachte: Daniel. Dem ist es egal, wen er fliegt. Ob Goldsucher, Botschafter oder eben Krokodiljäger, Hauptsache, er ist in der Luft. Denn in der Luft ist Daniel glücklich. Gibt es überhaupt etwas Schöneres als Fliegen?«

»Nein«, seufzte Daniel.

»So steuert Daniel seine Stinson über die äthiopische Savanne. Antilopen fliehen in Rudeln vor dem gewaltigen Vogel, Giraffen erstarren zu steinernen Monumenten. Ja, Daniel macht Lärm. Das gefällt. Da empören sich ein paar Elefanten, die der Stinson mit hoch erhobenen Rüsseln nachtrompeten. Daniel zieht eine Schleife. Über Schirmakazien und Affenbrotbäume hinweg. Und da liegt er wieder, der Awash. Eine gigantische Schlammschlange. Daniel drückt die Stinson Richtung Erde und landet. Es schüttelt ihn kräftig durch, daran ist er gewöhnt. Sein Passagier, Henry Bjaanes, nicht. Dessen Gesicht leuchtete schon seit dem Startmanöver leicht grünlich. Das sollte er sich abgewöhnen, denn Henry spielte mit dem Gedanken, eine Krokodiljagdagentur zu gründen, bei der man Trips zum Awash buchen kann. Was würde es da wohl für einen Eindruck machen, wenn der Chef nicht flugtauglich ist?

Als Daniel die Stinson zum Stehen gebracht hat, besorgen sich die Männer ein Boot. Wie sie das anstellen – das ist eine andere Geschichte. Man muss dazu vielleicht kurz erwähnen, dass Buschmänner nicht im Ruf stehen, besonders kooperativ zu sein. Schnitt. Daniel und Henry rudern auf dem Awash. Die Sonne steht hoch am Himmel. Eine günstige Zeit für die Krokodiljagd. Nachts stehen die Chancen noch besser, wenn es auch gefährlicher ist. Man leuchtet mit einer Taschenlampe ins Wasser, die Krokodile kom-

Krokodile gelten in den fünfziger Jahren als Haupteinnahmequelle. Sie werden getötet,um ihre Haut für viel Geld zu verkaufen.

men, weil es sie zum Licht zieht. Ein Verhängnis, das sie mit Motten teilen.

Es gibt zwei Möglichkeiten, die Krokodile zu erlegen.

Erstens: Schuss ins Herz. Der Nachteil dabei ist, dass die Krokodile dann instinktiv nach unten schwimmen – und am Grund des Flusses sterben. Also keine Prämie von der Regierung für die Krokodilhaut.

Die zweite Möglichkeit: Schuss in den Nacken. Direkt dorthin, wo das Gehirn beginnt. Wird ein Krokodil an dieser Stelle getroffen, ist es gelähmt, man kann es bergen und enthäuten und sich so die Prämie sichern.

Mit der Jagd will Daniel gar nichts zu tun haben. Er fliegt und rudert und wenn es sein muss, reicht er einem Passagier den Spuckbeutel. Daniel will einfach fliegen. Fliegen und sonst nichts. Er schießt auch nicht an diesem heißen Mittag, aber Henry schießt. Schlamm und Wasser spritzen durch die Luft. Henry schießt erneut. Immer wieder knallen die Schüsse über den Fluss. Henry trifft aber nicht, obwohl sich – und das ist ungewöhnlich für diese Tageszeit –

immer wieder Echsen sehen lassen. Daniel sagt keinen Ton zu Henrys Schießübungen. Daniel spricht überhaupt nicht viel. Schließlich ist er ein Held. Was er dann auch beweist, als Henry doch endlich trifft. Aber eben nicht richtig. Oder doch? Das Krokodil trudelt herum. Eine Blutspur, die sich schnell vermischt mit dem Braun des Wassers. Daniel wirft das Ruder beiseite. ›So geht das nicht!‹ Henry hebt beide Arme hoch wie ein Priester beim Segen: ›Aber ich habe es doch getroffen.‹ ›Was getroffen? Hast du es wirklich getroffen? Soll es jetzt hier verrecken? Wenn du schießt, dann musst du auch treffen. Und zwar so, dass wir die Haut bekommen. Dafür machen wir das alles schließlich.‹ Henry starrt Daniel an. So hat er ihn noch nie erlebt. Und dann macht Daniel etwas völlig Unvernünftiges, ja Unverzeihliches. Er springt einfach ins Wasser. Blutegel? Bakterien? Schlangen? Andere Krokodile? Daran denkt Daniel nicht. Er ist ein Held, und wenn ein Held ein Ziel hat, dann gibt es nur dieses Ziel und sonst nichts. Wir wissen nicht, was hinter diesem Ziel steckt. War es vielleicht der Wunsch nach einer edlen Krokohandtasche für eine seiner Verehrerinnen …«

»Niemals!«, rief Daniel. »Nie im Leben würde ich so etwas tun!«

Seine Wangen waren rot und seine Augen sprühten.

»Also keine Handtasche«, korrigierte Bill sich. »Es ist auch keine Handtasche, die Daniel da anstupst. Es ist das Krokodil. Es lebt noch und ist munterer als Daniel angenommen hatte. Und es ist nicht unbedingt gut gelaunt. Nun hat Daniel wirklich ein Problem. Reflexartig schlingt er seine Arme um den Rumpf des Tieres und versucht, den Krokodilschwanz irgendwie zwischen seinen Beinen einzuklemmen. Er hat Glück, das Reptil ist noch nicht ausgewachsen, vielleicht zwei Meter lang. Er hat eine kleine Chance. Und er hat ein Messer am Gürtel. Und wenig Zeit, denn das Festhalten des Krokodils kostet ihn seine ganze Kraft. Seine Muskeln zittern, und um das Messer aus dem Gürtel zu ziehen, muss er den Rumpf des Krokodils mit einem Arm packen. Lässt er los, gibt er damit das Maul und sich selbst zum Biß frei. Mit allerletzter Kraft gelingt es Daniel, das Messer aus dem Gürtel zu ziehen, und dann hackt er drauflos. Einmal, zweimal, dreimal, immer wieder in das Herz des Krokodils. Kein schöner Job. Aber Daniel hat keine Wahl. Die Frage ist ganz einfach: Daniel oder das Krokodil. Irgendwann spürt er, dass der Krokodilkörper erschlafft. Blut sprudelt aus seinem Körper, und diesmal dauert es ein wenig länger, bis der Awash sich den Lebenssaft des Reptils einverleibt hat und sich der schlammige Vorhang über dem Blut schließt.«

Es braucht eine Weile, ehe Daniel und ich begriffen, dass der Vorhang wirklich gefallen war. Dann klatschten wir spontan.

Bill verneigte sich.

»Daniel, du hast mir gar nicht erzählt, dass du ein echter Abenteurer bist!«, rief ich.

»Daniel ist bescheiden«, nickte Bill. »Viel zu bescheiden.«

»Ach, lass mal«, wehrte Daniel ab.

»Aber jetzt wird ein Film über dein Leben gedreht und da musst du schon ein bisschen mehr erzählen!«, bat Bill.

»Werde mich bemühen«, brummte Daniel.

»Gut, dann fangen wir doch gleich mal an«, befahl Bill. »Lara holt die Kamera und filmt dich, während du das alles noch einmal in deinen eigenen Worten erzählst.«

»Das kann ich nicht!«

»Doch, sehr wohl kannst du das. Ich bin sogar absolut sicher. Und deshalb werde ich mich jetzt auch verabschieden. Ihr werdet mich nicht vermissen, denn ihr habt ja nun eine Menge zu tun.«

Bill zwinkerte mir zu. Ich zwinkerte zurück.

»Oh my god«, stöhnte Daniel.

18. Kapitel

Daniel hatte schlechte Laune. Nichts erinnerte mehr an den lustigen Erzähler des vergangenen Abends: Zwei Kassetten hatte ich aufgenommen, nachdem Bill sich verabschiedet hatte. Ich merkte es schon an der Art, wie Daniel mich morgens begrüßte. Er brummte mehr, als er sprach.

»Stimmt etwas nicht?«, fragte ich.

Daniel nuschelte etwas Unverständliches vor sich hin, und ich ließ ihn einfach in Ruhe. Ich wollte mir die Laune nicht verderben lassen nach diesem tollen Abend, der mich mit so vielen Ideen versorgt hatte, dass ich geradezu danach fieberte, sie in mein Treatment einzuarbeiten. Ich war glücklich. Das Leben von Daniel war mindestens einen Film wert, egal wie schlecht gelaunt mein Protagonist heute auch sein mochte. Ich war glücklich, weil ich ihn gefunden oder weil das Schicksal mich zu ihm geführt hatte. Und ich würde geduldig sein. Schließlich konnte jeder mal schlechte Laune haben.

Die Dimension meines Vorhabens stand mir immer klarer vor Augen. Hier ging es nicht nur um die Biographie eines interessanten Menschen. Hier ging es um Zeitgeschichte.

»Rainstar kommt nicht«, brummte Daniel, als ich den Tisch abräumte. Kein Wort hatte er beim Frühstück gesprochen.

»Ach ja?«

»Brian hat mich vor einer Viertelstunde angefunkt.«

»Deswegen hast du schlechte Laune? Weil Rainstar nicht kommt?«

»Er muss zu Hause helfen. Weihnachtsvorbereitungen. Sie feiern immer im Reservat.«

»Aber das ist doch schön«, verteidigte ich die Familientraditionen – und dachte dabei vor allem an Clemo, die sich sicher sehr über den Besuch von Rainstar freute.

Ich sah sie vor mir, mit vor Stolz leuchtenden Augen.

»Wir verlieren Zeit! Wir können uns das nicht leisten!«

»Es ist ganz normal, dass man Weihnachten im Kreis seiner Familie verbringt.«

»Ja, mal ein zwei Tage. Aber nicht so lang! Ich dachte, wir verlieren nur die Feiertage.«

»Wie das klingt! Feiertage verlieren! Ich finde es wirklich normal, Weihnachten mit der Familie zu feiern."

»Normal, normal«, echote Daniel, stand abrupt auf und machte sich auf den Weg in die Garage.

»Ja, normal!«, rief ich ihm hinterher.

»Da bist du ja gerade das beste Vorbild«, behielt er das letzte Wort.

»Treffer«, dachte ich und hätte am liebsten eine Tür zugeknallt.

Aber es wäre absolut unprofessionell, beleidigt zu sein. Ich sollte lieber herausfinden, wie die Laus aussah, die Daniel offensichtlich über die Leber gelaufen war – und mich um sie kümmern.

»Warum sprichst du immer von Zeit?«, fragte ich Daniel, als er zurückkam, um sein Käppi zu holen.

»Ich habe einen festen Plan«, erklärte er mir. »Wenn ich den nicht einhalte, wird das Baby nicht fertig. Wir müssen beim Sun and Fun Festival nächstes Jahr dabei sein. Noch bevor ich achtzig bin. Nur wenn wir unseren Zeitplan einhalten, ist es möglich, dort zu starten, aber dann darf wirklich nichts schiefgehen, und es ist schon viel zu viel schiefgegangen.«

»Wie viel Zeit hast du noch?«, fragte ich.

»Ein Jahr.«

»Das ist doch eine Menge! Mehr Zeit als man braucht, um ein Kind auf die Welt zu bringen.«

»Mein Baby ist kein Kind, sondern ein Flugzeug.«

»Ich dachte mir schon, dass die Schwangerschaft bei dieser Spezies länger dauert. Allein die Ausbildung des Höhenruders«, versuchte ich einen Scherz. Er kam nicht an. Überhaupt nicht.

»Die Zeit ist sehr, sehr knapp«, sagte Daniel und ging zur Tür.

»Würdest du mir einen Gefallen tun?«

»Ja, klar.«

»Würdest du für mich runterfahren und Rainstar holen?«

»Ich dachte, er ist mit seiner Familie beschäftigt?«

»Ja, schon. Aber eigentlich erst ab morgen, so hat Brian es mir gefunkt. Heute könnte Rainstar mir helfen. Doch es gibt niemanden, der ihn herbringt. Kannst du das übernehmen?«

»Klar«, sagte ich, obwohl ich nicht die geringste Lust dazu hatte. Daniels Augen begann zu strahlen.

»Dann funke ich Brian an. Und du packst deine Sachen.«

Wie ein junger Mann flog Daniel an mir vorbei in sein Schlafzimmer, wo das Funkgerät stand.

»Wir können … das ist wunderbar … vielleicht schaffen wir …«, verstand ich im Vorüberzischen.

Es hatte keinen Sinn nachzufragen. Daniel führte Selbstgespräche. Ich führte auch Selbstgespräche auf dem Weg nach Roseau. Das hatte ich mir so angewöhnt. Die Worte von Bill ließen mich nicht los; er wusste, wie das Filmgeschäft funktionierte, und ich wusste es eigentlich auch. Ich mußte mich JETZT um einen Geldgeber kümmern. Auch wenn ich überhaupt keine Lust hatte, nach so kurzer Zeit schon wieder zurückzufliegen. Es hatte keinen Sinn, immer mehr Kassetten aufzunehmen, wenn ich keinen Sender hatte, der meinen

Film finanzierte – ganz oder teilweise. Ich musste die Vorbereitungen abschließen und endlich mit den richtigen Dreharbeiten anfangen, und ich durfte nichts von Daniels Arbeit verpassen, kein Highlight durfte fehlen. Und ich musste möglichst schnell den Schmuck meiner Oma verkaufen. Ich vertraute Rainers Budgetschätzung, doch erfahrungsgemäß kosteten solche Projekte meistens mehr, als man ursprünglich dafür veranschlagt hatte. Drehen brachte oft unvorhersehbare Probleme mit sich, und häufig wurde alles teurer, als geplant. Ich wollte nicht sparen müssen, sondern einen richtig guten Film drehen – mit Leuten, die ihr Geld wert waren. Also musste ich nach Deutschland, und zwar so schnell wie möglich.

Auf Dominica würde ich weder meinen Schmuck verkaufen, noch ein Filmteam zusammenstellen können, und es gab auf der Insel auch keine Fernsehsender, denen ich mein Projekt vorstellen konnte. Jetzt oder nie.

Mein Perfektionismus war auch eine Fußfessel. In der Absicht, etwas immer besser und besser zu machen, kam ich keinen Schritt vorwärts, verhedderte mich in meinen eigenen Ansprüchen. Ich musste nun weitergehen; zur Not würde ich mich selbst schubsen. Gab es einen günstigeren Moment? Rainstar würde drei Wochen mit seiner Familie verbringen. In dieser Zeit würde Daniel keine großen Fortschritte mit seinem Baby machen. Ich könnte ihn bitten, sich auf kleinere Arbeiten zu beschränken und die wirklich großen Momente für die Kamera und mich aufzubewahren, wenn ich im Januar oder Februar mit einem Filmteam zurückkäme. Ja, ich wusste, das war ziemlich unwahrscheinlich. Ich hatte noch nie gehört, dass ein Film in vier Wochen verkauft worden war. Aber ich blieb optimistisch. Ich war eine Newcomerin in diesem Geschäft, aber die Sender würden sicher begreifen, dass ich jetzt sofort beginnen musste. Daniel würde nicht warten; er würde seinen Traum verwirklichen, ohne Rücksicht darauf, ob ihm andere dabei zusahen. Ich würde zuerst alle meine Kontakte ansprechen. Frauke hatte mich beruhigt, was meine Flucht betraf. Anscheinend nahm es mir niemand wirklich übel, wie ich manchmal befürchtet hatte. Ich konnte die Leute also wieder anrufen. Ich wollte Frauke glauben. Unbedingt.

In der letzten Woche vor Weihnachten waren die wichtigsten Menschen in den Sendern noch ansprechbar, aber je nachdem, wie die Feiertage fielen, erreichte man ab dem 23. Dezember niemanden mehr. Die Pause dauert lange, bis zum 1. Februar passierte dann erst mal gar nichts. Also musste ich jetzt handeln. Ich würde es wagen, ohne geschnittenes Material, ohne Trailer aufzutauchen. Ich würde einige sehr gute Szenen aussuchen und sie den wichtigen Leuten vorspielen – wenn sie mich empfingen. Die Programmentscheider mussten mir Termine geben! An eine Absage wollte ich nicht mal denken. Es war bequemer für mich, keinen Trailer schneiden zu lassen, denn ein Trailer kostet Zeit und Geld. Vielleicht brauchte ich den Schmuck meiner Oma nicht zu verkaufen?

Wenn ich schon in Deutschland wäre, könnte ich Weihnachten zu Hause feiern, mich »normal« verhalten und die Feiertage mit meiner Familie verbringen. Mit Sven. Musste ich nicht erst zu Hause »aufräumen«, ehe ich wirklich mit dem Film durchstarten konnte? Wenn ich zu Hause Klarheit geschaffen hätte, würde ich mehr Energie für den Film haben.

Ja! Genau so sah die Reihenfolge aus. Vielleicht würden sich meine Probleme dadurch lösen, indem ich mich ihnen stellte. Vielleicht würde Sven beim Rückflug nach Dominica neben mir sitzen? Ich sollte ihm – und uns – diese Chance geben!

Das Ticket meiner Mutter hatte ich in meinem Rucksack immer bei mir. Ich würde versuchen, den nächsten Flug nach Deutschland zu bekommen. Als ich diese Entscheidung getroffen hatte und die Freude spürte, die sich fast zaghaft in mir ausbreitete, konnte ich mir auch mein Heimweh eingestehen. Ich hatte richtig Lust auf Glühwein, heiße Maroni und Christstollen. Wie sie wohl schauen würden, wenn ich plötzlich vor der Tür stand? Oder sollte ich vorher anrufen? Und Daniel? Mir graute ein wenig davor, Daniel meine baldige Heimreise zu beichten. Andererseits konnte ich mir kaum vorstellen, dass er dem 24. Dezember besondere Aufmerksamkeit widmen würde.

Ich pickte Rainstar wie verabredet vor seiner Schule auf.

»Wo ist Sam?«, fragte er mich anstelle einer Begrüßung.

»Er ist nicht hier.«

»Das ist sein Wagen!«

Ich nickte.

Rainstar nahm auf dem Beifahrersitz Platz. Er trug eine marineblaue Schuluniform, ein weißes kurzärmeliges Hemd und eine dunkelblaue Krawatte mit goldenen Streifen. Wie ein kleiner Pilot sah er aus. Sein Gesicht war ein wenig gerötet, so als wäre er gerannt – doch er benahm sich, als hätte er Stunden auf mich warten müssen. Sichtlich genervt schnallte er sich an. Kaum jemand auf der Insel schnallte sich an. Ich vermutete, das machte Rainstar, weil sich die Leute in den amerikanischen Filmen, die er so gerne sah, auch anschnallten.

»Wieso leiht dir Sam seinen Wagen?«, fragte Rainstar, nachdem wir ein paar Kilometer schweigend zurückgelegt hatten.

»Weil ich ein Auto brauche.«

»Ich brauche auch ein Auto, wenn ich einen Führer-

Rainstar nach der Schule. Bloß keine Zeit verlieren, denn Daniel wartet.

schein habe. Möchte mal wissen, wie Sam dann reagiert. Er verleiht nämlich nie was. Nicht mal CDs. Sam ist da total komisch. Das findet Brian auch. Weil Brian immer alles verleiht.«

»Aha«, nickte ich. Das war ja hochinteressant.

Mit einem Seufzer ruckte Rainstar auf dem Sitz herum, drehte den Kopf dann zum Fenster und sprach kein Wort mehr. Ich ließ ihn eine Weile gewähren und fragte dann:

»Bist du schlecht gelaunt?«

»Nee.«

»Machst mir aber den Eindruck.«

»Das täuscht.«

»Daniel ist heute auch schlecht drauf«, warf ich ein.

»Echt?«, strahlte Rainstar.

»Wahrscheinlich wird seine Laune besser, wenn du erst mal da bist«, schmeichelte ich ihm.

Rainstars Grinsen wurde noch breiter.

»Ich habe Hunger. Wahrscheinlich bin ich deshalb so müde«, erklärte er mir dann. »Habe heute erst fünf Käsebrote gegessen. Und noch gar keine Chips.«

»Das ist wirklich schlimm«, zog ich ihn auf. Er merkte es nicht, sondern nickte entrüstet.

»Sollen wir noch schnell etwas essen?«, fragte ich ihn. »Ich habe auch Hunger.«

»Super!«

»Gibt es hier in der Nähe ein gutes vegetarisches Restaurant?«

»Ve-ge-ta-risch?«, wiederholte Rainstar entsetzt.

»Ja.«

»Also, ich esse nur Pizza oder bei KFC.«

»Aber das ist nicht besonders gesund, das ist ...«

»Mir doch egal!«

»Dann lieber Pizza«, seufzte ich.

Rainstar lotste mich zu Pizza Hut. Auch das noch – dabei gab es in der Karibik so viel besseres Essen! Mein Vorurteil wurde auf das Schlimmste bestätigt; die Pizzen sahen aus wie fettige Putzlappen, und es roch, als würde hier seit Tagen und Wochen immer dasselbe alte Fett erhitzt.

»Können wir nicht woanders hingehen?«, startete ich einen letzten Versuch.

»Ist doch super hier«, strahlte Rainstar.

Ich bestellte einen Salat und hoffte, von Durchfall verschont zu bleiben. Rainstar bestellte gleich zwei Pizzen. Mit Käse. Als die fettigen Teile serviert wurden, griff er mit beiden Händen zu. Ihm schmeckte es sichtlich und mit jedem Bissen, den er schluckte, stieg seine Laune.

»Habe überhaupt keine Lust, Weihnachten mit meinen Leuten zu feiern. Bin so froh, wenn ich tun kann, was ich will. Und wenn ich endlich den Führerschein machen darf. Muss Sam unbedingt fragen, ob er mir dann sein Auto leiht.

Finde ich ja echt cool, dass er dir seins gegeben hat. Das hat er bestimmt für Daniel gemacht. Sam findet Daniel nämlich spitze. Ich werde mir so schnell kein Auto kaufen können. Mein Erspartes ist für die Pilotenausbildung. Das rühre ich nicht an. Aber so wie es jetzt ist, kann es nicht weitergehen. Bin dauernd auf irgendwelche Leute angewiesen, und es kostet zu viel Zeit. Wenn wir uns nicht ranhalten, schaffen wir es nicht, wenn …«

»Ist das wirklich wahr, dass der Zeitplan so knapp ist?«, erkundigte ich mich innerlich grinsend. Rainstar hörte sich an wie Daniel.

»Ja. Sehr knapp«, bestätigte Rainstar. »Wir machen alles selbst. Weil wir kein Geld haben. Wenn wir Geld hätten, dann würde es viel schneller gehen. Trotzdem müssen wir manche Teile extra anfertigen lassen und dann kommen sie mit dem Schiff und wenn da was nicht passt, dann gehen die Teile erst mal zurück. Das müssen wir alles einkalkulieren.«

»Na wenigstens kannst du Daniel heute helfen.«

»Heute, heute, was ist das schon?«

»Vielleicht kann ich euch heute ein bisschen filmen?«

Rainstar riss die Augen auf.

»So richtig filmen? Mich auch? Ich dachte, ich komme nur so ein bisschen ins Bild?«

»Nein, nein. Du sollst schon richtig dabei sein. Ich möchte dich interviewen.«

»Mich?«

»Ja, dich.«

»Und wann?«

»Warum nicht gleich jetzt?«, fragte ich und zog die Kamera aus dem Futteral.

»Das ist eine Kamera!«, rief Rainstar, als hätte er nicht im Geringsten damit gerechnet.

»Ja.«

»Also hast du sie jetzt endlich bekommen!«

»Ja.«

Rainstar setzte sich sehr gerade hin und fuhr sich mit dem Handrücken über den Mund. Die Servietten auf dem Tisch schien er nicht zu bemerken.

»Dann bin ich also ein Filmstar?«, fragte er.

»Klar.«

»Und was muss ich sagen?«

»Du brauchst nur meine Fragen zu beantworten.«

»So wie ich denke?«

»Ja.«

»Und wenn dir das nicht gefällt, was ich denke.«

»Das ist egal. Ich interessiere mich für deine Meinung.«

»Meine Meinung«, wiederholte Rainstar, und seine Augen wurden noch größer.

»Dann fangen wir doch einfach an«, beschloss ich.

»Ey Mann, Rainstar! Ey Mann, was'n da los? Wirste gefilmt, Alter, oder was?«

»Klar«, rief Rainstar den Typen drei Tische weiter zu.

»Die kennen dich?«, fragte ich.

»Ja – bin bekannt hier. Passt doch zu einem Filmstar?«

»Ey, und als was wirste gefilmt?«

Rainstar drehte den Kopf. Sehr langsam. Fast schon überheblich.

»Als Pilot«, sagte er würdevoll. Aber dann war er wieder der aufgeregte Junge mit dem fettig glänzenden Handrücken. »Sehe ich gut aus?«, fragte er mich.

»Ja.« »Wirklich?«

»Wie ein echter Pilot.«

»Und wie sieht ein echter Pilot aus?«, wollte er neugierig wissen.

»Wie du«, rettete ich mich und hob eine Hand, um zu signalisieren, dass es nun wirklich losging.

»Okay, dann fang an«, gab Rainstar mir die Starterlaubnis.

Ich drückte den On-Knopf.

»Erzähl mir doch mal, seit wann du weißt, dass du Pilot werden willst?«, fragte ich ihn.

Rainstar erzählte begeistert von seinem ersten Flug, an den er sich erinnern konnte: als Zweijähriger und von seiner Begegnung mit Daniel. Er wirkte sehr souverän vor der Kamera; seine Stimme klang tiefer als gewöhnlich. Das war bemerkenswert, denn viele Menschen sprechen wegen der Aufregung in einer höheren Tonlage, wenn sie gefilmt werden. Rainstar wirkte auch sehr selbstbewusst – vielleicht spornte ihn die Anwesenheit seiner Kumpels an.

»Was hast du so alles gemacht, bevor du Daniel kennengelernt hast?«

»Meinst du vielleicht, ich hätte ohne Daniel nicht gelebt?«, fragte er.

»Eins zu null«, dachte ich. Rainstar war aufmerksam.

»Wie meinst du das?«, fragte er schließlich kooperativ nach. Rainstar wollte gern ein Filmstar sein.

»Was du eben so gemacht hast«, fügte ich vage hinzu. Mir war es lieber, meine Interviewpartner erzählten von selbst. Erfahrungsgemäß erfuhr ich mehr, wenn ich ihnen viel Raum ließ.

»Ich habe zu Hause Flugzeugzeitschriften gelesen, war in der Bibliothek …«

»… in der im Rainbow Forest?«

»Eine andere gibt es hier ja nicht. Hier gibt es überhaupt verdammt wenig, und deshalb werde ich auch auswandern. Ich kann es kaum mehr erwarten, bis ich hier wegkomme.«

»Wohin?«

»Nach Amerika. Zu Samantha und Bill. Das ist ein Freund

von Daniel. Und von mir. Bei Bill und Samantha kann ich wohnen. Bill schickt mir auch Zeitschriften. Und andere Sachen. Samantha hat mir einen Computer geschenkt. Und ich war mit Bill beim Modellflugzeugfliegen.«

»Ach, das machst du auch?«

»Ja. Ich habe sie früher auch gebaut. Jetzt habe ich keine Zeit mehr dafür.«

»Machst du auch Sport?«

»Sport ist Mord.«

Ich seufzte.

»Was für Sport meinst du eigentlich?«, zeigte Rainstar sich entgegenkommend.

»Keine Ahnung – Fußball oder irgendwas, was Jungs in deinem Alter eben gerne machen.«

»Ist doch alles langweilig, was die machen. Das hat mich noch nie interessiert. Ich habe auch nicht so viele Freunde. Die hängen immer nur rum. Dafür habe ich keine Zeit. Kann ich noch 'ne Pizza haben?«

»Klar«, nickte ich. »Was hättest du denn gern?«

»Käse.«

Ich stand auf und bestellte einen weiteren vor Fett triefenden Teiglappen. Als die Pizza serviert wurde, konnte ich es mir nicht verkneifen:

»Weißt du eigentlich«, fragte ich Rainstar, »dass man als Pilot nur ein bestimmtes Gewicht haben darf?«

»Weiß ich«, nuschelte Rainstar, schon wieder mit Kauen beschäftigt.

»Kondition ist auch wichtig«, ergänzte ich.

»Das ist mir doch egal, was ihr für Richtlinien in Europa habt. Bei uns hier ist das anders. Da kann jeder fliegen. Ob dick oder dünn.«

»Da bin ich mir nicht so sicher.«

Rainstar zuckte mit den Schultern. »Wenn ich zu dick wäre, dann würde ich nichts mehr essen. Mir doch egal.

»Was glaubst du, wie du dich fühlen wirst, wenn du deinen Pilotenschein in der Tasche hast? Du bist wahrscheinlich der erste Caribbean Indianer, der ein Flugzeug steuern wird?«

Rainstar hörte auf zu kauen. Ich glaubte, er hätte mich nicht richtig verstanden und wiederholte meine Frage. Da bemerkte ich die Röte in Rainstars Wangen; seine Unterlippe zitterte. Ein Stück Käse hing in einem Mundwinkel und zog einen langen Faden hinab zu seinem Kinn. Auch der zitterte.

Und dann rannen die Tränen aus seinen Augen. Eine davon fiel auf den Tisch; ein kleiner Salzsee. Ich wußte nicht, was ich tun sollte. Völlig perplex beobachtete ich die zweite Träne, die nun an Rainstars Kinn balancierte und neben den Salzsee stürzte.

»Warum muss ich dauernd über das beschissene Caribbean-Reservat reden?«, zischte Rainstar.

Ich drückte die Stopptaste und legte die Kamera beiseite.

»Ich dachte, du willst einen guten Film übers Fliegen machen?«, fragte Rainstar. Dünn und weinerlich klang seine Stimme.

»Bist du denn nicht stolz darauf, ein Caribbean Indianer zu sein?«, fragte ich verstört.

Ich wusste überhaupt nicht, wie ich mit seiner Reaktion umgehen sollte.

»Ich bin nicht so wie die!«

»Wie denn?«

»Ich bin anders!«

»Ja, sicher, Rainstar! Ich wollte dich nicht verletzten, ich meine doch nur …«

In solchen Straßenkneipen wird die besteCalaloo-Suppe serviert.

»Ich bin nicht so wie die! Ich bin weder arm noch dumm. Ich war sogar schon in Amerika. Ich bin schon mal weggekommen von dieser verfluchten Insel. Ich habe nichts mit denen zu tun, hörst du, nichts!«

»Natürlich nicht, Rainstar. Aber trotzdem bist du ein Caribbean Indianer. Und du wirst der erste sein, der eine Pilotenlizenz bekommt, oder? Das muss dich doch auch stolz machen?«

»Das geht die gar nichts an! Das ist mein Leben! Ich bin ein Individuum, kapierst du das nicht? Bloß weil ich ein Indianer bin, bin ich noch lange nicht wie die im Caribbean-Reservat. Du kannst mich doch nicht mit denen vergleichen! Verstanden!«

»Aber Rainstar!«, rief ich erschrocken. »Das tue ich doch nicht!«

»Warum fragst du mich dann so einen Scheiß?«

»Weil es zum Film gehört.«

»Ich dachte, du machst einen Film über Daniel?«

»Ja, sicher. Deswegen passt du ja so gut in diesen Film hinein. Daniel war ein Abenteuer. Und Indianer passen gut zu Abenteurern, findest du nicht?«

Rainstar schneuzte in das als Serviette verkleidete Klopapier. Es war so dünn, dass es sich zwischen seinen Fingern in Nichts auflöste. Eine Bedienung brachte eine Kleenexrolle.

Rainstar sprang auf und verschwand Richtung Toiletten.

Ratlos blieb ich zurück. Wenn Rainstar sich weigerte, über seine Identität als Caribbean Indianer zu sprechen – wie würde ich dann den Bogen zum Reservat finden? Ich musste ihn überzeugen. Ohne seine Gefühle zu verletzen. Warum konnte er nicht stolz auf seine Herkunft sein? Das wünschte ich ihm so sehr. Was mußte Rainstar in seinem jungen Leben schon an Demütigungen über sich ergehen lassen haben, um so zu reagieren? Wenn ich an seine wundervolle Großmutter Clemo dachte, konnte ich das nicht verstehen. Sollte ich sie ins Spiel bringen? Oder würde ich damit alles noch schlimmer machen?

So etwas durfte mir nicht noch einmal passieren; mit meiner europäischen Indianer-Romantik im Hinterkopf war ich einfach davon ausgegangen, dass jeder Indianer stolz auf seine Herkunft sein müsse. Ähnlich wie Brian: Er war sicher gewesen, dass ich als Deutsche gern und viel Fleisch essen würde. Für mich war das fast eine Beleidigung, denn ich sah mich auch nicht als typische Deutsche. Genauso hatte ich Rainstar beleidigt, der sich nicht als typischen Caribbean Indianer betrachtete. Wäre ich ein wenig aufmerksamer gewesen, hätte ich das auch bemerken können. Rainstar liebte amerikanische Filme, trug amerikanische Kleidung und versuchte mit allen Mitteln, wie ein College-Schüler zu wirken. Außerdem war Rainstar in der Pubertät, auch darauf hatte ich keine Rücksicht genommen.

In Deutschland war ich für meinen Interviewstil gelobt worden, besonders für mein Einfühlungsvermögen. Das schien mir hier abhanden gekommen zu sein, dabei hatte ich es mit zwei extrem schwierigen Protagonisten zu tun.

Rainstar und Daniel! Bislang hatte ich sie nur einzeln gefilmt. Wie würde es werden, wenn ich beide gleichzeitig vor der Kamera hätte …

Ich ging zur Theke, um Eis für Rainstar zu bestellen.

»Welche Sorte?«, wurde ich gefragt.

Als ich erfuhr, dass es vier Sorten gab, bestellte ich alle vier und punktete bei Rainstar, der mich anstrahlte, als er die vier Becher sah. Das musste ich mir merken: Bei Rainstar gingen Zuneigung und Motivation durch den Magen. Wahrscheinlich wusste Daniel das auch – das würde die Chipsvorräte in seinem Haus erklären.

»Alles für mich?«, fragte Rainstar ein wenig ungläubig.

»Ich wusste nicht, welche Sorte du am liebsten magst«, lächelte ich. »Da habe ich alle bestellt.«

»Ich mag auch alle«, nickte Rainstar, zückte den Löffel und machte sich an die Arbeit.

»Kann ich die Kamera wieder einschalten?«, fragte ich ziemlich fasziniert von den Verwandlungen, die Rainstar in Sekundenschnelle vollzog. Vom selbstbewussten jungen Mann zum unsicheren Kind – und nun war er ein kleines Schleckermäulchen, das überhaupt nicht mehr männlich wirkte, sondern richtig süß und schnuckelig.

»Ja, ja, kein Problem, schalte die Kamera ruhig wieder ein«, forderte Rainstar mich auf.

»Also, warum möchtest du Pilot werden?«, fragte ich.

»Da hat man ein schönes Leben. Viel Freiheit. Man sieht die ganze Welt und verdient eine Menge Geld. Und man lernt schöne Frauen kennen.«

Das Schleckermäulchen alterte rasant. »Aha.«

»Und du?«, fragte Rainstar. »Kannst du viel Geld mit deinen Filmen verdienen?«

»Mit Dokumentarfilmen verdient man nicht viel Geld. Die sind eher was für die Seele. Mit Werbefilmen könnte man mehr Geld verdienen.«

»Warum machst du dann keine Werbefilme?«

»Weil ich … also weil ich einen gewissen Anspruch habe. Ich möchte Wissen transportieren, den Menschen von anderen Menschen berichten, Geschichten erzählen … Aber was rede ich hier überhaupt. Es ist dein Interview!«

»Wir sollten uns beeilen«, sagte Rainstar und leerte den letzten Becher Eis. »Daniel wartet bestimmt schon auf uns, und ich muss um sechs zu Hause sein, weil wir morgen ganz früh ins Reservat fahren.«

»Ach, zu deiner Oma?« Er nickte.

»Die freut sich bestimmt total auf dich.«

Rainstar nickte noch einmal, und ich spürte deutlich, das ich das Thema besser meiden sollte.

Auf der Rückfahrt steuerte ich direkt das Reisebüro an.

»Warte mal hier«, bat ich Rainstar.

»Wir haben keine Zeit!«

»Es dauert nicht lang.«

Tatsächlich hatte ich innerhalb von zehn Minuten meinen Flug klargemacht. Morgen Nachmittag würde ich Dominica verlassen. Das Datum des Rückflugs hatte ich offengelassen. Ich wusste ja nicht, was mich zu Hause erwartete, und vielleicht brauchte ich zwei Tickets für den Rückflug.

In Roseau waren die Straßen mit Girlanden und Lichterketten geschmückt, und in vielen Schaufenstern prangte weihnachtlicher Kitsch. Trotzdem kam bei mir keine richtige Stimmung auf. Diese blinkende Dekoration erinnerte

Ein typischer Supermarkt bei Roseau von außen. Kaum zu glauben, aber drinnen gibt es fast alles.

mich eher an Las Vegas als an beschauliche Gemütlichkeit. Und außerdem fehlte der Schnee. Schnee gehörte für mich einfach zu Weihnachten – deshalb war ich die Feiertage über oft in die Berge gefahren. Skifahren! Ich lächelte. Die Vorfreude auf zu Hause wärmte mich wie ein Kaminfeuer. Wir waren schon fast außerhalb von Roseau, als mir siedend heiß einfiel, dass ich kein Geschenk für Daniel hatte. Auch wenn Daniel Weihnachten vergessen würde, wäre es schön, wenn er ein Päckchen von mir finden würde! Ich fragte Rainstar, worüber Daniel sich freuen würde.

»Schuhe«, sagte Rainstar nachdem er eine Weile nachgedacht hatte. »Daniel braucht dringend Schuhe.«

»Was für Schuhe?«

»Sandalen.«

»Wo kriegen wir die?«

»Die besten sind aus Amerika.«

»Ja, klar. Und da fahren wir jetzt hin?«

»Quatsch! Wir müssen sie auf der Straße kaufen. Beim Markt. Da gibt es welche aus Amerika. Alle anderen gehen gleich kaputt, glaub mir.«

»Und wo ist der Markt?«

Rainstar lotste mich durch die Stadt. An einer Ecke bat er mich zu warten.

»Du bleibst besser im Wagen«, riet er mir wie ein Kavalier alter Schule und lockte mir ein paar East-Caribbean-Dollarscheine aus der Tasche.

Ein paar Minuten später tauchte er mit einem Paar Sandalen für Daniel auf. Er schwenkte sie wie eine Trophäe, und ich mußte Rainstar recht geben. Die Qualität war erstaunlich gut.

»Daniel wird sich sehr freuen!«, seufzte Rainstar und in seinem Gesicht konnte ich lesen, wie auch er sich über dieses Geschenk für Daniel freute.

»Und du?«, fragte ich ihn. »Was wünscht du dir?«

»Ein Auto«, kam es wie aus der Pistole geschossen.

»Und sonst?«

»Einen Flugsimulator.«

»Was kostet so was?«

»Viel.«

»Wie viel?«

»Weiß nicht.«

»Wenn ich in Deutschland bin, schaue ich mich mal um.«

»Echt?«

»Ich habe einen Bekannten, der hat ein Computergeschäft, und außerdem verbringt er seine ganze Freizeit mit einem Flugsimulator.«

»Cooler Typ.«

Ich seufzte, doch es gelang mir, meine Meinung für mich zu behalten. Ich fand Ronny* nicht cool, sondern eher bescheuert.

Ich hatte ihn beziehungsweise seine und meine Freundin Susan* einige Male abends angerufen und dann erfahren, dass Ronny einen Nachflug nach Bangkok plante und deshalb keine Zeit hatte, mit mir – oder mit ihr – zu sprechen, weil der Start kurz bevorstand. In solchen Nächten schlief Ronny nicht. Irgendwann im Morgengrauen landete er dann in Bangkok; natürlich ohne seinen Computer jemals verlassen zu haben. Es war klar, dass er am nächsten Tag keine Zeit hatte, um etwas mit Susan zu unternehmen. Wie es Susan wohl ging? Hoffentlich hatte sie sich endlich von Ronny getrennt. Oder drohte sie es ihm nur an – dann standen meine Chancen höher, einen Flugsimulator für Rainstar zu ergattern.

»Übrigens will meine Schwester Sängerin werden«, verriet Rainstar mir.

»Warum erzählst du mir das?«

»Sie braucht ein Mikrofon.«

»Okay, Rainstar«, lachte ich. Er lachte mit. Und dann wurde die Fahrt zu Daniel noch recht lustig, denn Rainstar erzählte mir von seiner Schwester und ihren Freundinnen, so wie ein Pubertierender eben über das andere Geschlecht spricht. Wirklich unterhaltsam!

Als Rainstar am späten Nachmittag von Daniels einzigem Nachbarn Desmond abgeholt wurde, der ihn mit nach Roseau nehmen würde, lachte er mir so herzlich zu, dass ich keine Befürchtungen mehr hatte. Außerdem kannte ich nun ja das Zaubermittel. Chips und Eis und eventuell ein Flugsimulator.

19. Kapitel

Während Daniel in der Garage weiterarbeitete, überlegte ich mir, wie ich Daniel die Nachricht von meinem bevorstehenden Abflug schonend beibringen konnte. Mühsam hatte ich in relativ kurzer Zeit ein Vertrauensverhältnis aufgebaut. Wie würde Daniel reagieren, wenn ich ihn so brüsk vor vollendete Tatsachen stellte?

Wieder einmal überraschte er mich. Dieser Mensch paßte einfach in keine Schublade.

»Das ist wunderbar, Lara«, gratulierte er mir. »Du brauchst Geld, da hast du völlig recht. Es ist wichtig, dass du frühzeitig nach Geldgebern Ausschau hältst! Mach es besser als ich. Wenn ich mich um einen Sponsor gekümmert hätte, würde ich weniger Sorgen haben und wäre schon viel weiter. Ich bin halt kein Geschäftsmann.«

»Zum Glück!«

»Ach, manchmal würde das gar nicht schaden.«

»Dann ist es okay für dich, wenn ich morgen fliege?«, vergewisserte ich mich.

»Ich schätze, wir sollten um ein Uhr aufbrechen, damit wir rechtzeitig am Flughafen sind«, antwortete Daniel auf seine Weise.

»Du fährst mich zum Flughafen?«

»Selbstverständlich.«

»Obwohl du so viel zu tun hast?«

»Ich mache es gern.«

Ich spürte, wie die Rührung Tränen in meine Augen trieb.

»Sollen wir noch was Dringendes aufnehmen?«, übernahm Daniel die Regie.

Ich räusperte mich und fand zurück zu meiner Rolle als Regisseurin. »Das ist lieb, dass du danach fragst, Daniel. Natürlich gibt es noch sehr viel aufzunehmen. Aber ich glaube, ich habe genug Material, um den Leuten in Deutschland das Projekt vorzustellen. Was du mir gestern Abend erzählt hast, war phantastisch. Und es kam genau zum rechten Zeitpunkt. Bis dahin hatte ich noch kein wirklich gutes Interview mit dir und deinen faszinierenden Geschichten aus der Vergangenheit.«

»Bill hat das Beste aus mir rausgeholt«, grinste Daniel.

»Ja, er hat dich wirklich inspiriert«, bestätigte ich. »Und mich auch. Übrigens habe ich heute Nachmittag Rainstar gefilmt. Wir waren Pizza essen.«

»Ich weiß.«

»Ach, er hat es dir erzählt?«

»Ja. Du hast ihm vier Sorten Eis spendiert.«

»Hat er sonst noch was gesagt?«

»Schokoladeneis mag er am liebsten«, erwiderte Daniel, und ich beschloss, nicht weiter nachzufragen. Nicht heute. Irgendwann einmal würde ich mit Daniel über Rainstars Identitätsprobleme sprechen.

»Ich bin sehr zuversichtlich«, fuhr ich fort, »dass ich genügend Material präsentieren kann.«

Daniel räusperte sich. Seine Stimme zitterte ein bisschen. »Wann kommst du wieder?«

»Im Februar.«

»So spät?«

»Dafür habe ich dann ein ganzes Team dabei.«

»Sieht so aus, als hättest du dann nicht so viel Zeit zum Putzen wie diesmal.«

Ich knuffte ihm in die Rippen.

»Nein, die hab ich nicht. Das kannst du tun, weil meine Crew dann hier wohnt.«

»Wehe, ihr haltet mich von der Arbeit ab!«

Ich grinste.

»Und äh … also wie viele Leute sind das … deine Crew?«

»Kamera, Ton, vielleicht ein Assistent und ich.«

»Dann schlafe ich wohl besser in der Garage«, seufzte Daniel, und es klang nicht nach einem Scherz.

Daniel schaute mich ernst an: »Eines darfst du nicht vergessen, Lara: Ich kann nicht auf dich warten.«

»Wie meinst du das?«

»Ich werde beim Sun and Fun Festival starten. Ich muß weiterarbeiten und meinen Zeitplan einhalten.«

»Natürlich!«

»Ich kenne mich in deiner Branche nicht aus, aber ehrlich gesagt erscheint es mir ein wenig utopisch, wenn du davon ausgehst, dass du so schnell Geld für den Film auftreibst. Ich habe lange in Deutschland gelebt und weiß, dass die Deutschen sehr genau abwägen.«

»Ich weiß, dass es utopisch klingt, Daniel. Aber ich bin überzeugt davon, dass es klappt. Vielleicht kannst du mit den spektakulären Sachen auf mich warten. Motor, Propeller, Höhenruder und was sonst noch alles.«

Die bevorstehende Rückreise machte mich nervös. Fast hatte ich ein wenig Angst davor, meinem alten Ich zu begegnen. Ich war mir nicht sicher, ob ich mich wirklich schon auf die neue Lara verlassen konnte, und das würde sich erst in Deutschland herausstellen. Der bevorstehende Besuch war eine Feuertaufe. Hin- und hergerissen überlegte ich, ob ich meine Sachen wirklich bei Daniel lassen sollte. Würde ich wirklich zurückkehren, wie ich es mir vorgenommen hatte? Seltsamerweise zweifelte ich nicht daran, den Film zu verkaufen. Ich zweifelte an mir selbst.

Und tat in meiner letzten Nacht bei Daniel kein Auge zu.

Als Daniel am nächsten Morgen mit den Worten »Frühstück ist fertig« an meine Tür klopfte, wusste ich, dass dies wirklich ein besonderer Tag war – und dass ich doch kurz geschlafen haben musste.

Gegen Mittag packte ich meinen Kram zusammen, und wir machten uns auf den Weg zum Flughafen. Wir sprachen während der ganzen Fahrt kein Wort. In der kleinen Abflughalle des Flughafens Canefield drückte Daniel mich fest an sich. Seine Augen schimmerten feucht.

»Komm bloß wieder!«, murmelte er.

»Ich verspreche es dir«, sagte ich.

20. Kapitel

Und wieder musste ich Einkäufe am Flughafen machen; diesmal in Köln. Diesmal brauchte ich kein leichtes Strandkleid für einen Urlaub in der Karibik, sondern einen Wollpullover, einen Schal, eine Mütze und wasserdichte Schuhe für den deutschen Alltag. Über das Wetter hatte uns der Copilot schon beim Start aufgeklärt: Köln bedeckt, zwei Grad minus, leichter Schneefall. Zur Landung war ein zäher Nebel hinzugekommen, der wie alte Zuckerwatte über dem Rhein klebte.

Wie teuer hier alles war! Ich suchte nach den billigen Klamotten. Am Flughafen nicht gerade einfach. Und es dauerte.

Diesmal spielte Geld sehr wohl eine Rolle: Ich sparte für meinen Film und überlegte sogar, auf ein Taxi zu verzichten und den Bus zu nehmen, was ich angesichts meines Gepäcks aber bleiben ließ.

Waren die Deutschen schon immer so dick und blass und fleischig gewesen? Ich war diesen Anblick nicht mehr gewöhnt. Bullige Männer mit Stiernacken. Wässrig blaue Augen. Hagere Frauen, die aussahen, als hätten sie Mundgeruch. Rote Pickel in blutleeren Gesichtern. Niemand fragte mich: »Fucking okay?« Und das war ausnahmsweise keine Wohltat. Mir fehlte etwas! Die Farben der Klamotten waren trostlos: schwarz, grau, oliv und braun und beige. Ja, es war Winter, aber sollte man sich deshalb nicht erst recht bunt kleiden? Und nirgends war Musik zu hören. Kein Reggaerhythmus, nur ein ödes Hintergrundgeklimper und manchmal eine Durchsage. Alles wie am Schnürchen. Tick-tack, das deutsche Uhrwerk.

Der Fußboden war so blank poliert, dass ich mir in meinem Spiegelbild die Lippen hätte nachziehen können.

Ich kam mir vor, als wäre ich aus einem Farb- in einen Schwarzweißfilm gefallen. Nicht nur optisch. Auch innerlich, so eng und miefig und trist war das alles. Darauf also hatte ich mich gefreut? Danach hatte ich Heimweh gehabt? Nun verspürte ich Fernweh. Oder war mein Fernweh in Wirklichkeit Heimweh?

Ein bisschen verloren stand ich in der Eingangshalle. Wohin? Im Flugzeug hatte ich mir das hundert Mal überlegt und hundert Mal anders entschieden. Zuerst zu Sven? Zu meinen Eltern nach München? Zu Frauke? Oder zum Sender? Es wäre Wahnsinn, gleich zum Sender zu fahren, doch die Zeit drängte.

Mein Film war das Wichtigste. Also erst zum Sender. Es war egal, dass ich müde und ungeduscht war – im Flugzeug hatte ich mich frisch gemacht, das musste genügen.

Ich wollte schließlich nicht mich präsentieren, sondern meinen Film. Sollte ich es wagen? Irgendein Gefühl trieb mich an. Ich steuerte auf ein Taxi zu, und der Fahrer lud mein Gepäck in den Kofferraum.

Früher war ich oft nach irgendwelchen Interviews vom Flughafen in die Redaktion gefahren, und ich kannte die Strecke noch immer genau: die Kurven, die Autobahn, die Rheinbrücke, schließlich die Innenstadt.

Grau, hässlich, neblig. Nicht mal die Schneeflocken, die vom Himmel fielen, sahen romantisch aus, waren eher schmuddelige Fetzen – in der Hosentasche vergessene Papiertaschentücher, Schneeflocken wie aus einer Wäschetrommel gekratzt.

Mit jedem Meter fühlte ich mich trister und kleiner. Meine Brust wurde eng, und am liebsten wäre ich wieder geflohen.

Es schien, als würde sich mein Körper an die Strecke erinnern und schrumpfen. Vielleicht hätte ich Sven anrufen und mich abholen lassen sollen. Vielleicht wäre dann alles anders.

Freundlicher, heller, wärmer. Dann hätte ich gleich gewusst, wohin ich gehörte.

»Tatsächlich?«, fragte eine Stimme in mir.

Ich wusste keine Antwort. Am Straßenrand standen graue Menschen mit missmutigen Gesichtern unter Adventssternen und Lichterketten. Das hier war Deutschland und nicht die Karibik.

Am Sender bezahlte ich den Taxifahrer und ging langsam zum Eingang. Hinter mir erhob sich der Kölner Dom. Monumental. Unverrückbar. Grau.

Sollte ich nicht doch erst eine Nacht schlafen? Ich musste gut drauf sein. Jetzt ging es um die Wurst, wie Rainer früher immer gesagt hatte. Wie sollte ich ein Projekt verkaufen, wenn ich so mies gestimmt war. Ich sollte mir ein Hotel suchen. Nein, ich musste es hinter mich bringen! Die beim Sender konnten froh sein, dass ich mit meiner Filmidee als Erstes zu ihnen kam. Ich war keine Bittstellerin! Ich brachte ein Geschenk. Ich mußte es schaffen, die Programmentscheider zu überzeugen! Noch ein paar Meter. Kopf hoch, Schwung in den Hüften, nicht schleichen, sondern schreiten, los!

Die Eingangstür. Das Drehkarussell in den Sender. Ich betrat den Kreislauf. Immer im Kreis war ich hier früher gelaufen. Ein Hamster im Rad. In einer Glasscheibe sah ich mein Gesicht. War ich verrückt?. Ungeschminkt an einem so wichtigen Tag? Attraktiven Frauen schlug man nichts ab.

»Du siehst verdammt noch mal gut aus!«, baute ich mich auf. »Und außerdem verkaufst du nicht dein Äußeres, sondern eine Filmidee!«

»Endlich hast du das erkannt«, hörte ich die Stimme meiner Oma. »Genau so geht es! Meine Große, mach dich nicht kleiner, als du bist. Denn in der Größe, in der du den anderen begegnest, werden sie dich beurteilen. Vergiss niemals, dass alle Menschen gleich sind, egal, welche Titel sie tragen. Stell sie dir alle in der Unterhose vor.«

»Ja, Frau Sanders! Sie habe ich aber lange nicht gesehen!«, begrüßte mich der Pförtner, dessen Namen ich nicht kannte, was mir in diesem Moment leid tat. Ich erinnerte mich gut an ihn. Er war der netteste der Herren, die sich den Pförtnerdienst teilten. Ich versuchte ein Lächeln.

»Gut sehen Sie aus! Sie waren wohl länger im Urlaub?«, zwinkerte er mir zu.

Einen Moment lang war ich irritiert. Sollte das ein Scherz sein? Doch in seinem Gesicht entdeckte ich keine Häme.

»Ja«, nickte ich. »Kann ich mein Gepäck kurz bei Ihnen unterstellen?«

»Selbstverständlich!«

»Ist noch jemand Wichtiger im Haus?«

»Welche Redaktion?«

Ich stutzte einen Moment, räusperte mich und sagte dann, was mir spontan in den Sinn kam: »Menschen, Länder, Abenteuer?«

»Nein. Alle weg.«

»Menschen hautnah?«

»Vorhin ist die Chefin gegangen. Die anderen schon früher.«

»Hm.«

»Hm«, machte der Pförtner auch.

»Und jemand, der einen Sondersendeplatz vergibt?«, fragte ich und mir wurde siedend heiß klar, dass ich im Grunde genommen keine Ahnung hatte. Überhaupt keine Ahnung, an wen ich mich wenden sollte. Alles, was ich wusste, war, dass ich einen tollen Film hatte. Im Kopf.

»Tut mir leid. Sie wissen ja: Weihnachten steht vor der Tür«, bedauerte der nette Pförtner.

»Ja, sicher«, sagte ich und zermarterte mir das Gehirn, wen ich kennen könnte.

»Es geht doch ums Fernsehen, oder?«

»Ja, schon …«

Da hob der Pförtner die Hand. »Herr Meyer* ist noch da. Vorhin ist er nach oben gefahren. Vielleicht ist er der richtige? Ich glaube, Herr Meyer ist für neue Themen zuständig. Aber ganz genau weiß ich das auch nicht.«

»Herr Meyer?«, fragte ich. Keine Ahnung, wer das sein sollte, Keine Ahnung, wie der sich schrieb.

»Na ja. Auch wenn er nicht der Richtige ist – er ist wirklich nett. Und sonst ist fast niemand mehr im Haus. Wie gesagt: Weihnachten. Also ich an Ihrer Stelle würde es einfach mal bei ihm versuchen. Vielleicht weiß er, wer der richtige Ansprechpartner für Sie ist. Mir hat der Herr Meyer vorhin eine Flasche Sekt geschenkt. Wenn Ihr Thema gut ist, na dann hab ich mich praktisch dafür revanchiert. Also sagen Sie ruhig, dass ich Sie geschickt habe – sollten Sie einen Treffer landen.«

»Und wenn nicht?«, fragte ich.

Der Pförter lächelte einfach nur.

»Danke«, sagte ich leicht verwirrt.

Ich hatte Deutschland ganz anders in Erinnerung. Aber vielleicht lag es auch an Weihnachten.

Ich entfernte mich ein paar Schritte von der Pförtnerloge und schaute in der Empfangshalle herum, während der nette Pförtner nach der Telefonnummer von Herrn Meyer suchte.

Über viertausend Menschen arbeiteten im Sender, da kannte er nicht jede Telefonnummer auswendig.

Ein paar Mitarbeiter der Kinderredaktion plauderten vor den Fahrstühlen. Ich drehte mich weg. Mit zweien von ihnen war ich einmal – es kam mir vor wie vor zehn Jahren – bei dem Erfinder der Sendung mit der Maus zum Interview gewesen. Ich wendete ihnen den Rücken zu und hoffte inständig, sie würden mich nicht erkennen. Niemand sollte mich erkennen. Jetzt bloß in kein Gespräch verwickelt werden. Ich brauchte meine ganze Konzentration.

Der Pförtner winkte mir. »Es klappt! Herr Meyer erwartet Sie.«

Am liebsten hätte ich den Pförtner umarmt. Sollte ich nochmal hierherkommen, würde ich ihm eine Blume mitbringen.

»Danke!«

»Gern geschehen! Und alles Gute!!«

»Danke!«, sagte ich erneut.

Alle Müdigkeit war von mir abgefallen. Ich strich mir durch die Haare und ging mit festen Schritten zum Fahrstuhl.

»Hey, wen haben wir denn da? Kann ich meinen Augen trauen? Ist sie es oder ist sie es nicht?«

Ich zuckte zusammen. Diese Stimme! Und schon stand er vor mir. Jochen*. Toningenieur. Der geschwätzigste Mitarbeiter des ganzen Hauses. Innerhalb von Minuten würde sich die Nachricht von meinem Besuch durch die Flure verbreiten. Das hatte mir gerade noch gefehlt. Lauffeuer lautete Jochens Spitzname völlig zu Recht.

»Lara!«, rief Jochen, und als ich mich nicht umdrehte, rief er noch einmal. »Lara!«

Warum konnte ich nicht einfach unsichtbar werden? Ich wollte nicht erkannt werden. Ich wollte einfach nur meine Filmidee verkaufen. Als neue Lara. Ich war keine freie Mitarbeiterin. Ich war keine Angestellte. Ich war eine Frau mit einer Idee und wollte einen Sendeplatz für meinen Film.

»Schöne Weihnachten«, wünschte ich Jochen und ging einfach weiter.

Ich umklammerte die drei Kassetten, die ich Herrn Meyer vorführen wollte. An einem Schulterriemen baumelte die Kamera, tippte bei jedem Schritt an meine Hüfte. Und ich tat viele Schritte, denn ich stürmte die Treppen empor. In diesem Sender würde ich nie wieder einen Aufzug betreten! Meinen Herzschlag spürte ich überall und bekam kaum mehr Luft.

Als ich vor der dritten Tür links neben dem Fahrstuhl stand, wie der Pförtner mir erklärt hatte, wartete ich, bis sich mein Atem beruhigt hatte und überlegte mir meine Vorgehensweise zum xten Mal.

Neun Minuten Material wollte ich zeigen. Mehr würde ich bestimmt nicht brauchen, um jeden zu begeistern. Im Kopf ging ich meine Geschichte noch mal durch, die ich mir im Flugzeug überlegt hatte:

»Ich habe den tollsten und interessantesten Abenteurer der Welt, der noch am Leben ist, kennengelernt. Einen fast achtzigjährigen Schweden, der im Dschungel mit einem Indianerjungen seinen Traum verwirklicht. Er baut sein eigenes Flugzeug und hat phantastisches Filmmaterial aus den fünfziger Jahren, in denen er Könige und bedeutende Persönlichkeiten geflogen hat. Ich kann mir den Film sowohl im Kino als auch auf einem Sondersendeplatz vorstellen.«

Sollte ich zuerst reden? Oder sollte ich zuerst mein Treatment auf den Tisch legen?

Die Tür sprang auf, und ich zuckte zusammen. Ein Mann, den ich noch nie zuvor gesehen hatte, stand vor mir.

Er trug einen grauen Anzug mit einer blauen Krawatte, die falsch geknotet war. Das machte ihn sympathisch.

Daniel und ich. Wir werden es schaffen, weil wir an unsere Träume glauben.

»Frau Fander?«, fragte er mich. »Zu mir?«

Ich streckte meine Hand vor.

»Lara Sanders. Danke, dass Sie Zeit für mich haben!«

Meine Stimme zitterte. Mir war gar nicht klar gewesen, wie nervös ich war. Meine Knie waren puddingweich. Ich wunderte mich, wie ich es zu der kleinen Sitzgruppe schaffte, zu der mich Herr Meyer einlud.

»Tee, Kaffee?«, bot er mir an.

»Danke, nichts.«

»Ich nehme auch nichts. Und jetzt bin ich gespannt, was Sie mir mitgebracht haben. Eine Weihnachtsgeschichte? Wobei Sie da bei mir ganz falsch wären. Also, lassen Sie mal hören!«

Er lehnte sich zurück und an seinem Gesicht sah ich deutlich, dass ich diesen Termin zwei Umständen zu verdanken hatte. Dem netten Pförter und Weihnachten.

Ich sagte einige Sätze über Daniel und drückte dann Play an meiner Kamera. Unwillkürlich musste ich lächeln, als Daniels vertrautes Gesicht auf dem kleinen Monitor erschien.

»Aha«, sagte er Herr Meyer, »das ist er also.«

»Ja. Das ist Daniel. Ist er nicht toll?«

Herr Meyer schmunzelte.

»Sicher. Er erinnert mich an meinen Onkel.«

Ich setzte alles auf eine Karte.

»Schon als Kind war es mein Wunsch, Regisseurin zu werden.«

»Ach ja, tatsächlich?«, fragte er.

Ich nickte.

»Mein Onkel wollte übrigens Pilot werden.

»Daniel ist Pilot!«, rief ich und glaubte, nun würde alles gut werden. Ich war beim Richtigen gelandet. Das Schicksal stand auf meiner Seite.

Herr Meyer räusperte sich.

»Viele Menschen träumen vom Fliegen. Zu viele. Es tut mir leid – das Thema bringt keine Quote. Fliegen ist zurzeit nicht im Trend. Also nicht Fliegen mit Flugzeugen. Fliegen Sie auf Gänsen oder Ski, darüber können wir reden. Aber alte Männer mit alten Flugzeugen – hm. Tut mir Leid Frau Fanders.«

Es fiel mir schwer, meine Enttäuschung zu verbergen.

»Nehmen Sie es bitte nicht persönlich, Frau Fanders und um Gottes willen – versuchen Sie es noch in anderen Abteilungen. Wissen Sie, bei mir sind Sie auch an der falschen Stelle. Ich vertrete nur den Kollegen vom Tierfilm.«

Machte er sich über mich lustig? So schnell ließ ich mich nicht abwimmeln! Auch wenn der Übergang alles andere als political correct war:

»Nun zeige ich Ihnen den zweiten Protagonisten, den Indianerjungen Rainstar. Ich habe leider keinen Trailer. Dazu hat die Zeit nicht gereicht. Ich kann einen schneiden und nachliefern – in ein, zwei Wochen …«

»Das glaube ich Ihnen gerne, Frau Fanders … Indianer … hm. Kultur? Oder Reisen? Oder Länder, Menschen, Abenteuer? Ist es ein deutscher Indianer? Oder eher doch international? Menschen hautnah beschäftigt sich in erster Linie mit deutschen Protagonisten … hm …«

Auf dem Monitor erschienen Rainstar und Daniel in der Garage. Herr Meyer starrte auf den Monitor. Ich war mir nicht sicher, ob er überhaupt etwas darauf erkannte oder ob er sich in einer seiner Genreschubladen verlaufen hatte. Vielleicht befand er sich aber auch schon im Urlaub. Immerhin: er war nett. Erzählte mir von seinem Onkel und dem Ferienhaus in den Bergen, wo er die Feiertage mit seiner Familie verbringen würde. Streute hin und wieder ein, dass ich mich am besten nach den Feiertagen noch einmal in einer anderen Abteilung melden sollte – aber dann eben in der richtigen Redaktion. Leider konnte er mir nicht sagen, welche das sein sollte, und mir wurde immer klarer, dass ich schlecht vorbereitet war.

Das Telefon auf dem Schreibtisch klingelte. Ich stoppte das Band. Auf einmal fühlte ich mich schwach und einsam und leer. Von weit weg hörte ich irgendwelche Terminverabredungen, dann verabschiedete sich Herr Meyer und legte auf. Ich nahm meine Kamera wie ein Baby auf den Schoß.

Herr Meyer setzte sich neben mich und legte mir kurz die Hand auf den Arm.

»Ich glaube, ich verstehe Ihr Anliegen, Frau Fanders. Es gefällt mir auch gut. Es geht darum, Lebensträume zu verwirklichen, nicht wahr?«

Ich nickte.

»Das ist ein wichtiges Thema. Aber im Moment weiß ich nicht, wie ich Ihnen weiterhelfen kann. Vielleicht sollten Sie sich Ihr Konzept noch einmal durch den Kopf gehen lassen.«

»Okay«, sagte ich und stand auf.

Natürlich hatte er recht, dass dies kein kommerzieller Film werden würde. Aber warum mussten es immer nur kommerzielle Themen sein, die sich verkaufen ließen, weil sie angeblich Quote bringen.

21. Kapitel

Mit gesenktem Kopf schleppte ich mein Gepäck zum Hotel am Dom. In diesem relativ günstigen und zentral gelegenen Hotel brachte der Sender häufig Studiogäste unter. Ich legte mich in die Badewanne und heulte. Stundenlang. Ich wusste gar nicht so genau, warum ich heulte, wahrscheinlich war ich grenzenlos erschöpft.

Zwischendurch schlief ich auch einmal ein und als ich wieder aufwachte, konnte ich meinen Kopf kaum mehr bewegen.

Ich heulte noch eine Runde. Dann stand ich zitternd am Fenster, in das raue Badetuch gehüllt, und schaute auf die Straße, wo Passanten mit Tüten vorbeihetzten.

Kein Meer in Sicht. Kein sanftes Rauschen der Palmen. Keine Geräusche des Dschungels. Ich hörte die Glocken des Doms, ohrenbetäubend wie immer, und eine fette zerfledderte Taube schiss auf das Fensterbrett.

Ich war so müde, dass mir übel war, aber ich konnte nicht einschlafen. So lag ich auf dem Bett; die Matratze war viel zu weich, das Kissen hart wie ein Brett. Ich starrte an die Zimmerdecke, an die Wand.

Ich stellte die Kamera auf meinen Bauch und schaute eine Kassette an. Daniel und die Kompasse. Daniel und eine Papaya. Sein Lachen. Das war ganz am Anfang, da war er noch ein bisschen verlegen, wenn ich ihn filmte. Wie lieb er in die Kamera schaute, so bescheiden und herzlich. Das war mir noch gar nicht aufgefallen. Und da hinten stand der Topf, den ich mitgebracht hatte. Und dort: Sams Pick-up.

So lag ich im Hotel in der Kölner Innenstadt und hatte Sehnsucht. Oder Fernweh? Oder Heimweh? Oder fehlte mir Daniel? Vielleicht auch Sam? Ohne lange nachzudenken, griff ich nach dem Telefon neben meinem Bett und zog den Zettel mit seiner Handynummer aus meinem Portemonnaie.

Der Zettel steckte neben Svens Foto. Ich schaute Sven nicht in die Augen, sondern tippte Sams Nummer ein. Es klingelte nur einmal und Sam war am Telefon.

»Hallo, hier ist Lara«, sagte ich und hatte keine Ahnung, wie ich weitersprechen sollte.

»Lara!« An seiner Stimme hörte ich, wie sehr er sich freute. Und ich spürte, wie sehr ich ihn vermisste. Aber durfte ich das? Ich klappte mein Portemonnaie mit Svens Bild zu und schob es unters Kissen.

»Lara, wie geht es dir? Ich habe immer wieder versucht, dich zu erreichen! Geht es dir gut? Wo genau bist du?«

Am liebsten hätte ich gesagt, dass alles in Ordnung sei, doch da war so viel ehrliche Anteilnahme in Sams Stimme, dass ich ihn nicht anlügen konnte.

»Ich bin in Deutschland und hier ist es scheußlich!«

Sam lachte. Sein Lachen klang warm, und ich spürte die karibische Sonne auf meiner Haut.

»Dann komm bald wieder! – Ich vermisse dich! Du weißt ja, wir zwei haben noch eine Menge vor.«

Meine Kehle war auf einmal wie zugeschnürt. Was erwartete er von mir? Ich konnte ihm doch gar nichts sagen, ich wusste doch selbst nicht, wie es weitergehen würde mit meinem Leben.

»Ich weiß noch nicht genau …«, begann ich, als Sam mich unterbrach.

»Lara, es tut mir sehr leid, aber ich bin gerade in einem Meeting. Kann ich dich später zurückrufen? Kannst du mir eine Nummer geben?«

Im ersten Moment war ich so enttäuscht, dass ich am liebsten aufgelegt hätte. Da rief ich ihn aus Deutschland an, und er hatte keine Zeit, mit mir zu telefonieren. Dann spürte ich, wie ein Kichern in mir aufstieg. Wahrscheinlich war ich völlig überdreht und übernächtigt. Ich lachte einfach los.

»Lara?«

»Ja, ich bin noch da.«

»Alles in Ordnung?«

»Ja, danke. Es war noch nie so in Ordnung wie jetzt«, sagte ich.

»Danke wofür?«

»Das erzähle ich dir, wenn wir uns wiedersehen.«

»Soll ich dich später anrufen?«

»Nein, das brauchst du nicht, Sam, lieber Sam. Ich melde mich bei dir. Hast du eigentlich ein Tattoo?«

Jetzt wollte ich es wissen.

Nun lachte Sam.

»Sag schon«, forderte ich ihn auf.

»Noch ein Grund, mich bald wiederzusehen«, lockte er. Und dann war er weg. Eine Weile noch hielt ich den Hörer in der Hand, ehe ich sehr langsam auflegte. Nun war ich wieder allein.

Auf dem Weihnachtsmarkt am Dom herrschte großer Andrang. All diese Menschen! Ich kaufte mir eine vegetarische Pizza und lehnte mich an die Seite eines Holzhäuschens auf dem Markt, bis mich ein Mann anranzte:

»Das ist kein Bistro hier!«

Woanders hatte ich mehr Glück. Langsam kauend und auf einer Rollsplittkiste der Kölner Stadtwerke sitzend, beobachtete ich die Menschen. Es kam mir vor, als wäre meine Seele noch gar nicht richtig angekommen. Alles um mich schien so unwirklich; ich fühlte mich immer noch sehr müde, aber mein Geist war wach, eher überdreht als aufmerksam und gleichzeitig sehr langsam.

Picknick mit Sam – einer der schönsten Tage meines Lebens.

Viele Liebespaare, Arm in Arm. Über die Feiertage machte man es sich richtig gemütlich. Gut essen. Kino. Bett. Lesen. Badewanne. Spaziergänge. Freunde treffen. Urlaub planen. Vorfreude!

So wie Sven und ich es gehalten hätten. Sven. Warum hatte ich ihn nicht längst angerufen? Und meine Eltern?

Ich warf die Hälfte der Pizza, die alles andere als vegetarisch schmeckte, weg und ging zu einer Telefonzelle, einer der wenigen, die noch mit Münzen funktionierten. Ich wählte die Vorwahl von München, dann die Telefonnummer meiner Eltern. Schon nach dem ersten Klingeln nahm meine Mutter ab.

»Mama?«

»Meine verlorene Tochter! Was für eine Überraschung! Hast du mein Paket bekommen?«

»Ja.«

»Und die Lebkuchen schon gegessen?«

»Ja.« Die Tränen schossen mir in die Augen.

»Geht es dir gut?«

»Ja.«

»Lässt du dir die Sonne auf den Bauch brennen?«

»Ja.«

»Hier verpasst du nichts! Es ist grau, und es schneit ohne Unterbrechung. Aber trotzdem ist es schade, dass du nicht da bist. Papa ist gerade an der Uni. Er studiert doch jetzt Geschichte. Sein Kurs hat heute Weihnachtsfeier.«

»Ach ja?«

Wie weh das tat! Ich wusste nicht, was mein Vater machte. Ich wusste nicht, wie es ihm ging.

»Er hätte so gern mit dir gesprochen. Aber ich werde ihm alles erzählen. Was machst du denn an Weihnachten? Können wir dich irgendwo anrufen?«

»Schlecht, Daniel hat ja kein Telefon und …«

Ich konnte das Weinen nicht mehr zurückhalten und mußte die Hand über den Hörer halten.

»Lara?« »Ja.«

»Eben war die Leitung gestört. Ansonsten war sie noch nie so gut wie heute. Deine Stimme klingt ganz anders. So nah. Und ohne Zeitverzögerung. Bei unserem letzten Telefonat habe ich dich immer erst nach einer Weile gehört.«

»Ja.«

»Lara? Was ist mit dir? Geht es dir nicht gut?«

»Doch, Mama.«

»Du klingst komisch, mein Kind.«

Mein Kind, mein Kind. Das war zu viel.

»Was?«, rief ich, als hätte ich nicht verstanden.

Es zerriss mich; ich log meine Mutter an! Aber ich hatte keine Wahl – wenn ich ihr sagte, wo ich war, würde sie in den nächsten Zug springen, und das hätte ich nicht ausgehalten. Ich musste erst mit mir selbst klarkommen, dazu war ich in die Karibik gereist. Aber wirklich finden konnte ich mich vielleicht doch nur hier.

»Lara?« »Ja?«

»Wann kommst du nach Hause?«

»Bald, Mama.«

»Du weißt, dass wir immer für dich da sind.«

»Ja, Mama«, sagte ich.

Und dann drücke ich auf die Gabel. Es ging nicht anders. Die Verbindung musste abgebrochen werden, bevor ich zusammenbrach.

Ich kaufte mir einen frisch gepressten Mangosaft, der fad schmeckte verglichen mit den karibischen Früchten. Ohne es zu merken, war ich Richtung Straßenbahnhaltestelle gelaufen. Hier fuhr die Linie zu Sven. Ich tat so, als wüsste ich das nicht und kaufte mir eine Tüte Maroni. Ich aß sie in einem Wartehäuschen. Sehr langsam und ohne viel zu denken. Allmählich wurden die Bahnen leerer. Bald würden die Geschäfte schließen. Mir war kalt. Ich musste mich bewegen und ging an den Schienen entlang, Richtung Hürth. Richtung Sven. Das Schneetreiben wurde immer stärker, der Wind auch. Eisig. Ich lief einfach. Immer weiter. Es passierte ganz von allein. Meine Beine wollten gehen. Ich dachte nicht viel.

Setzte die Füße voreinander und ging einfach, immer weiter, neben dem Gleis her, verlor es nie aus den Augen. Gelegentlich fuhr eine Straßenbahn vorbei. Immer weniger Fahrgäste.

Ich schaute durch die Fenster von beleuchteten Häusern. Familien beim Abendbrot. Gemütlichkeit. Ich hatte schon immer gern in Fenster hineingeschaut; manchmal hatten mich die Szenen traurig gemacht, besonders in Momenten, in denen ich mich einsam fühlte. Dabei zeigten diese Fenster ja nur ein scheinbar harmonisches Bild; häufig offenbarte erst der Ton die Wahrheit.

Ich hatte keine Uhr. Meine Beine waren müde, als ich endlich ankam: zu Hause. Ich war mindestens eineinhalb Stunden unterwegs gewesen. Mein Gesicht brannte, der Wind blies eisig. Ich stand vor unserem Schloss in Hürth. In so einer tollen Wohnung hatte ich nie zuvor gelebt. Sven hatte das Inserat in der Zeitung entdeckt: drei Zimmer, Tennisplatz, Sauna.

Wir waren die Ersten, die angerufen hatten, und kamen aus dem Staunen nicht mehr heraus, als wir durch den Torbogen fuhren. Der Tennisplatz befand sich im Schlosspark, und die traumhaft geschnittene Wohnung kostete nur fünfhundert Euro. Wir hielten uns für Königskinder. Damals waren wir das auch. Ich stand am Anfang meiner beruflichen Laufbahn, Sven war voller Ideen für seine musikalische Zukunft in dieser Stadt. Wir hatten keine Ahnung, dass wir nur kurz dort wohnen würden, ehe ich dann nach München zurück ging und nur noch am Wochenende hier war.

Im zweiten Stock brannte Licht. Das Eckzimmer. Svens Musikraum. Sonst war alles dunkel. Wahrscheinlich saß er am Flügel. Sven machte immer alle Lichter aus, nur der Raum, in dem er sich aufhielt, war beleuchtet. Ich hatte es gern hell. Sven sparte.

Ich stellte mich neben die Trauerweide am Burggraben und starrte nach oben. Atmete und starrte, sonst nichts, stundenlang, so kam es mir vor. Ich starrte auf das Fenster wie auf eine Leinwand und sah dort den Film über unsere Liebe. Und ich sah Sven am Klavier. Nur ein paar Schritte. Klingeln.

»Du?«

»Wir auf der Burg«,
so nannten Sven und ich unser Zuhause

»Ja, ich.«

Du? War Sven noch mein Du?

Nur ein paar Schritte.

»Hallo, da bin ich.«

Ich? Wer war das? Würde Sven eine neue Lara lieben? War es der neuen Lara überhaupt wichtig, von Sven geliebt zu werden?

Wenn ich jetzt klingelte. Der Geruch der Räume. So viele meiner lieb gewonnenen Sachen ...

Ich war noch nicht stark genug, die Wohnung zu betreten. Wenn Sven seine Arme für mich öffnen würde, wäre die Verlockung viel zu groß, ins gemachte Nest zu fallen.

Das war viel zu gefährlich – viel gefährlicher als mein Leben in der Unsicherheit. Bedrohlich ist das Leben doch eigentlich nur, wenn man sich selbst verliert.

Eine Bewegung am Fenster, ein Schatten. Ich hielt den Atem an. Licht in der Küche. Wahrscheinlich hatte Sven sich ein Glas Wasser geholt. Noch mal ein Schatten am Fenster. Und dann sah ich Sven. Er öffnete das Fenster, schaute genau in meine Richtung und sah mich nicht, obwohl er genau zu mir blickte. Er sah mich nicht, weil ich nicht gesehen werden wollte. Ich wollte rufen. Ich wollte unsichtbar werden. Tränen rannen über mein Gesicht. Ich fühlte mich unendlich müde. Müde von der Suche nach mir; und ich hatte mich noch längst nicht gefunden.

Am nächsten Morgen war ich die Erste am Frühstücksbuffet im Hotel. Auch im Handyladen war ich die erste Kundin. Ich kaufte ein Handy, das ich weltweit nutzen konnte. Und ich entschied mich für einen kleinen Drucker. Dann kaufte ich noch ein paar Snacks im Bioladen, denn ich hatte einen langen Tag vor mir und wollte keine Zeit verlieren.

Im Hotel ließ ich mir eine Kanne Tee aufs Zimmer bringen, und dann legte ich los.

Ich rief überall an. Bei RTL, ZDF, NDR, SWR, Pro7, ARTE, und MDR, um mich zu erkundigen, wie ich vorgehen sollte, wenn ich eine Filmidee hätte, wen ich kontaktieren sollte. Überall hörte ich das Gleiche:

»Melden Sie sich im nächsten Jahr wieder, am besten ab Mitte Januar.«

Oder: »Schicken Sie uns ein Treatment mit Trailer. Frohe Weihnachten.«

Je öfter ich das hörte, desto frustrierter war ich. Sollte mein Aufenthalt hier völlig umsonst sein? Auch Wolfgang, der meinen Trailer schneiden sollte, war nicht erreichbar. Hatten sich denn alle und alles gegen mich verschworen?

Ich rief Rainer an. Ich musste mit jemandem sprechen, der mir Mut machen würde.

»Du wirst deinen Film verkaufen«, stärkte Rainer mein Selbstbewusstsein genau so, wie ich es mir gewünscht hatte.

»Glaubst du wirklich?«, fragte ich dennoch. Ich wollte, nein ich musste es einfach noch einmal hören.

»Ja. Ich glaube an dich, Lara. Du bist etwas ganz Besonderes. Und dein Daniel auch. Also leg los, Lara: Beschaff Geld!«

Genau das würde ich tun. Geld beschaffen. Dann wäre ich auch nicht umsonst hier, denn das Kapital war meine Starterlaubnis.

Ich verkaufte telefonisch alle meine Aktien, ohne mich nach deren Stand zu erkundigen, und überwies den Betrag auf mein Visa-Konto. Und ich beauftragte einen Makler, den Schmuck meiner Oma zu verkaufen.

Während ich am Rhein spazieren ging, überlegte ich mir, ob ich den Schmuck aus der Wohnung holen sollte. Ich wusste, wo der Ersatzschlüssel lag, aber ich wagte es nicht.

Selbst wenn Sven nicht da wäre – die Wohnung zu betreten, kostete mich zu viel Kraft. Ich war noch nicht sattelfest genug.

Warum nur hatte ich den Schmuck nicht in einen Banksafe gelegt? Das hatte Sven mich unzählige Male gefragt.

»Weil er dort geklaut werden könnte«, hatte ich erwidert und mir immer neue Verstecke für die Preziosen einfallen lassen, so dass ich manchmal stundenlang nach ihnen suchen musste.

Wer vermutete in einem Cremedöschen irgendwo im Nachttisch schon Brillanten!

Am besten wäre es, ich würde Sven nach Dominica einladen, dort bräuchte ich keine Angst zu haben, in mein altes Leben zu rutschen. Vielleicht würde er kommen, und dann wäre er einfach nur Sven, ohne unsere Wohnung, ohne Andenken an unser gemeinsames Leben. Vielleicht war es genau das, was wir brauchten: einen Neuanfang ohne Ballast.

… Oder sollte ich doch bleiben? Zu meinen Eltern? Oder sollte ich sofort zurückfliegen? Zu Daniel und … Sam? Wohin?

In einem Reisebüro kaufte ich ein Hinflugticket für Sven, Datum offen. Frauke sollte es ihm in den Briefkasten werfen, aber erst, wenn ich auf Dominica gelandet war. Und ich kaufte ein Rückflugticket für mich. Für heute.

»Oder lieber doch nicht?«, fragte ich die Angestellte im Reisebüro.

»Das müssen Sie schon selber wissen!«

»Ja. Also nein. Ich meine. Ja.«

»Was jetzt?«

»Ja. Ich fliege«, sagte ich und wollte es nicht.

»Es ist sehr unwahrscheinlich, dass Sie einen Platz bekommen«, sagte die Frau und ich wollte unbedingt mit.

»Um diese Jahreszeit sind so viele Leute krank, da wird schon noch ein Sitzplatz frei werden«, machte ich mir selbst Mut.

Zehn Minuten später hatte ich das Okay von der *Air France*. Nicht mal Warteliste!

»Lara, du bist völlig verrückt«, sagte Frauke, die mich zum Flughafen fuhr.

»Und das ist ganz einfach wunderbar. Die Insel hat dir gut getan. Du bist so locker und unkompliziert! Ach, ich glaub, da muss ich auch mal hin. «

Als ich eincheckte, kam es mir vor, als würde ich träumen. Wahrscheinlich würde ich meine Seele, die auf dem Weg nach Deutschland war, irgendwo über Europa treffen. Hoffentlich verpassten wir uns nicht, damit ich sie mit nach Dominica nehmen konnte.

Ich schlief während des gesamten Fluges. Es war ein entspannter Schlaf. Ich war auf dem Weg nach Hause. Ich war auf dem Weg zu mir.

22. Kapitel

Oh my god!«, rief Daniel, als er erkannte, wer neben Brian im Auto saß. Wir umarmten uns so lange, bis Brian in die Hände klatschte, um uns zu trennen.

»Nur ungern unterbreche ich euer Wiedersehen – aber ich muss sofort zurück in die Stadt. Ich habe meinen Laden einfach zugesperrt und Lara hierhergefahren. Ich muss den Laden wieder aufsperren. Sie hat sich bei mir genauso wenig angekündigt wie bei dir, Daniel. Sie stand einfach in der Tür.«

Daniel strahlte von einem Ohr bis zum anderen. Seine Backen glühten förmlich vor Freude, und meine wahrscheinlich auch.

Kaum war Brian weggefahren, nahm Daniel mich bei der Hand und zog mich zum Haus.

»Dass du wieder da bist, dass du wieder da bist«, murmelte er. »Du bist doch eben erst weggeflogen!“

Ich grinste.

»Und ich habe gar nichts eingekauft! Morgen ist doch Weihnachten. Ich muß sofort einkaufen. Was möchtest du?«

»Ich habe alles dabei, Daniel!«

Jetzt erst bemerkte er mein Gepäck, das Brian vor der Treppe abgestellt hatte.

»Ist das alles aus Deutschland? Was hast du denn alles mitgebracht und warum bist du schon wieder da?«

»Ein paar Sachen habe ich noch schnell in Roseau besorgt. Ein paar andere in Deutschland. Bei meiner Freundin Frauke untergestellt.«

»Du wirst müde sein! Hast du unseren Film so schnell verkauft?«

»Ja ich bin sehr müde. Nein, ich bin überhaupt nicht müde. Ich bin glücklich, dass ich wieder da bin.«

Daniel drückte mich an sich.

»Du bist ja ganz heiß!« Fürsorglich nahm er mir meinen Schal ab, den ich immer noch trug. So liebevoll kannte ich ihn noch gar nicht.

»Was ist jetzt mit dem Film? Wo ist deine Crew?«

»Das erzähle ich dir später.«

»Dann komm erst mal nach Hause. Vielleicht möchtest du dich erst mal hinlegen?«

»Später, Daniel! Ich muss die Lebensmittel in den Kühlschrank stellen und mich umziehen. In Deutschland ist es saukalt. Schnee und Nebel und ...«, ich überlegte, wie das Wort auf Englisch hieß, es fiel mir nicht ein und ich sagte es auf Deutsch, »Graupel.«

»Grau-pel, Grau-pel«, wiederholte Daniel.

Das klang sehr lustig und mir fiel auf, was für ein komisches Wort das eigentlich war: Graupel.

Daniel nahm die Mütze vom Kopf und kratzte sich.

»Und ich dachte, Weihnachten fällt aus!«

»Diesmal kommst du nicht davon«, sagte ich, »und ich auch nicht!«

Daniels Augen glänzten. Er setzte die Mütze auf und stakste mit großen Schritten zur Garage.

»Ich muss dir zeigen, was ich geschafft habe. Eine neue Idee fürs Armaturenbrett. Und außerdem weiß ich jetzt, wie ich den Propeller ...«

»Bitte später, Daniel«, bat ich.

Mein erstes Weihnachten in der Karibik stand vor der Tür. Ich genoss es sehr, nach dem Aufwachen noch eine Weile im Bett liegen zu bleiben und dem Dschungelkonzert zu lauschen. Die Sonne lugte durch den Vorhang.

Keine Sirene, keine grauen Geräusche waren zu hören. Hier tönte alles kunterbunt. Als ich in die Küche kam, traute ich meinen Augen kaum: Daniel hatte das Frühstück zubereitet.

Strahlend stand er vor dem Gaskocher und goss Tee für mich auf. Auf dem Tisch hatte er ein paar Äpfel und Orangen als Dekoration verteilt. Anscheinend hatte er sich gemerkt, dass das bei uns Tradition war.

»Daniel!«, staunte ich.

Mit einer kurzen Handbewegung zeigte er mir, dass er darüber nicht sprechen wollte. Mir sollte es recht sein. Das Frühstück verlief in schönster Harmonie, Daniel erzählte von seinem Baby und ich fühlte mich, als lebte ich seit Jahren mit ihm zusammen. Ich war sehr erleichtert, dass Daniel sich von meinem Mißerfolg beim größten Sender in Köln nicht die Laune verderben ließ.

»Es gibt so viele Fernsehsender auf der Welt, was glaubst du wie viele Antennen und Satelittenschüsseln ich von oben schon gesehen habe. Beißt der erste nicht an, freust du dich, wenn du einen größeren Fisch an der Angel hast.«

Plötzlich hörten wir Stimmen und beugten uns gleichzeitig über die Brüstung an der Veranda. Nicht weit weg vom Haus stand ein ziemlich eingedellter weißer Pick-up. Desmond und drei dunkelhaarige Männer mit Bärten und Macheten fuchtelten aufgeregt herum und schrien sich an. Ich verstand kein Wort. Daniel beobachtete die drei. Ich spürte die Anspannung. Plötzlich nickte er; anscheinend hatte er begriffen, worum es ging.

»Komm mit«, sagte er zu mir. »Ich zeige dir was.«

»Was denn?«

Daniel antwortete nicht und war schon an der Treppe. Neugierig folgte ich ihm.

Und dann entdeckte ich sie, links hinter dem Haus in einem Grashaufen. Fast hätte ich sie übersehen, so sehr hatte sie sich ihrer Umgebung angepasst. Eine riesige Boa Constrictor, eine Würgeschlange, mindestens fünf Meter lang. Ihr Durchmesser betrug vielleicht zehn oder fünfzehn Zentimeter, und sie war wunderschön gezeichnet. Ich erschrak so heftig, dass ich Daniels Arm umkrallte.

»Diese Schlangen sind harmlos«, sagte Daniel. »Es sei denn, sie fallen von einem Baum und erschlagen dich mit ihrem Gewicht.«

Die drei finsteren Gestalten näherten sich mit dicken Holzstöcken.

»Was geschieht hier?«, fragte ich Daniel.

»Geh ins Haus.«

»Nein, Daniel! Was läuft hier ab?«

Die drei Gestalten kamen schreiend näher. Die Schlange zuckte und hob dann ihren Kopf; ich fand sie zugleich bedrohlich und verletzlich und atemberaubend schön.

»Du sollst ins Haus gehen! Es ist besser für dich!«

Daniel wechselte ein paar Worte mit den Männern. Ich verstand nichts. Dieser Dialekt war mir fremd.

Und dann schlugen sie zu. Immer wieder. Die Schlange, die sich nicht gegen diese brutalen Schläge wehren konnte, zuckte und fuhr im Kreis herum, bis ihr schöner Körper an manchen Stellen nur noch Brei war. Ich schrie und schrie und hörte nicht mehr auf. Die Männer beachteten mich nicht, sondern schlugen weiter, immer weiter,

brutal und erbarmungslos.

Daniel packte mich am Arm, zerrte mich auf den Weg zurück und zog mich die Treppe hinauf zur Veranda, wo ich wie ein nasser Sack auf den Stuhl fiel und fürchterlich weinte.

»Warum erlaubst du das? Es ist dein Grundstück! Das ist doch grauenhaft!«, schrie ich ihn an.

Daniel nahm mich in den Arm und ließ mich weinen. Als er merkte, dass ich mich allmählich beruhigte, sagte er:

»Diese Leute haben kein Geld. Sie haben nichts zu essen. Die Schlange wird ihr Weihnachtsbraten sein. Hast du auf der Straße noch nie Leute gesehen, die eine Schlange häuten?«

»Doch. Als ich ins Caribbean-Reservat fuhr. Aber da habe ich nicht angehalten und zugeschaut.«

»Es gibt sehr viele arme Menschen hier, die tagelang nichts zu essen haben außer Obst aus dem Dschungel. Denen darf man das nicht übelnehmen. Für die drei da draußen ist heute ein Glückstag.«

»Wie kannst du so reden?«, fragte ich empört.

»Ich lebe schon eine Weile hier, Lara. Ich bin der Meinung, dass ich mich den hiesigen Gegebenheiten anzupassen habe. Zuerst fand ich das auch brutal und entsetzlich. Doch nun weiß ich, dass die Gesetze hier so sind. Es hat mir auch oft leid getan, dass das Leben so ungerecht ist. Aber so ist es nun mal. Das muss man akzeptieren. Und wenn man die anderen akzeptiert, wird man selbst auch akzeptiert. Der Friede beginnt bei unseren Nachbarn.«

»Schöne Worte!«, fauchte ich.

Daniel zuckte mit den Schultern. Ratlos sah er aus. Und bedrückt.

»Und wenn du eine Schlange findest?«, fragte ich.

»Dann lasse ich sie in Frieden, wie sie mich in Frieden lässt. Normalerweise fressen sie Ratten und Mäuse und das ist mir nur recht. Ich habe nichts dagegen, wenn sie mein Grundstück sauber halten. Wirklich gefährlich sind hier nur die Feuertausendfüßler. Schlangen sind meine Freunde. Und diese hier«, er wies nach draußen, wo das

Geschrei mittlerweile verstummt war, »hatte eben Pech.«

»So einfach ist das, sie hatte eben Pech!«, stieß ich hervor und rannte in mein Zimmer.

Dort warf ich mich aufs Bett und heulte weiter. Irgendwann hörte ich den Pick-up wegfahren, doch das brachte mir keine Erleichterung. Die Dschungelgeräusche waren plötzlich feindlich, alles erschien mir fremd und böse, und fast hatte ich Sehnsucht nach dem Hotel am Dom. Aber nur fast.

Irgendwann schlief ich noch einmal ein. Als ich wieder aufwachte, stand ein Teller mit fein geschnittenen Papayas neben meinem Bett, und ich hörte Daniel in der Küche. Ich schämte mich ein bisschen für meinen Anfall. Daniel erwähnte ihn mit keinem Wort.

»Was würdest du denn heute an Weihnachten machen, wenn ich nicht da wäre?«, fragte ich neugierig.

Daniel dachte nach. »Letztes Jahr habe ich auf Kurzwelle Weihnachtslieder angehört. Gegessen habe ich Kokosraspel mit Nüssen, also während des Weihnachtskonzerts. Vielleicht habe ich mir sogar ein Stück Ziegenkäse gegönnt.«

Ich kannte Daniel gut genug um zu erkennen, dass er es ernst meinte. Es tat mir ein bisschen weh, ihn mir so einsam vorzustellen. Dann fragte ich mich, ob er sich überhaupt einsam gefühlt hatte. Vielleicht gefiel ihm diese Stimmung. Ich durfte nicht von mir ausgehen – Daniel war ein ganz anderer Mensch als ich.

»Hast du dich einsam gefühlt?«, fragte ich ihn direkt.

»Ja«, erwiderte Daniel aufrichtig. »Und deshalb hat es mir auch ein bisschen gegraust vor dem heutigen Tag. Jetzt freue ich mich nur noch. Ich bin froh, dass du da bist. Normalerweise bin ich gern allein. Doch an Weihnachten bin ich wahrscheinlich ein bisschen schwermütig geworden und habe eine Familie vermisst. Ja, so kann ich es sagen. An Weihnachten, da hätte ich gern eine Familie.«

»Heute hast du eine Familie. Und ich auch. Wir machen es uns heute ganz schön, Daniel«, versprach ich.

Ich wollte Daniel ein Weihnachtsfest zaubern, das er niemals vergessen sollte! Aber dazu musste er mir aus dem Weg gehen.

»Was hältst du davon«, fragte ich, »wenn du ein bißchen in der Garage arbeitest und ich mich im Haus nützlich mache?«

»Ja, darf ich das denn?«, fragte Daniel wie ein kleiner Junge.

»Heute ist doch Weihnachten.«

»Gerade deshalb«, lächelte ich. »Du kannst doch an Weihnachten dein Baby nicht einfach links liegen lassen.«

»Das ist ein Wort!«, rief Daniel und war schon aufgesprungen.

»Und komm ja nicht unangekündigt hier rein!«, rief ich ihm hinterher. Und dann fing ich an.

Zuerst putzte ich eine Stunde. Es war erschreckend, wie viel Dreck und Unordnung sich in meiner kurzen Abwesenheit angesammelt hatte. Dann widmete ich mich der Dekoration. Ich hatte zwei Tüten Kitsch dabei, und als ich sie auspackte, fiel Fraukes fröhliches Lachen heraus. Wir hatten uns gekringelt beim Einkaufen. Strohengel und Lametta und Weihnachtskugeln, sogar einen kleinen Plastikweihnachtsbaum, eine Lichterkette und Kerzen. Ich schmückte die ganze Küche. Es sah wirklich schräg aus. Ich wurde richtig übermütig, wagte es sogar, ein wenig Lametta an ein Flugzeugmodell zu hängen, das in einer Ecke einstaubte. Ich legte Nüsse, Mandarinen, Lebkuchen und Plätzchen auf vier Teller, dazu die echten Tannenzweige aus Deutschland.

Schließlich begann ich zu kochen: Gemüsesuppe, Salat, Früchte, Fladenbrot, Ziegenkäse, Schafskäse, Lachsröllchen.

Ohne Probleme hätte ich eine Handvoll Leute verköstigen können. Es machte mir so viel Freude, dass ich in einen regelrechten Küchenrausch geriet. Und dann rief ich Daniel. Er musste die Augen schließen und ich führte ihn ins Bad, wo er sich die Hände waschen konnte. Danach erst durfte er in die Küche. Er öffnete die Augen, schaute, staunte – und seine Augen wurden groß und größer und glänzten.

»Lara!«, rief er. Seine Stimme zitterte. Mir kamen ebenfalls die Tränen. Was gab es Schöneres, als einen anderen Menschen glücklich zu machen!

»Wie schön, dass du da bist«, seufzte Daniel.

Beim Essen unterhielten wir uns über schwedische und deutsche Weihnachtsbräuche. Wie ungewohnt das für uns war – Weihnachten ohne Schnee. Dabei hatte es in Bethlehem bestimmt nicht geschneit, und Daniel war Weihnachten in der Karibik ja schon gewöhnt. Für mich war das alles neu. Ich genoss es, ihm von meinem herkömmlichen Weihnachten zu erzählen.

»Ich habe die Feiertage eigentlich immer bei meinen Eltern verbracht, sehr traditionell. Früher hat meine Mutter Karpfen blau gekocht. Seitdem der Fisch aber einmal lebendig aus der Pfanne gesprungen ist …«

»Ist nicht wahr!«

»Doch! Das ist wirklich passiert. Seitdem gibt es keinen Karpfen mehr.«

»Sondern?«, grinste Daniel.

Stille Nacht, heilige Nacht: An Weihnachten treffen sich alle in dieser Kirche am Strand.

»Forelle oder Truthahn. Mit Blaukraut und Knödeln.«

»Knödel! Knödel! Well! Das kenne ich! Das ist gut! Schweinebraten, yeah!«

»Zuvor gibt es natürlich Kaffee mit Plätzchen. Vanillekipferl. Ich habe dir ein paar mitgebracht.«

»Hmm, ja, die sind sehr gut. Sie schmecken wie selbstgebacken.«

»Eigentlich mag ich sie nicht, und doch gehören sie zu Weihnachten.«

»Und wo feiert dein Mann Weihnachten?«, fragte Daniel neugierig.

Ich räusperte mich. »Sven ist immer dabei.«

»Bei deinen Eltern?«

»Ja.«

»Und seine Eltern?«

»Die besuchen wir am ersten Weihnachtsfeiertag. Da gibt es dann Gans, gefüllt mit Sauerkraut – eine Spezialität seiner Mutter.«

»Sauerkraut, Sauerkraut. Macht lustig!«

»Nein Daniel, nur sauer.«

»Das klingt alles sehr gut.«

»Ja, eigentlich schon.«

»Und warum bist du nicht bei ihnen?«

Ich wusste nicht, was ich sagen sollte.

»Ach, vergiss es«, warf Daniel ein. »Ich bin ja so froh, dass du stattdessen bei mir bist! Denn Weihnachten und Silvester, das sind die Tage im Jahr, wo ich wirklich gerne eine Familie hätte.«

»Aber du hast doch einen Sohn«, sagte ich. »In Berlin.«

Daniel stutze. »Habe ich dir von ihm erzählt?«.

»Nein. Brian ist es herausgerutscht. Es war ihm dann auch unangenehm.«

»Ich muss ein sehr schlechter Vater gewesen sein, weil er mich noch kein einziges Mal hier besucht hat«, sagte Daniel leise.

»Er hat dich hier noch nie besucht?«, fragte ich ungläubig.

»Nein.«

»Aber warum?«

»Ich glaube, ich habe da etwas falsch gemacht.«

»Und was? Hast du ihn verprügelt?«

»Nein! Ich ... ich habe ihm vielleicht zu wenig zugehört.

Ich war viel unterwegs – und dann bin ich nach Hause gekommen und habe von meinen Reisen erzählt. Als Pilot ist man irgendwie ein Einsiedler. Das verträgt sich schwer mit einer Familie. Ich habe immer nur von mir erzählt. Ich dachte, das interessiert Nils-Holger, meinen Sohn. Konnte nicht gut zuhören. Ich habe andere Leute – und eben auch meine eigene Familie – nicht richtig wahrgenommen. Und wenn mir mein Sohn vom Fußballspielen erzählte oder von irgendwelchen Käfern, für die er sich begeisterte, dann habe ich ihm nicht die Aufmerksamkeit geschenkt, die er gebraucht hätte. Ich bin einfach davon ausgegangen, dass sich Nils-Holger für mein tolles Leben interessiert«, seufzte Daniel. »Ich war wohl ein ziemlicher Idiot. Ich dachte, es gäbe nichts Schöneres für einen Jungen, als Pilot zu werden. Insofern musste ich doch ein Traumvater sein. In Wirklichkeit war ich kein guter Vater, denn ich habe nicht erkannt, was Nils braucht. Es hat lange gedauert, bis ich das alles begriffen habe. Verdanke ich alles dieser Insel. Zum ersten Mal in meinem Leben bin ich wirklich fest stationiert. Ich bin nicht mehr rastlos.«

So lang hatte Daniel noch nie von sich erzählt. Und er hatte sich mir auch noch nie von dieser Seite gezeigt. Ich versuchte die Informationen zu sortieren, da fuhr er schon fort.

»Eine wirklich schöne Erinnerung habe ich an die Zeit mit Nils: Wir haben zusammen gecampt. In Schweden. Mitsommer. Wir haben draußen geschlafen und in einem alten Steinbruch Steine geklopft. Da haben wir Fossilien entdeckt. Ich weiß noch, wie die Augen des Kleinen geleuchtet haben. Und wie er versucht hat, die Kaulquappen zu retten, als der Bach austrocknete«, Daniel schüttelte den Kopf und lächelte.

Warm und sehr zärtlich war dieses Lächeln.

»Mein Sohn wollte Biologe werden. Schon immer. Insekten waren seine größte Leidenschaft. Einmal habe ich ihn ins Cockpit mitgenommen, da war er sechs oder sieben Jahre alt. Ich wollte ihn beeindrucken. Er sollte stolz auf seinen Vater sein. Nils hat Kakerlaken an der Fensterscheibe entdeckt. Die fand er spannender als alles andere. Die haben ihn wirklich fasziniert. Nicht sein Papa.«

Daniel stockte. Spontan legte ich meine Hand auf seine. Daniel biss sich auf die Unterlippe, stand dann auf, um

Wasser zu holen. Als er sich wieder setzte, hatte er auch seine Fassung wiedergefunden.

»Bist du stolz auf deinen Sohn?«, fragte ich.

»Ja, sehr. Er ist Doktor der Physik.«

»Also doch kein Biologe?«

»Nein, ich glaube, Brigitte war dagegen.«

»Wie alt war dein Sohn eigentlich bei eurem Campingausflug in Schweden?«

»Vielleicht neun?«

»Und wo war Brigitte?«

»Sie blieb zu Hause. Sie mochte nicht gern zelten. Und sie war auch froh, mal ihre Ruhe zu haben.«

»Wart ihr damals schon getrennt?«

»Nein, aber es war wohl kurz davor.«

»Ihr hattet da bereits Probleme?«

»Ich glaube, ich hatte keine Probleme. Ich habe mir einfach keine Gedanken darüber gemacht. Das war mein Fehler. Ich habe Probleme weggeschoben, weil ich nicht wusste, wie man damit umgeht. Meine Mutter hat immer gesagt, dass Streiten nichts bringt. Das habe ich beherzigt. Ich bin einfach weggegangen, wenn ich mich hätte auseinandersetzen sollen. Das war bestimmt nicht leicht für Brigitte. Und dann war ich ja schon wieder in der Luft. Sie hat mich nie richtig zu fassen gekriegt und das war mir nur recht. Vielleicht hätten wir uns ein paar Mal richtig anschreien müssen. Vielleicht wäre das ein besserer Weg gewesen. Aber ich habe es nicht ausprobiert. Ich habe nie gelernt zu schreien.«

»Man kann sich auch auseinandersetzen ohne zu schreien«, warf ich ein.

»Mag sein«, erwiderte Daniel. »Jedenfalls war ich mit meinem Leben zufrieden. Es war ein schönes Leben. Ich habe getan, was ich wollte. Und dann war da noch die Familie. Wie zwei Welten. Ich erinnere mich, einmal in einem Hotel in Israel, da rief Brigitte mich an. ›Nils Sohn möchte, dass du nach Hause kommst. Er vermisst dich.‹ Das war wohl ziemlich am Anfang unserer Elternschaft. Ich habe das gar nicht ernst genommen. Wenn ich seinerzeit besser aufgepasst hätte, wäre vielleicht alles anders gekommen. Heute denke ich, dass mein Sohn mich damals auch wirklich vermisst hat. Aber später – da hat er sich daran gewöhnt, dass ich weg war. Und wenn ich da war, dann habe ich von meinem tollen Leben als Pilot erzählt. Ich habe den Fehler gemacht, nicht zu begreifen, dass sich mein Sohn nicht dafür interessiert. Und ich habe mich nicht für das interessiert, was meinem Sohn wichtig war. Ich dachte, mein Sohn findet es toll, dass er einen Abenteurer zum Vater hat. Heute weiß ich, dass Kinder lieber einen Vater haben, der regelmäßig für sie da ist. Ich meine, ich habe mich schon um ihn gekümmert – aber ich weiß nicht, ob es die richtige Art und Weise war. Jedenfalls scheint es zu wenig gewesen zu sein, obwohl ich mich dann versetzen ließ und nur noch Kurzstrecken flog. Keine Transportflüge mehr. Die DC3 bin ich damals geflogen. Wir sind von München nach Frankfurt gezogen, weil dort mein Standort war. Ich war öfter zu Hause, habe nur noch selten im Hotel übernachtet. Kurzstrecken haben mir nicht so viel Spaß gemacht. Ich habe es für die Familie durchgezogen. Aber es war wohl schon zu spät. Brigitte und ich hatten uns auseinandergelebt. Mein Sohn schien auf ihrer Seite zu sein. Ich fühlte mich immer ausgegrenzter. Da dachte ich, genauso gut kann ich wieder Langstrecke fliegen. Denen fällt das doch gar nicht auf. Also habe ich mich wieder zur Langstrecke versetzen lassen. Ich war wirklich ein ziemlicher Idiot.«

»Meinst du nicht, dass du zu streng mit dir bist?«, fragte ich.

»Sonst hätte es doch geklappt«, erwiderte Daniel. »Aber so haben wir uns scheiden lassen.«

»Wohin bist du dann gezogen?«

»Wir haben weiter zusammengewohnt. Noch sechs Jahre lang. Ich flog Langstrecke. Mein Sohn war dann mit der Schule fertig – da hat er schon sein eigenes Leben gehabt.

Schließlich bin ich in Rente gegangen und habe dieses Plätzchen hier gefunden, nachdem ich eine Weile auf Gran Canaria gelebt hatte, aber dort war es mir zu touristisch. Ein Freund hat mir geraten, mich in der Karibik umzusehen. So bin ich herumgeflogen und habe mir von oben die Inseln angesehen, bis ich Dominica fand. Wenig Bebauung und viele Vulkane. Das fand ich interessant. Mein Sohn war noch kein einziges Mal hier. Obwohl es doch wirklich paradiesisch ist! Ich dachte mir, hier kann ich ihm etwas bieten. Aber er kommt nicht.«

»Hast du mit deinem Sohn darüber gesprochen?«

»Nein.«

»Wann hast du das letzte Mal mit ihm gesprochen?«

»Das weiß ich nicht. Wir schreiben uns.«

»Wie oft?«

»Zum Geburtstag. Und zu Weihnachten.«

»Eine Karte?«

»Ja.«

»Und das nennst du Kontakt?«

»Was soll ich denn tun?«

»Anrufen.«

»Im Anrufen war ich noch nie gut.«

»Willst du Kontakt haben?«

»Ja.«

»Dann musst du anrufen.«

»Aber ich weiß nicht, wie das geht.«

»Du nimmst den Hörer ab und tippst die Nummer ein. Hast du seine Nummer?«

»Ja.« Er räusperte sich. »Ich kann sie auswendig.«

»Wo ist das Problem?«

»Es ist schon so lange her, was soll ich denn am Telefon sagen?«

»Hallo. Wie geht es dir.« »Und dann?«

»Dann fragst du ihn das, was dich interessiert, oder du sagst ihm, dass du ihn vermisst, oder du fragst ihn, ob er Lust hat, dich mal zu besuchen.«

Tränen glitzerten in Daniels Augen.

»Das geht nicht so einfach«, wehrte er ab.

»Warum nicht?«

Eine Träne tropfte in die Teetasse.

»Das letzte Mal habe ich ihn vor über zehn Jahren gesehen«, schluchzte Daniel. »Bei einer Beerdigung in Stockholm. Danach haben wir zusammen eine Regenrinne repariert am Dach meiner Tante. Das war sehr schön. Aber wie es eben so ist bei einer Beerdigung. Man trifft sich kurz und dann ist es schon wieder vorbei. Aber immerhin konnte ich ihm zeigen, wie man eine Regenrinne repariert.« Daniel schniefte.

»Warum habt ihr danach nicht weiter Kontakt gehalten?«

»Wir sind da beide nicht so gut im Telefonieren und Schreiben und so. Das war nie unsere Stärke.«

»Also seid ihr euch da ziemlich ähnlich.«

Verwundert musterte Daniel mich. »Kann sein«, brummt er.

»Was sagt Brigitte dazu?«

Daniel seufzte schwer. »Ich glaube, sie ist auch nicht glücklich darüber, dass wir keinen Kontakt haben. Aber ich habe nicht mit ihr darüber geredet. Brigitte hat mich wenigstens mal besucht, gleich im ersten Jahr, als ich hierhergezogen bin. Ich glaube, sie mag mich noch immer, obwohl wir getrennt sind.

Leider ist sie schwer erkrankt. Sie hat Multiple Sklerose. Deshalb kann sie auch nicht mehr zu Besuch kommen, sonst täte sie das bestimmt. Also im Großen und Ganzen stimmt alles. Das hat schon seine Ordnung. Ich war wohl eben ein bisschen sentimental. Eigentlich habe ich keine Probleme.«

»Geht's dir noch gut?«, rief ich fassungslos. »Du bist bald achtzig Jahre alt und hast einen einzigen Sohn! Mit dem musst du doch reden! Wenn du tot bist, ist es zu spät.«

»Ich weiß schon«, brummte Daniel. »Aber ich kann nicht.«

»Steh auf!«, forderte ich ihn auf.

»Wieso?«

»Wir fahren jetzt auf der Stelle nach Roseau, suchen ein Telefon und dann rufst du deinen Sohn an.«

»Wieso?«

»Weil heute Weihnachten ist!«

»Aber …«

»Wo ist er überhaupt? Ist er zu Hause?«

»Er ist bestimmt bei Brigitte.«

»Hast du die Nummer wirklich im Kopf?«

»Ja.«

»Also los!« »Lara …«

»Nichts da, wir fahren!«

»Ich meine … also, wir müssen gar nicht fahren.«

»Doch.«

»Nein, so meine ich das nicht. Ich wollte sagen, dass ich … ich habe ein Telefon hier.«

»Du hast doch kein Netz. Sonst könnten wir mein Handy nehmen.«

»Nein, nein. Ich spreche nicht von einem Handy. Ich habe ein richtiges Telefon.«

Ich starrte Daniel an, als hätte er sich vor meinen Augen in eine Schildkröte verwandelt.

»Wie bitte?«

»Es ist in der Garage«, beeilte er sich mir zu erklären. »Ich habe es mal abgeklemmt. Weil es nie geklingelt hat. Das hat mich gestört. Und es kostet ja nur Geld.«

»Funktioniert es?«, fragte ich.

»We can fix it …«

»… in the East African way«, vollendete ich und rannte hinter Daniel in die Garage, wo er das Telefon aus einer Holzkiste zog. Ein schwerer schwarzer alter Apparat. Fünf Minuten später stand es angeschlossen auf dem Tisch und das Freizeichen ertönte. Daniels Hand zitterte als er wählte. Eine lange Nummer. Vor der letzten Zahl drückte er auf die Gabel.

»Was soll das?«, fragte ich.

»Er wird nicht mit mir reden.«

»Quatsch!«

»Nein, ich meine, er wird nicht englisch mit mir reden. Das wollte er nie. Er will immer nur deutsch reden.«

Entgeistert starrte ich Daniel an. »Das heißt, du sprichst Deutsch?«

Verlegen nickte Daniel. »Ein bisschen.«

Ich schnappte nach Luft. Ich wollte jetzt nicht darüber nachdenken, was ich zu Beginn meiner Bekanntschaft mit Daniel alles auf Deutsch vor mich hin gemurmelt hatte.

»Dann sprichst du eben deutsch«, forderte ich ihn knapp auf.

»Aber das kann ich nicht mehr richtig.«

»Da kommst du schnell wieder rein, und ab morgen werden wir es üben. Aber du rufst heute an. Jetzt. Es ist Weihnachten.«

»Aber es ist viel zu spät!«

»Nein, das geht gerade noch.«

Daniel seufzte und wählte erneut.

»Hello? Hallo?«, sagte er dann. »Hier ist dein Papi. Hier ist dein Papi.«

Die Tränen schossen mir in die Augen. Leise ging ich nach draußen.

Irgendwann hörte ich Daniel auf der Treppe; wir setzten uns auf die Stufen, schwiegen lange und schauten in den Sternenhimmel.

Manchmal lächelte Daniel oder seufzte, und immer wieder drückte er meine Hand. Ich war froh, dass es so dunkel war und er meine Tränen nicht sehen konnte.

»Meinst du, wir könnten mit dem Nachtisch beginnen?«, fragte Daniel nach langer Zeit.

Während ich das Dessert dekorierte, war Daniel verschwunden – und kam dann wieder mit einem Schuhkarton voller Fotos. Daniels Sohn als Baby, als kleiner Junge ... wir schauten sie alle an und Daniel erzählte und lachte und weinte.

»Am Telefon eben, da war er nicht sehr herzlich, weißt du«, sagte Daniel bekümmert.

»Erwarte nicht zu viel«, tröstete ich ihn. »Er ist fast vierzig Jahre alt, und plötzlich ruft sein Vater an.«

»Ja, da wäre ich auch durcheinander.«

»Und wahrscheinlich nicht gerade überschwänglich«, ergänzte ich. »Er ist eben dein Sohn.«

»Ja, mein Sohn«, seufzte Daniel.

»Du wirst ihn jetzt öfter anrufen!«

»Ja, das mache ich. Weißt du Lara, es ist eigentlich ganz einfach. Und vielleicht besucht er mich auch einmal hier. Er ist Doktor der Physik.«

So viel Natur, so viel Inspiration, so viel Hoffnung: Alles wird gut.

Ich nickte. Dies war das erste Mal, dass Daniel sich wiederholte. Er ist Doktor der Physik. Er war stolz auf seinen Sohn.

Als wir den Nachtisch gegessen hatten, stand Daniel auf und stellte das schwarze Telefon neben meinen Teller.

»Jetzt bist du dran«, forderte er mich auf.

»Wieso ich? Soll ich deinen Sohn anrufen?«

»Nein, deinen Mann«, befahl Daniel und mir wurde schummrig.

»Wieso …«

»Weil heute Weihnachten ist.«

»Ja und?«

»Das macht man so.«

»Wer sagt das?«

»Du hast das vorhin selbst gesagt. Zu mir.«

»Aber ich weiß doch gar nicht, was ich Sven sagen soll!«

»Hallo sagst du.«

»Und dann?«

»Dann fragst du ihn, wie es ihm geht.«

»Ich muss mal aufs Klo.«

»Wehe du haust ab!«

Ich ließ mir viel Zeit, ehe ich wieder in die Küche kam. Daniel hielt den Hörer schon in der Hand.

»Ich weiß nicht«, zögerte ich.

»Ich habe es auch geschafft, und bei mir lagen über zehn Jahre dazwischen. Also stell dich nicht so an!«

»Was ist, wenn er nicht mit mir reden will?«, fragte ich.

»Dann hast du es wenigstens versucht.« Mit diesen Worten ging Daniel nach draußen.

»Bleib bloß in der Nähe!«, rief ich ihm nach.

»Ich bin in der Garage.«

Ich wählte Svens Handynummer und hoffte, dass er das Telefon ausgeschaltet hatte oder dass die Leitung nicht funktionierte. Doch es dauerte nur wenige Sekunden und das Freizeichen ertönte.

»Hallo.«

»Lara!«

»Ja, ich bin's. Schöne Weihnachten wollte ich dir wünschen.«

»Ich dir auch! Lara!«

»Hast du schon in den Briefkasten geschaut?«

»Nein, wieso …«

»Schau mal rein. Da liegt eine Überraschung …«

»Was denn für eine Überraschung?«

»Schau einfach mal rein!«

»Da bin ich aber gespannt. Weißt du eigentlich …«

»Nicht!«, bat ich.

»Du hast recht. Lass uns jetzt nicht streiten.«

»Ja, es ist Weihnachten.«

»Ich freue mich sehr, dass du anrufst. Ich habe es mir gewünscht!«

»Ja. Ich auch. Also ich meine, dass ich dich anrufe, irgendwie ...«

»Lara, alles okay?«

»Ja.«

»Du, es ist schön, deine Stimme zu hören.«

»Ja, für mich auch.«

»Mist, der Akku! Lara, kann sein, dass du gleich weg bist.«

Ich kicherte. Sven und der Akku. Ein Drama in unzähligen Akten.

Und dann drückte ich auf die Gabel. Für den Anfang mußte das genügen. Mit Schweißperlen auf der Stirn schob ich das Telefon weit von mir. Jetzt verstand ich Daniel besser. Wie schwer war mir dieser Anruf gefallen und wie schwer wäre er mir gefallen, wenn über zehn Jahre vergangen wären! Bei meinen Eltern sprang mir der Anrufbeantworter an. Frohe Weihnachten.

»Das hast du gut gemacht«, lobte Daniel mich von der Tür. »Und jetzt lass uns feiern.«

Plötzlich erklang ›Jingle Bells‹. Irritiert schaute ich mich um. Ich hatte nicht bemerkt, dass Daniel den CD-Player aus Sams Wagen ausgebaut hatte. Daniel verbeugte sich vor mir.

»Darf ich bitten?«, fragte er.

Ich schob das Telefon noch ein Stück weiter weg.

»Übrigens kann ich nur Rock ’n’ Roll, Boogie, Twist und Tango«, vertraute Daniel mir an und führte mich auf die Veranda.

23. Epilog

Und ich habe meinen Film gedreht. Allerdings kam alles ganz anders, als ich gedacht hatte. Die Schwierigkeiten und Katastrophen brachten mich immer wieder an den Rand der Verzweiflung. Wir drehten nicht wie geplant ein oder zwei Mal auf Dominica, sondern fast dreieinhalb Jahre lang: auf Dominica, in den USA und in Berlin. Rainer hatte recht mit seiner Kalkulation, und ich musste zwei Kredite aufnehmen.

Den Schmuck meiner Oma habe ich immer noch: Es fand sich kein Käufer, und heute freut mich das sehr!

Auch Daniels Traum hatte Startschwierigkeiten. Immer wieder gab es Lieferprobleme bei den Ersatzteilen, und der Propeller kam mit drei Monaten Verspätung aus Amerika. Das Geld wurde knapp, und so musste auch Daniel einen Kredit aufnehmen, unter allergrößten Schwierigkeiten, da er nur seine kleine Rente als Sicherheit vorweisen konnte.

Die Hindernisse, Probleme und immer neuen Herausforderungen schweißten uns mehr und mehr zusammen.

Über vier Jahre hat es gedauert, bis ein Sender meinen Film gekauft hat. Fast fünf Jahre, in denen mehr passierte als in meinem ganzen Leben zuvor. Martin Pieper glaubte immer an Daniel und mich und kaufte den Film für ZDF/ARTE.

Hätten mich in diesen unglaublichen fünf Jahren meine Freunde und Freundinnen nicht immer wieder unterstützt und ermutigt, hätte ich diese Zeit nicht durchgehalten.

Und trotzdem habe ich alles verloren und ganz neu begonnen. Ich lebte nur für diesen Traum. Es waren die härtesten Jahre meines Lebens – und die schönsten.

Daniel hat sein Flugzeug gebaut und seinen Sohn in Berlin wiedergefunden. Anfang 2007 besuchte Daniels Sohn erstmals seinen Vater auf Dominica. Heute regelmäßig.

Rainstar hat eine Pilotenschule in den USA absolviert und seinen Pilotenschein gemacht.

Einen Traum erfolgreich zu realisieren, ist das Wunderbarste, was man erleben darf. Dabei habe ich gelernt, dass nur der Glaube an sich selbst helfen kann. Hätte ich auf andere gehört, wäre ich niemals an mein Ziel gekommen. Ich habe auch gelernt, dass die Angst das Gefährlichste ist. Angst zu haben, bedeutet Zweifel aufkommen zu lassen. Man verliert den Glauben an sich selbst und zieht Negatives an. Einen Traum zu leben ist eine Bauchentscheidung; der Verstand kann dabei nicht helfen.

Ich würde alles genauso wieder machen … fast alles! Denn der eigenen inneren Stimme zu folgen bedeutet, in Einklang mit sich selbst zu sein und anderen Menschen aufrichtig zu begegnen.

Ich wünsche mir von ganzem Herzen, dass jeder Mensch seinen Traum verwirklicht und … glücklich wird!

24. Dank

Ich danke allen, die mir geholfen haben, diesen Film erfolgreich zu realisieren und manchmal einfach nur da waren.

Besonderer Dank gilt Erich Neureuther, Wolfgang Panzer, Martin Pieper, Peter Pschygoda, Horst Knechtl, Karsten Treber, Klaus Schäfer, Walter Heigl, Tim Erhardt, Gary Marlowe, Martin Ludwig, Ralf Leistl, Lancelot von Naso, Frauke Horn, Andrea Kölbl, Franz Döllinger, Gaby Pachmayer, Isa Pittermann, Ellen Weber, Mickel Rentsch, Simone Mager, Jörg Geuer, Christine Schwägerle, Klaus Dexel, Conrad Sontheim, Robert Porschen, Tore Tompter, Jan Lundberg, Katja Solla, Nadine Zwick, Daniel Rundstroem, Rainstar Luke, Brian Bruni, Clemo Frederick meinen Eltern und Schnuck le Roi.

Und ganz besonders möchte ich meinem im Dezember 2006 geborenen Sohn Luca danken, der gewartet hat, bis das Buch fertig war. Eine Stunde nach dem letzten Punkt hat er sich angekündigt. Er ist das schönste Geschenk meines Lebens.

Die Bedingungen unter denen das Buch entstanden ist, erinnerten ein bisschen an den Dreh.

»Kaum jemand, der in den Siebzigerjahren freiwillig die Kultsendung ›Drehscheibe‹ verpasst hätte, in der der groß gewachsene Bajuware die Gaumen der Zuschauer kitzelte.«

Der Spiegel, 2008

Max Inzinger
»Ich habe da schon mal
was vorbereitet«
Biografie und Kochbuch
in einem Bundle

Seiten: 320 (Biografie)
120 (Kochbuch)
€ 29,90 (D), € 31,20 (A), CHF 38,60
ISBN 978-3-940873-01-9

BUCHTIPP

America's First German Topmodel

Rita Jaeger wird als Sechzehnjährige bei einer Misswahl in Stuttgart entdeckt und für erste Mode- und Werbeaufnahmen verpflichtet. Das ist der Beginn einer steilen Karriere als Topmodel, die sie, beginnend mit einem Anruf von Eileen Ford persönlich schließlich über Paris, Rom, New York und Tokio durch die ganze Welt reisen lässt.

Nach dem Ende ihrer aktiven Modelkarriere gründet Rita Jaeger die erste Modelagentur in Deutschland und führt sie über 30 Jahre lang erfolgreich durch und über die Hindernisse des deutschen Bürokratendschungels.

mit exklusiven Fotos

hansanord

Bestellen Sie jetzt unter: www.hansanord-verlag.de

»Rita Jaeger war unser erstes deutsches Topmodel. Sie hat den Blick der amerikanischen Modeindustrie auf die Schönheit der deutschen Frauen gelenkt. Sie hat uns außerdem gezeigt, dass es darauf ankommt, pünktlich zu sein, die passenden Accessoires zu tragen und den richtigen Stil zu entwickeln. Das alles hat zu ihrem Erfolg beigetragen.«

Eileen Ford – Gründerin von FORD Models Inc.

Rita Jaeger
»Fräuleinwunder, Topmodel, Agenturchefin
– ein Leben auf Hochglanz«

220 Seiten
€ 19,90 (D), € 20,50 (A), CHF 33,80
ISBN 978-3-940873-00-2

Bildnachweis

FinePic / Henkensiefken
Bildteil S. 16

Michael Neudecker
S.63, S.84

Daniel Rundstroem
S.250, S. 252

Frank Widemann
S.138. S.160

Cover: istockphoto.
Privatbesitz Lara Juliette Sanders

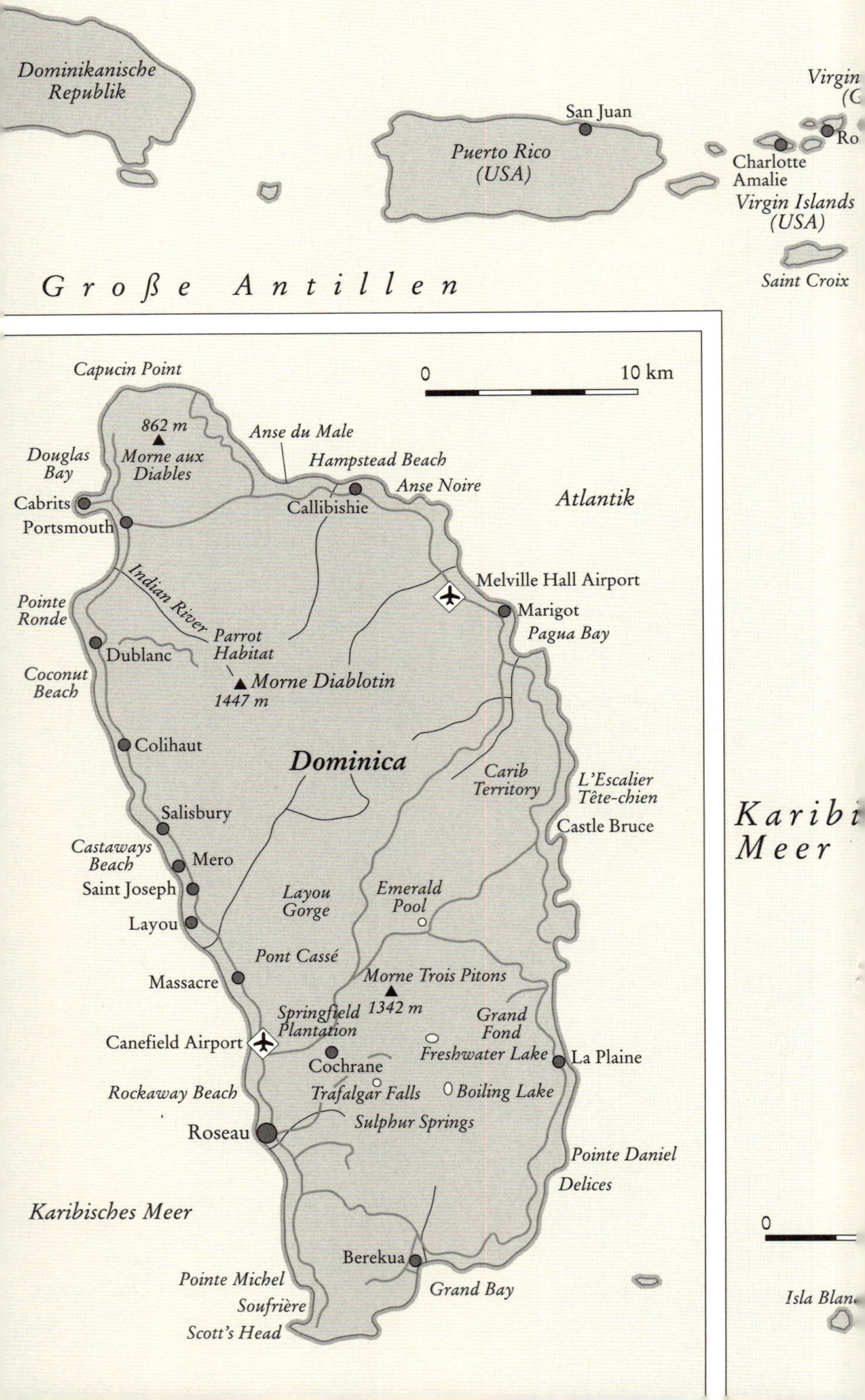
Dominikanische Republik
San Juan
Puerto Rico (USA)
Virgin
Charlotte Amalie
Virgin Islands (USA)
Saint Croix
Große Antillen
Capucin Point
0
10 km
862 m
Morne aux Diables
Douglas Bay
Cabrits
Portsmouth
Anse du Male
Hampstead Beach
Anse Noire
Callibishie
Atlantik
Indian River
Melville Hall Airport
Marigot
Pagua Bay
Pointe Ronde
Parrot Habitat
Dublanc
Coconut Beach
Morne Diablotin
1447 m
Colihaut
Dominica
Carib Territory
L'Escalier Tête-chien
Castle Bruce
Salisbury
Castaways Beach
Mero
Saint Joseph
Layou
Layou Gorge
Emerald Pool
Pont Cassé
Massacre
Morne Trois Pitons
1342 m
Springfield Plantation
Grand Fond
Canefield Airport
Cochrane
Freshwater Lake
La Plaine
Rockaway Beach
Trafalgar Falls
Boiling Lake
Sulphur Springs
Roseau
Pointe Daniel
Delices
Karibisches Meer
Berekua
Grand Bay
Pointe Michel
Soufrière
Scott's Head
0